JN411039

우즈베크어 표준 교재 A2

우즈베크어 표준 교재 A2

초판 1쇄 2020년 11월 27일
초판 2쇄 2022년 6월 30일

지은이 Mashrabbekova Aziza, 이지은,
Kholiddinova Khilolakhon
삽화 Badalov Jahongir

발행인 고윤성 Director, University Knowledge Press
편집장 신선호 Executive Knowledge Contents Creator
도서편집 장혜정 Contents Creator
디자인 한 지 Designer
김대욱 Designer
인사행정 이근영 Managing Creator
재무관리 조아라 Managing Creator
정예찬 Managing Creator
사전·앱북 장지혜 Contents Creator
캐릭터 정정은 Contents Creator
발행처 한국외국어대학교 지식출판콘텐츠원
02450 서울특별시 동대문구 이문로 107
전화 02)2173-2493~7
FAX 02)2173-3363
홈페이지 http://press.hufs.ac.kr
전자우편 press@hufs.ac.kr
출판등록 제6-6호(1969. 4. 30)
인쇄·제본 (주)트윈벨미디어 02)2088-1810

ISBN 979-11-5901-827-5 [14730] 정가: 33,000원
979-11-5901-648-6 (세트)

* 잘못된 책은 교환하여 드립니다.

HU:iNE 은 한국외국어대학교출판부의 어학도서, 사회과학도서, 지역학 도서 Sub Brand이다. 한국외대의 영문명인 HUFS, 현명한 국제전문가 양성(International+Intelligent)의 의미를 담고 있으며, 휴인(携引)의 뜻인 '이끌다, 끌고 나가다'라는 의미처럼 출판계를 이끄는 리더로서, 혁신의 이미지를 담고 있다.

본 교재는 2019년 정부(교육부 국립국제교육원) '특수외국어교육 진흥 사업'의 지원을 받아 수행된 결과입니다. (CFL-한국외-2019-우즈베-C-1)

 이 책의 음원(mp3)은 한국외국어대학교 지식출판콘텐츠원 홈페이지(press.hufs.ac.kr) 게시판-자료실에서 다운받아 사용하시기 바랍니다.

Salom!

Standart darslik

O'zbek tili

우즈베크어 표준 교재

Mashrabbekova Aziza • 이지은 • Kholiddinova Khilolakhon

A2

Xayr!

Marhamat!

HU:iNE

So'zboshi

Aziz o'quvchim! Qo'lingizdagi darslikning 1-qismi 2019-yilda chop etilgan edi. Talabalarning o'zbek tilini maroq bilan o'rganishiga hamda o'qituvchilarning zavq bilan dars berishiga imkon beruvchi ushbu kitob qulay va qiziqarli shaklda yaratilgan A1 "O'zbek tili" darsligining davomidir. Biz oldingi nashrdagi eng foydali tomonlarni saqlagan, o'quvchilarga ma'qul bo'lgan xususiyatlarni rivojlantirgan holda, ushbu darslikni o'zbek tilini o'rganishning keyingi bosqichiga o'tish hamda bu bosqichdagi mashq va topshiriqlarni bajarish bilan bog'liq yangi materiallar bilan boyitdik. Bunda o'quv topshiriqlari va mashqlar boshlang'ich bosqichda o'rganilgan grammatik shakl va qurilmalardan nutqda erkin foydalanish malakalarini egallash va ularni yanada rivojlantirishga yo'naltirildi, o'quvchilarning lug'at boyligini oshiradigan materiallar kiritildi. Va, albatta, darslikda hal qilinayotgan kommunikativ vazifalar tarkibini murakkablashtirish orqali lingvistik kompetensiyani shakllantiradigan o'quv topshiriqlari ham taqdim qilindi. Ayni paytda darslikda o'quvchilarga avval o'rgangan grammatik qoidalarni takrorlashga yordam beradigan topshiriqlar bilan birga quyidagi yangi materiallar: hozirgi zamonni ifodalash, modal qurilmalar, shartli konstruksiyalar, sifatdoshlar, ravishdoshlar, bo'lishsizlik olmoshlari, darslikning darajasiga muvofiq ravishda yangi faol qurilma va iboralar, darslikning so'ngida esa qoliplashgan birikma va birikuvlar, o'rganilgan so'zlar bo'yicha qisqacha sinonimlar va omonimlar lug'ati, murojaat shakllari va boshqa foydali ma'lumotlar ham kiritildi. Bu orqali o'quvchilarga turli kommunikativ vazifalarni hal qilishda zarur til vositalarining to'liq to'plamini berish maqsad qilindi.

Qadrli o'quvchim! Ushbu darslik sizga – koreys o'quvchilariga ham nazariy, ham amaliy jihatdan foydali bo'lishi uchun uni tuzishda koreys va o'zbek xalqlarining mentaliteti, milliy-madaniy olami hisobga olindi. Shundan kelib chiqqan holda grammatik shakllar, adabiy leksika va og'zaki nutq materiallari muvofiqlashtirildi. Jonli muloqotning ajralmas qismi bo'lgan hazil-mutoyibani tushunish malakasini rivojlantirishga ham diqqat qaratildi. Shu bilan birga, o'zbek tilining yangi faol leksikasi inobatga olindi, ayrim so'zlar imlosidagi o'zgarishlar aks ettirildi. Darslikdagi dialog va matnlar real hayotiy vaziyatlarda foydalaniladigan faol ibora va ifodalardan tuzildi. O'quvchilarni O'zbekiston madaniyati va an'analari bilan tanishtirib borish maqsadida "Qo'shimcha ma'lumotlar" ruknida mavzu bilan bog'liq qo'shimcha leksika va materiallar berildi.

머리말

Talabalarning kreativligini oshirish maqsadida bu darslikdagi mashqlar ham birinchi darsligimiz kabi turli illyustratsiyalar bilan boyitildi, bu orqali talabalarning fantaziyalarini, fikrlash qobiliyatlarini rivojlantirish va turli javob variantlarini tuzishda erkinlik berish maqsad qilindi. Shunga monand ravishda darslik so'ngida mashqlar bo'yicha javob namunalari ilova etildi.

Darslik Koreya Respublikasida chop etilayotganligi bois va nashriyot muharrirlarining tavsiyalariga binoan, ba'zi o'rinlarda koreys tili punktuatsiyasi qoidalariga amal qilindi. Jumladan, o'zbek tili punktuatsiya qoidalariga ko'ra, arab raqamlaridan so'ng yarimqavs qo'yiladi va keyingi so'z kichik harf bilan yoziladi, jumla so'ngida esa nuqtali vergul qo'yiladi. Koreys tili punktuatsiyasida esa bu holatda, ya'ni arab raqamlaridan keyin yarimqavs qo'yilganda, gapni bosh harf bilan boshlab, oxiriga nuqta qo'yish qoidalashgan.

Zukko o'quvchim! O'zbek tili mashg'ulotingiz zavqli, maroqli va samarali bo'lsin! Yuksak natijalarga erishing!

Mazkur darslik yaratilishida faol qatnashgan hammualliflarim professor Lee Jieun, yosh olima Hilolaxon Xoliddinovaga samarali hamkorliklari uchun, professor Yorqinjon Odilov, dugonam va safdoshim – bolalar yozuvchisi Yelena Makarova, yuqori malakali o'qituvchi Dilshodaxon To'xtaboyeva, muharrirlar Lee Keunyoung hamda Jang Haejungga qimmatli tavsiya va maslahatlari, iqtidorli rassom Badalov Jahongirga darslik uchun chizgan ajoyib illyustratsiyalari uchun, fotosuratlarini samimiylik bilan taqdim etgan hamma talabalarimga va do'stlarimga, darslikni tayyorlashda chin ko'ngildan yordam bergan barchaga qimmatli vaqtlarini va mehnatlarini ayamaganliklari uchun o'z minnatdorchiligimni bildiraman.

Aziza Mashrabbekova

머리말

O'zbekistonga xush kelibsiz!

우즈베키스탄은 2000년대 초반에만 해도 한국과 한국인에게 매우 낯선 국가였으나, 오늘날에는 많은 수의 우즈베키스탄인들이 한국을 찾고 한국 역시 우즈베키스탄과 협력적인 관계를 만들어 가고 있습니다. 우즈베키스탄은 중앙아시아에서도 정중앙에 위치한 국가로, 과거 융성했던 실크로드상의 주요 도시들이 모여 있는 역사적, 문명사적으로도 중요한 역할을 했던 곳입니다. 세상의 빛이라고 알려진 사마르칸트나 청금석과 같은 값비싼 돌(당시에는 보석)이 많아 돌의 도시로 알려진 타슈켄트, 중앙아시아 푸른 계곡 페르가나, 거대한 성벽으로 둘러싸인 고대 도시 히바 등, 오늘날 우즈베키스탄은 잘 알려지지 않은 숨은 보석 같은 여행지를 좋아하는 여행객들의 발길을 끌어모으고 있습니다. 또한 우즈베키스탄에는 1937년 소비에트 시기 스탈린 강제 이주 정책으로 중앙아시아에 정착하게 된 많은 수의 한인 동포들도 살고 있습니다. 최근에는 우즈베키스탄 젊은이들이 한국에 다양한 목적으로 이주해 오면서 대도시뿐만 아니라 지방의 중소 도시에서도 우즈베키스탄인들을 접하는 일이 어렵지 않게 됐습니다. 이처럼 우리가 미처 느끼지 못한 사이에 한국과 우즈베키스탄의 교류는 정치, 경제, 행정, 사회, 문화, 교육, 인적 분야 등에서 급격히 증가 중입니다. 이를 반증하듯, 2019년 한국-우즈베키스탄 정상회담에서 "특별전략적동반자관계"가 선언되었고, 이제 양국은 서로를 국제사회에서 주요 협력 파트너로 여기고 있습니다.

무엇보다도 한국인과 우즈베키스탄인을 가깝게 하는 요소는 바로 언어입니다. 우즈베크어는 다민족 국가인 우즈베키스탄에서 약 80% 이상 국민이 사용하는 국가 공식 언어로, 표기는 라틴 문자 알파벳으로 하고 있습니다. 그런데 놀라운 것은, 어순과 문법 체계가 한국어와 너무나도 유사하다는 점입니다. 그래서 우즈베크어를 처음 배우는 분들에게 농담 반 진담 반, "한국인에게 전 세계 언어 중 가장 쉽고 빠르게 배울 수 있는 언어는 바로 우즈베크어입니다"라고 합니다. 이 책을 처음 접한 분들도 이 점을 꼭 기억하면서, 우즈베크어를 배우는데 부담되고 두려운 마음보다는 배우기 편한 이웃 언어를 알게 된다는 생각으로 시작하시길 바라는 마음입니다.

이 교재는 A2 단계에 난이도를 맞추고 있으며, 우즈베크어 입문과 기초 수준(A1)을 충실히 학습한 경우 독립적으로도 공부할 수 있게 단원을 구성했습니다. 총 11과에 이르는 각 단원에는 새로운 단어와 주요 문법, 대화 연습, 그리고 우즈베키스탄 문화를 이해할 수 있는 우즈베크어 지문을 수록했습니다. 단어와 문법 설명은 한국어로 병기했으며, 단원 마지막에 들어가 있는 문화 관련 지문은 한국어 번역본을 실어 학습자가 해석해보고 확인할 수 있게 했습니다.

두 공저자가 우즈베크어 학습 현장에서 오랫동안 쌓은 여러 경험과 노하우가 이 교재를 통해 학습자 여러분들에게 잘 전달이 되길 바라며, 교재에서 발견되는 부족한 부분은 지속적으로 보완할 것을 약속드립니다.

끝으로 이 교재가 나오기까지 고생해주신 한국외국어대학교 중앙아시아학과 공동 저자이신 Aziza Mashrabbekova 교수님, Khilolaxon Kholiddinova 선생님, 그리고 한국외대 지식출판콘텐츠원 이근영, 장혜정 선생님께도 감사의 인사를 전합니다.

2020

공동 저자 이지은

일러두기

『우즈베크어 표준 교재 A2』는 입문, 기초 수준의 우즈베크어를 충실히 익힌 학습자가 우즈베크어 수준을 한 단계 높이기 위해 중급 1 수준(A2)의 우즈베크어 문법, 회화와 문화 관련 학습을 할 수 있는 교재로 개발되었습니다.

집필 방향

- 본 교재는 A1(초급) A2/B1(중급), B2(고급) 단계로 개발되었으며, 단계별 교재는 주 교재와 부록으로 분리하였습니다.
- 주 교재는 우즈베크어 구사 능력을 향상하기 위해 어휘와 문법 등을 중심으로 집필하였으며, 각 과의 주제와 중점 학습 내용을 연습할 수 있는 다양한 대화문과 연습문제를 수록하였습니다.
- 부록에는 주 교재의 듣기 연습문제 지문과 연습문제 모범답안 및 심화 학습자를 위한 기타 유용한 어휘, 지문 한국어 번역 등으로 정리했습니다. 단, A1 단계에서는 우즈베크어 입문 학습자를 위해 발음 연습편을 부록에 편성했습니다.
- 주 교재는 우즈베크어 학습자의 실질적인 언어 구사력을 향상하고자 일상생활에서 자주 접할 수 있는 상황과 표현을 중심으로 개발했으며, 공적인 담화와 사적인 담화, 높임말과 반말을 모두 포함해 구성하였습니다.
- 주 교재는 우즈베크어 학습자가 정확하고 유창한 우즈베크어를 구사하기 위해 우즈베크어 어휘, 문법, 우즈베크어와 관련된 특정 어휘와 함께 말하기, 듣기, 쓰기, 읽기 등 실질적인 연습 및 활용을 위한 과제를 각 과에 모두 포함했습니다

교재 구성

- 본 교재는 A1(초급) A2/B1(중급 1/2), B2(고급) 단계로 구성되어 있으며, 각 단계는 수준에 따라 총 11과(A1, A2) 또는 9과(B1, B2)로 이루어져 있습니다. 모든 단계를 거치게 되면 총 40개 주제를 학습하게 됩니다.

- 주 교재의 각 과를 모두 학습하는 데에 기본적으로 4~6시간이 소요됩니다. 물론 이는 학습자의 이해와 과의 난이도와 같은 학습 현장 상황에 따라 소요되는 학습 시간은 유연하게 적용할 수 있습니다.

- 주 교재 각 과의 첫 페이지는 학습목표와 삽화, 주요 문장, 도입 질문으로 구성되어 있습니다. 제시된 삽화를 통해 해당 상황에 대한 이야기를 나누면서 학습자에게 해당 과의 주제와 어휘를 노출하고자 했습니다. 각 과의 본문은 크게 Yangi so'zlar 새로운 단어, Grammatika 문법(설명, 예문), "A" mashqlar guruhi (문법 위주 연습문제)/ "B" mashqlar guruhi (대화하기와 듣기/읽기 연습문제) 등으로 구성하여 학습자가 혼자서도 우즈베크어를 체계적으로 배우는 데 어려움을 느끼지 않게 하였습니다. 특히 그림으로 구성이 된 연습문제의 경우, 학습자에 따라 답이 한 개 이상일 수도 있으니 제시된 모범답안은 보편적인 답으로 참고하기 바랍니다. 또한 주 교재 각 과의 마지막 부분에는 심층 학습을 원하는 학습자를 위해 해당 과의 주제와 관련한 QO'SHIMCHA MA'LUMOTLAR (추가 표현)을 정리해 놓았습니다. 또한 ILOVA (부록)에서는 해당 단계와 관련된 추가적인 표현, 문법 등을 학습할 수 있습니다.

- 주 교재에는 우즈베키스탄의 주요 명절, 풍습, 문화와 관련된 한국어 지문과 삽화를 "문화로 보는 우즈베키스탄"이라는 코너명으로 중간중간 배치하여 우즈베키스탄에 대한 인문, 사회적인 전반적인 이해를 도모하였습니다.

차례

1-DARS

NIMA QILYAPSIZ?

당신은 무엇을 하고 있나요?

Darsning maqsadi (학습목표)

- Harakatning nutq so'zlanib turgan paytda bajarilayotganini ifodalash
  말하는 순간에 행해지고 있는 동작 표현하기
- Shaxsning qayerga ketayotganini so'rash va aytish
  어디에 가고 있는지 묻고 말하기

Kirish savollari (도입질문)

1. O'z shaxsingizni tarbiyalash uchun shu kunlarda nimalar qilyapsiz?
   요즘 자기 자신을 관리하기 위해 무엇을 하고 있나요?
2. Ayting-chi, sizning eng yaqin do'stingiz hozir nima qilyapti?
   당신의 가장 가까운 친구는 지금 무엇을 하고 있나요?
3. Shu kunlarda biror qiziqarli kitob o'qiyapsizmi? Nomi nima?
   요즘 어떤 책을 재밌게 읽고 있나요? 책 이름은 무엇인가요?
4. Shu kunlarda qaysi musiqa janrini ko'p tinglayapsiz?
   요즘 어떤 음악 장르를 가장 즐겨 듣고 있나요?

Yangi so'zlar (새로운 단어)

axlat (~ni tashlamoq)	쓰레기 (~ 버리다)
aviachipta	비행기 표
kreslo	1인 소파, 안락의자
mehmonxona	호텔, 거실
mehribonlik uyi	고아원
oshxona	식당
pol	바닥
qush	새
ro'para	건너편, 맞은편
to'p	공
tuman	구(區)
o'rindiq	좌석, 자리
-ning usti	~ 위
-ning tagi (=osti)	~ 밑, 아래
-ning oldi	~ 앞
-ning orqasi	~ 뒤
-ning yoni	~ 옆
-ning tepasi	~ 위
-ning orasi	~ 사이
-ning ichi	~ 안
-ning ro'parasi	~ 건너편, 맞은편
-ning to'g'risi	~ 앞, 정면

baliq ovlamoq	낚시를 하다
dars tayyorlamoq	공부하다
hidlamoq	(냄새, 향) 맡다
kulmoq	웃다
minmoq	타다
qaramoq (-ga ~)	바라보다
rasmga tushmoq	사진 찍다
rolik uchmoq	롤러스케이트를 타다
sotmoq	팔다
taksi ushlamoq	택시를 잡다
tashlamoq	버리다, 끊다, 그만두다
tinglamoq	듣다
to'p o'ynamoq	공을 가지고 놀다
ushlamoq	붙잡다
uchib o'tmoq	날아가다
velosiped minmoq	자전거를 타다
o'tmoq	지나가다
shu kunlarda	요즘
Nima edi?	뭔데?
Yuring, ~	~합시다
Parvozingiz maroqli o'tsin!	(비행기 여행을 할 경우) 여행 잘 하세요!

Grammatika (문법)

1 | HOZIRGI ZAMON DAVOM FE'LI (동사의 현재진행시제 평서형)

A Nima qil**yap**siz?
B Kitob o'qi**yap**man.

A 당신은 무엇을 하고 있습니까?
B 책을 읽고 있습니다.

Kim	nima qilyapti?		
Men	kitob o'qi+ dars tayyorla+ uxla+	yap+	man.
Sen			san.
Siz			siz.
U			ti.
Biz			miz.
Sizlar			sizlar.
Ular			ti (lar).

동사의 현재진행시제의 평서형은 동사 어간에 -yap- 접사를 붙이고 인칭어미로 마무리한다. "~하고 있다, ~하고 있는 중이다"의 뜻을 가진다.
현재진행시제의 부정형은 동사 어간에 먼저 부정접사 -ma를 붙이고 이어서 현재진행시제 접사인 -yap, 그리고 인칭어미 순이다. 순서에 주의하자.
또한 3인칭의 경우 인칭어미가 -di가 아닌 -ti로 바뀐다는 점도 반드시 기억하자.

Men dars tayyorla+yap+man. / U ovqat ye+yap+ti.
Siz xaт yoz+yap+siz. / Ular uxla+ma+yap+ti+lar. *

* 우즈베크어에서 2인 이상이 어떤 동작을 '동시에', '함께' 행할 경우, 동사 어간에 -(i)sh를 붙여서 표현(문어체나 구어체 모두 가능)할 수 있다. 이는 모든 시제에서 사용 가능하며, 예시는 다음과 같다. Bolalar (birga) maktabga ketishyapti (ketyaptilar). Har shanba kuni do'stlarim (birga) futbol o'ynashadi (o'ynaydilar). Kecha ota-onam uyda (birga) dam olishdi (dam oldilar).

1.1. Misollarni oʻqing. 예문을 읽으세요.

1) Anvar aka gazeta oʻqiyapti.
2) Talabalar dars tayyorlayaptilar.
3) A Kimni kutyapsiz?
   B Doʻstimni kutyapman.
4) A Nima pishiryapsiz?
   B Lagʻmon pishiryapman.
5) Men shu kunlarda har kuni bogʻda velosiped minyapman.
6) Sangmin va Seyun futbol oʻynashyapti.

2 HOZIRGI ZAMON DAVOM FE'LINING BO'LISHSIZ SHAKLI
(동사의 현재진행시제 부정형)

Kim	nima qilmayapti?			
Men	kitob oʻqi+ televizor koʻr+ uxla+	ma+	yap+	man.
Sen				san.
Siz				siz.
U				ti.
Biz				miz.
Sizlar				sizlar.
Ular				ti (lar).

2.1. Misollarni oʻqing. 예문을 읽으세요.

1) A Uxlayapsizmi?
   B Yoʻq, uxlamayapman, kitob oʻqiyapman.
2) A Opangiz hozir dam olyaptimi?
   B Yoʻq, opam dam olmayapti, uy tozalayapti.
3) A Siz doʻstingizga qoʻngʻiroq qilyapsizmi?
   B Yoʻq, men doʻstimga qoʻngʻiroq qilmayapman, onamga qilyapman.

3 | O'TIRMOQ, TURMOQ, YOTMOQ, YURMOQ FE'LLARINING HOZIRGI ZAMON SHAKLI (o'tirmoq, turmoq, yotmoq, yurmoq 동사의 현재진행시제 평서형)

Kim	nima qilyapti?		
Men	o'tir+ tur+ yot + yur+	ib+	man.
Sen			san.
Siz			siz.
U			di.
Biz			miz.
Sizlar			sizlar.
Ular			di (lar).

o'tirmoq, turmoq, yotmoq, yurmoq 동사의 경우 현재진행의 의미를 부여하기 위해서 -yap 대신 -ib이란 접사가 온다. 즉, "나는 지금 앉아 있다, 그는 지금 서 있다, 당신은 지금 누워 있다. 그녀는 지금 걷고 있다"와 같은 표현을 할 경우 동사 어간에 -ib을 붙이고 인칭어미가 따라온다. 만일 이 4개의 동사에 -yap를 붙여서 사용하게 되면, "앉고 있는 중, 일어서고 있는 중, 눕는 중, (아이가) 걸음마를 하는 중"과 같은 의미가 된다.

3.1. Misollarni o‘qing. 예문을 읽으세요.

1) Bobur o‘tiryapti.	o‘tirmoq	2) Bobur o‘tiribdi.
3) Bobur turyapti.	turmoq	4) Bobur turibdi.
5) Bobur yotyapti.	yotmoq	6) Bobur yotibdi.
7) Bola yuryapti.	yurmoq	8) Alisher bog‘da yuribdi.

4 O'TIRMOQ, TURMOQ, YOTMOQ, YURMOQ FE'LLARINING HOZIRGI ZAMON BO'LISHSIZ SHAKLI (o'tirmoq, turmoq, yotmoq, yurmoq 동사의 현재진행시제 부정형)

Men	o'tir+ tur+ yot + yur+	gan+	im	yo'q.
Sen			ing	
Siz			ingiz	
U			i	
Biz			imiz	
Sizlar			ingiz	
Ular			(lar)i	

o'tirmoq, turmoq, yotmoq, yurmoq 동사의 현재진행의 부정형은 의미상 "앉아 있지 않다, 일어서 있지 않다, 누워 있지 않다, 걷고 있지 않다"가 되어야 하는데 이 경우 동사어간+gan+소유어미 yo'q의 형태로 표현한다.

위 부정형태를 다른 동사에도 적용하여 사용 가능하다. 예를 들어, "Iroda hozir dars qilmayapti, televizor ko'ryapti."는 "Iroda dars qilgani yo'q, televizor ko'ryapti."라고 표현 가능하다.

4.1. Misollarni o'qing. 예문을 읽으세요.

1) A Allo. Iroda, yaxshimisiz? Siz hozir xonangizda o'tiribsizmi?
   B Yo'q, xonamda o'tirganim yo'q, kutubxonada dars qilyapman.

2) A Allo. Dada, yotibsizmi?
   B Yo'q, yotganim yo'q, hali ko'chada yuribman.

5 | JOYLASHUV O'RNINI AYTISH (장소 표현)

A	Ko'zoynagim qayerda?	A	내 안경이 어디 있어요?
B	Stolning ustida (turibdi).	B	책상 위에 (있네요).

5.1. Misollarni o'qing. 예문을 읽으세요.

1) Mushuk o'rindiqning tagida yotibdi.
2) Sumka o'rindiqning ustida turibdi.
3) Kitob sumkaning ichida.
4) Uyimiz aeroportning oldida joylashgan. Shuning uchun uyimizning tepasidan har kuni samolyot uchib o'tadi.
5) Salima daraxtning orqasida turibdi.
6) Kuchuk o'rindiqning oldida turibdi.
7) Gullar daraxtning to'g'risida.

6 | QAYERGA KETYAPSIZ? (어디에 가고 있어요?)

A	(Siz) qayerga ketyapsiz?	A	당신은 어디에 가고 계세요?
B	(Men) universitetga ketyapman.	B	나는 대학교에 가고 있습니다.
A	(Siz) qayerga ketyapsiz?	A	당신은 어디에 가고 계세요?
B	(Men) dugonamning oldiga ketyapman.	B	내 친구에게 가고 있어요.

kelmoq 동사의 현재진행형은 구어체에서 미래 시제를 나타낼 수 있다. 예를 들어, “Siz qayerga ketyapsiz? - Men universitetga ketyapman.”를 한국어로 번역하면 “당신은 어디로 갈 것인가요? - 난 대학교로 갈 것입니다.”와 같다. 즉, ketyapsiz, ketyapman에서와 같이 형태는 현재진행시제를 나타내는 경우와 같으나, 실제로는 미래에 일어날 사건을 의미한다.

여격 조사 -ga를 ‘누군가를 향해’라는 의미로 사용할 경우, ‘사람-ning oldiga’라고 표현한다. 예: Sizning oldingizga kelaman. Aziza opaning oldiga boring.

6.1. Misollarni o‘qing. 예문을 읽으세요.

1) A (Siz) qayerga ketyapsiz?
   B Men universitetga ketyapman.
   (Universitetga.)
2) A Sara qayerga ketyapti?
   B U bozorga ketyapti?
   (Bozorga.)
3) A Sangmin, qayerga ketyapsiz?
   B Do‘stimning oldiga ketyapman.
4) A Sizlar qayerga ketyapsizlar?
   B O‘qituvchimizning oldiga ketyapmiz.

6.2. Misollarni o‘qing. 예문을 읽으세요.

1) Ertaga men Fransiyaga ketyapman.
2) Anna va Seyun ertaga konsertga ketishyapti.

"A" mashqlar guruhi (연습문제 A)

1. Misollarni oʻqing. 예문을 읽으세요.

Namuna

A Nima qilyapsiz?

B Dars tayyorlayapman.

1)

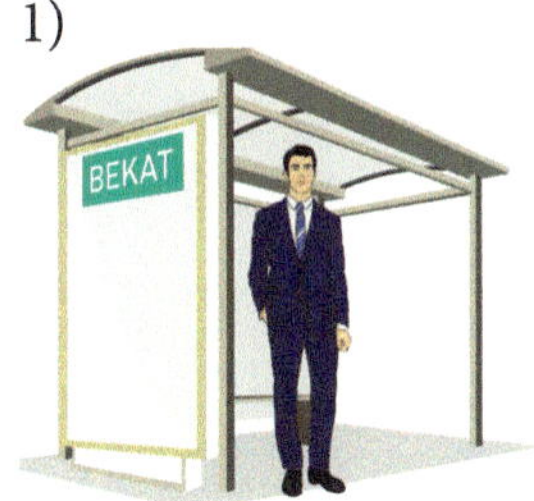

2)

3)

4)

1) A: ______________________

B: ______________________

2) A: ______________________

B: ______________________

3) A: ______________________

B: ______________________

4) A: ______________________

B: ______________________

2. **Rasmga qarang va namunada berilganidek bajaring.** 그림을 보고 예문처럼 문장을 만들어보세요.

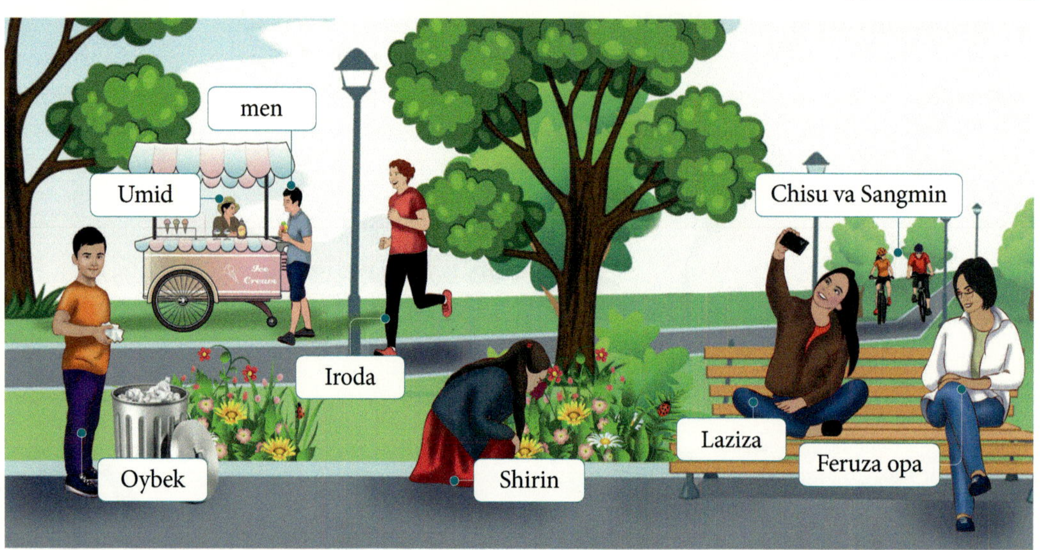

Namuna

Feruza opa → *Feruza opa oʻrindiqda oʻtiribdi.*

1) Iroda → ____________________

2) Laziza → ____________________

3) Shirin → ____________________

4) Oybek → ____________________

5) Chisu va Sangmin → ____________________

6) Umid → ____________________

7) Men → ____________________

3. Namunaga qarab bajaring. 예문처럼 완성하세요.

Namuna

Murod radio tinglayapti. Iroda ham radio tinglayapti.

→ *Ular birga radio tinglashyapti.*

1) Nargiza dam olyapti. Nigora ham dam olyapti.

→

2) Chisu bog'da sayr qilyapti. Yongmi ham bog'da sayr qilyapti.

→

3) Seyun televizor ko'ryapti. Sangmin ham televizor ko'ryapti.

→

4) Feruza opa ashula aytyapti. Iroda ham ashula aytyapti.

→

5) Alfonso universitetda ishlaydi. Sara ham universitetda ishlaydi.

→

6) Ertaga Alisher ko'rgazmaga boradi. Laziza ham ertaga ko'rgazmaga boradi.

→

4. Rasmga qarang va savollarga javob bering. 그림을 보고 질문에 대답하세요.

1) Opangiz nima o'qiyapti?

→ ____________________

2) Umida kim bilan telefonda gaplashyapti?

→ ____________________

3) Otangiz nima ichyapti?

→ ____________________

4) Yulduz qayerda ovqatlanyapti?

→ ____________________

5) Alisher nimaga qarayapti?

→

6) Iroda qayerda dars tayyorlayapti?

→

7) Ukangiz qayerga ketyapti?

→

8) Siz kim bilan raqsga tushyapsiz?

→

5. Rasmlarga qarang va namunada berilganidek davom ettiring. 그림을 보고 예문처럼 문장을 이어 만드세요.

1) Sardor

① (dam olmoq)

→ *Sardor dam olyapti.*

② (divanda oʻtirmoq)

→ *Sardor divanda oʻtirgani yoʻq.*

③ (gazeta oʻqimoq)

→

④ (televizor koʻrmoq)

→

2) Malika

① (polda oʻtirmoq)

→

② (kitob oʻqimoq)

→

③ (choy ichmoq)

→

④ (gaplashmoq)

→

3) Lara

① (divanda o'tirmoq)

→

② (raqsga tushmoq)

→

③ (turmoq)

→

④ (qahva ichmoq)

→

4) Seyun

① (stulda o'tirmoq)

→

② (pianino chalmoq)

→

③ (raqsga tushmoq)

→

④ (ashula aytmoq)

→

6. **To‘p qayerda? Rasmlarni kuzating va namunaga qarab bajaring.** 공은 어디에 있나요? 그림을 잘 보고 예문처럼 완성하세요.

Namuna

→ *To‘p qutining ichida (turibdi).*

1) 2) 3)

4) 5) 6)

1) ______

2) ______

3) ______

4) ______

5) ______

6) ______

7. Namunaga qarab bajaring. 예문처럼 완성하세요.

Namuna

Yongmi maktabda ishlaydi.

→ *U maktabga ketyapti.*

1) Chisu shifoxonada ishlaydi.

→

2) Men mehribonlik uyida ishlayman.

→

3) Feruza opa maktabda ishlaydi.

→

4) Men universitetda o'qiyman.

→

5) Hasan aka va Umar aka zavodda ishlaydilar.

→

6) Biz firmada ishlaymiz.

→

8. Namunaga qarab bajaring. 예문처럼 완성하세요.

Namuna

U hozir ishga ketyapti.

→ *U qayerga ketyapti?*

1) Men uyga ketyapman.

→

2) Bobur muzeydan kelyapti.

→

3) Biz kutubxonadan qaytyapmiz.

→

4) Bolalar teatrga ketishyapti.

→

5) Akam kinodan kelyapti.

→

9. **Namunaga qarab bajaring.** 예문처럼 완성하세요.

Namuna

Sangmin shifokorning oldiga ketyaptimi? (shifoxona)

→ *Ha, u shifoxonaga shifokorning oldiga ketyapti.*

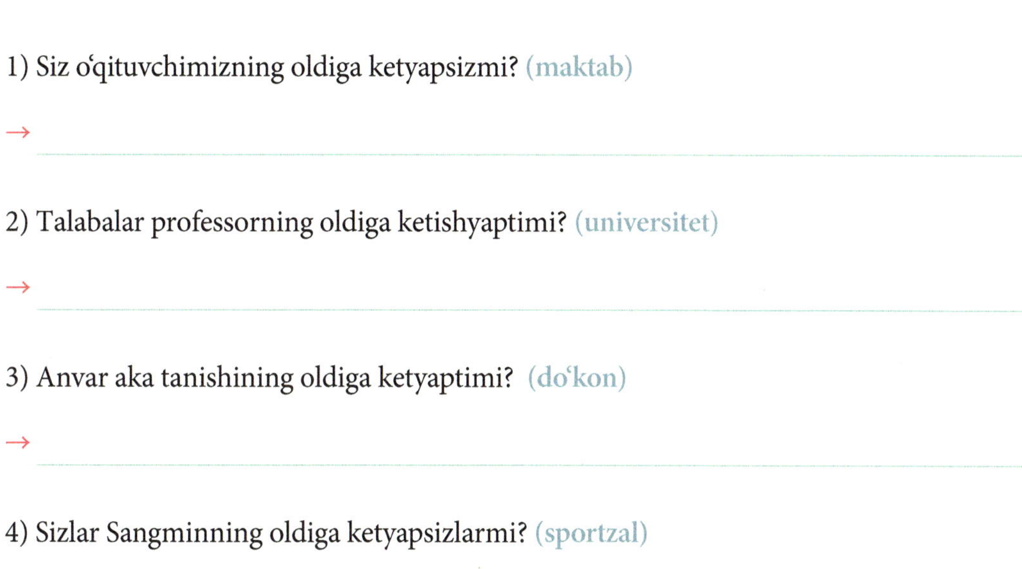

1) Siz o‘qituvchimizning oldiga ketyapsizmi? (maktab)

→

2) Talabalar professorning oldiga ketishyaptimi? (universitet)

→

3) Anvar aka tanishining oldiga ketyaptimi? (do‘kon)

→

4) Sizlar Sangminning oldiga ketyapsizlarmi? (sportzal)

→

"B" mashqlar guruhi (연습문제 B)

1. Dialogni do'stingiz bilan mashq qiling. 친구와 함께 대화를 연습하세요.

A Allo. Laziza, salom.
B Salom, Sangmin. Yaxshimisiz?
A Xudoga shukr, yaxshiman. O'zingiz-chi?
B Xudoga shukr, men ham yaxshiman.
A Hozir nima qilyapsiz?
B Kompyuterda kino ko'ryapman.
A Laziza, bugun kechqurun vaqtingiz bormi?
B Ha, bor. Nima edi?
A Yuring, birga kinoga boramiz.
B Jonim bilan.

1) kompyuterda kino ko'rmoq
2) dars tayyorlamoq
3) musiqa tinglamoq
4) jurnal o'qimoq

2. Rasmga qarab xonadagi buyumlarning qayerda turganini ayting. 그림을 보고 방에 있는 물건들이 어디에 있는지를 설명하세요.

3. Dialogni do'stingiz bilan mashq qiling. 친구와 함께 대화를 연습하세요.

A Diyora, Amerikaga qachon ketyapsiz?

B Ertaga uchib ketyapman. Kecha chipta sotib oldim.

A Shunaqami? Unda sizga oq yo'l! Parvozingiz maroqli o'tsin!

B Rahmat.

1) Amerika
ertaga

2) Xiva
indinga

3) Jeju oroli
kelasi hafta
payshanba kuni

4) London
kelasi oyda

Audiomashqlar (듣기활동)

1. Tinglang va savollarga javob bering. 잘 듣고 질문에 대답하세요.

1) ______

2) ______

3) ______

4) ______

5) ______

2. Tinglang va to'g'ri javobga O belgisini, noto'g'ri javobga X belgisini qo'ying.
잘 듣고 정답에 **O** 표시를, 오답에 **X** 표시를 하세요.

1) ( ) 2) ( ) 3) ( )

3. Tinglang. To'g'ri rasmni ✔ belgisi bilan belgilang. 잘 듣고 설명에 맞는 그림에 ✔표시하세요.

1) ☐  ☐

2) ☐  ☐

3) ☐  ☐

4) ☐  ☐

O'qish (읽기활동)

Matnni o'qing. Berilgan gap to'g'ri bo'lsa, O belgisini, noto'g'ri bo'lsa, X belgisini qo'ying. 지문을 읽고, 주어진 문장이 옳으면 **O** 표시를, 틀리면 **X** 표시를 하세요.

Murod Toshkent shahrining Yunusobod tumanida yashaydi. Ularning uyi Toshkent teleminorasi yaqinida joylashgan. Murod O'zbekiston milliy universitetida tarix fakultetida o'qiydi. U ko'pqavatli uyda yashaydi. Uylarining yaqinida shifoxona bor. Bu shifoxonada Murodning oyisi hamshira bo'lib ishlaydi. Otasi esa maktab direktori. Shu kunlarda u juda ko'p ishlayapti. Murod hozirgina universitetdan keldi. Oyisi oshxonada oila a'zolari uchun ovqat pishiryapti. Otasi mehmonxonada kresloda o'tiribdi. U hozir gazeta o'qiyapti. Murodning ukasi xonasida dars tayyorlayapti. Singlisi Dilnoza esa uy tozalayapti. Oila odatda soat 7 larda kechki ovqatni yeydi.

1) Murod Toshkent teleminorasi yaqinidagi universitetda o'qiydi. ( )

2) Murodning oyisi – oshpaz. ( )

3) Shu kunlarda Murodning otasi juda band. ( )

4) Hozir Murodning otasi dam olyapti. ( )

5) Hozir Murod uy tozalayapti. ( )

6) Hozir Murodning ukasi dars tayyorlayapti. ( )

7) Shifoxona universitet yaqinida joylashgan. ( )

Qo'shimcha ma'lumotlar

MA'MURIY HUDUDLAR VA MUASSASALAR
행정구역과 시설

mamlakat	국가, 나라
davlat	국가, 정부
viloyat	주
shahar	도시
tuman	구
mavze	동네, 구역
daha	(행정구역상) 단지, 구역, 동네
ko'cha	거리
mahalla	동네
qishloq	시골
universitet	대학교
institut	기관
fakultet	단과대
bo'lim	부서, 과
kafedra	학과
mutaxassislik	전공
bolalar bog'chasi	어린이집, 유치원
boshlang'ich maktab	초등학교
o'rta maktab	중학교
litsey	고등학교
kollej	고등학교

shifoxona	병원
klinika	병원
poliklinika	종합병원
stomatologiya	치과
masjid	사원
ibodatxona	사찰, 절
cherkov	교회
hayvonot bog'i	동물원
oromgoh	캠프, 휴양지
choyxona	찻집*
novvoyxona	non 만드는 곳, 빵집
ustaxona	정비소
to'yxona	예식장
sartaroshxona	이발소
somsaxona	somsa집
oshxona	식당
ishxona	사무실

* 우즈베키스탄에서 찻집은 오직 남성들만이 출입하는 공간으로, 남는 시간에 이곳에 모여서 차를 마시거나 담소를 나누거나 우즈베크인들의 전통 놀이를 하면서 시간을 보내곤 한다.

O‘zbekiston Respublikasi madhiyasi

우즈베키스탄 국가 (national anthems, 國歌)

Abdulla Oripov so‘zi

Mutal Burxonov musiqasi

Serquyosh, hur o‘lkam, elga baxt, najot,
Sen o‘zing do‘stlarga yo‘ldosh, mehribon!
Yashnagay to abad ilm-u fan, ijod,
Shuhrating porlasin toki bor jahon!

Oltin bu vodiylar — jon O‘zbekiston,
Ajdodlar mardona ruhi senga yor!
Ulug‘ xalq qudrati jo‘sh urgan zamon,
Olamni mahliyo aylagan diyor!

Bag‘ri keng o‘zbekning o‘chmas iymoni,
Erkin, yosh avlodlar senga zo‘r qanot!
Istiqlol mash’ali, tinchlik posboni,
Haqsevar, ona yurt, mangu bo‘l obod!

Oltin bu vodiylar — jon O‘zbekiston,
Ajdodlar mardona ruhi senga yor!
Ulug‘ xalq qudrati jo‘sh urgan zamon,
Olamni mahliyo aylagan diyor!

문화로 보는 우즈베키스탄

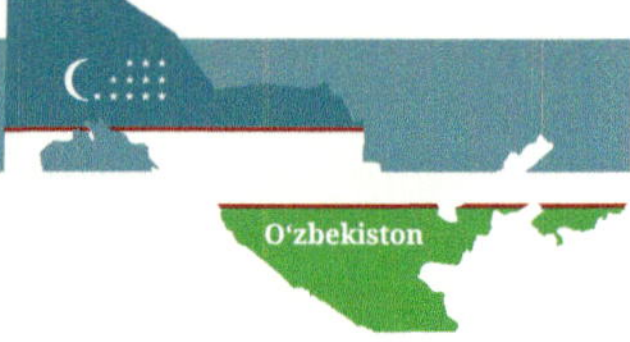

O'zbekiston Respublikasi Davlat bayrog'i

우즈베키스탄 공화국 국기

O'zbekiston Respublikasi davlat bayrog'idagi moviy rang tiriklik ramzidir. Ya'ni "musaffo osmon" degan mazmunni anglatadi. Agar osmon musaffo bo'lsa, yurt ham tinch bo'ladi. Oq rang – tinchlik, xotirjamlik, yorug'lik ramzi. Xalqning yurgan "yo'li oppoq, pokiza bo'lsin" degan ma'noni bildiradi. O'zbek xalqining pokiza orzu-umidlari, yorug'likka, ezgulikka intilishi bu rang orqali namoyon etiladi. Yashil – yasharish va yangilanish, navqironlik va ona tabiatimiz timsoli. Bu rang ertangi kunga ishonch, non-u nasiba, sog'lik-salomatlik belgisi. Qizil chiziqlar esa tomirlarimizda jo'shib oqayotgan ajdodlar qoni – hayotiy qudrat va davomiylik nishonasidir. Shuningdek, bunda istiqlol, ozodlik uchun qon to'kkan erksevar ota-bobolarning orzu-armonlari mujassam. Bayroqning yuqori qismidagi yarim oy va yulduzlar o'zbek xalqining tarixiy qadriyatlari, umrboqiy an'analari, ma'naviy kuch-qudratining ramzidir. Yarim oy tasviri qo'lga kiritilgan mustaqillik, ozodlikni ifodalaydi, 12 ta yulduz esa qadimgi quyosh yilnomasiga bevosita aloqador.

우즈베키스탄 공화국 국기에 있는 푸른색은 삶, 생명의 상징이다. 즉, "맑은 하늘"이라는 의미를 나타낸다. 하늘이 맑으면 그 나라도 평화로울 것이다. 흰색은 평화, 안녕, 밝음의 상징이다. 국민의 걸어갈 "그 길이 새하얗고 깨끗하길" 바라는 소망을 표현한다. 우즈베크 민족의 고결한 희망, 빛, 선행에 대한 열망이 바로 이 색을 통해 나타난다. 녹색은 젊음과 새로움, 힘있게 차오름과 고국의 자연을 대표한다. 이 색은 앞날에 대한 믿음, 행운, 건강의 표식이다. 빨간색 줄은 우리의 혈관에 흐르는 조상들의 피- 인생의 힘과 연속을 의미한다. 또한 독립과 자유를 위해서 피흘린 조상들의 간절한 희망을 표현하고 있다. 국기의 위 부분에 있는 초승달과 별들은 우즈베크 민족의 역사적 가치와 사라지지 않는 전통, 정신적 힘을 상징한다. 초승달은 쟁취한 독립과 자유를 의미하며 12개 별은 고대 태양력과 직접적인 연관이 있다.

O'zbekiston Respublikasi Davlat gerbi

우즈베키스탄 공화국 국장(國章)

O'zbekiston Respublikasining Davlat gerbi markazida qanotlarini yozgan Humo qushi tasvirlangan. Humo qushi baxt-saodat va erksevarlik ramzidir. Gerbning yuqori qismida sakkiz qirrali yulduz joylashgan. Bu yulduzlar – Respublikaning sobit va barqarorligining ramzi. Uning ichidagi yarimoy va besh qirrali yulduz musulmonlarning qutlug' timsolidir. Quyosh tasviri O'zbekiston Respublikasi tanlagan yo'lining nurli bo'lishi va zaminining serquyoshligidan darak beradi. Gerbning o'ng tomonidagi bug'doy boshoqlari xalqning rizq-ro'zi bo'lgan g'alla timsolidir. Chap tomonda oppoq bo'lib ochilgan paxta chanoqlari tasvirlangan. Paxta o'zbek xalqining milliy boyligidir. Bug'doy boshoqlari va paxta chanoqlari davlat bayrog'ini ifoda etuvchi chambar lenta bilan o'rab qo'yilgan. Bu O'zbekistonda yashayotgan xalqlar yakdilligining timsolidir. Baland tog'lar orasidan oqayotgan daryolar hayot boqiyligi ramzidir.

우즈베크스탄 공화국 국장 가운데에는 날개를 펼치고 있는 불사조 후모(Humo) 새가 그려져 있다. 후모 새는 행복과 자유를 사랑하는 영혼의 상징이다. 국장 윗부분에 팔각형 별이 위치해 있다. 이 별들은 우즈베키스탄 공화국의 견고함과 안정을 보여준다. 그 안에 있는 초승달과 오각형 별은 무슬림들의 거룩한 상징이다. 태양의 의미는 우즈베키스탄 공화국이 택한 길이 밝게 빛나길, 그리고 이 땅에 밝은 태양빛이 충만함을 나타낸다. 국장의 오른편에 있는 밀알은 민족의 매일의 양식인 곡식을 상징한다. 왼편에는 하얗게 핀 목화 송이가 그려져 있다. 목화는 우즈베크 민족의 국부(國富)이다. 밀알과 목화 송이는 국기를 나타내는 리본으로 감싸져 있다. 이것은 우즈베키스탄에 사는 모든 민족이 하나임을 상징한다. 높은 산에서 흘러내려오는 강들은 삶의 영원함을 의미한다.

QAYDLAR UCHUN

QAYDLAR UCHUN

2-DARS

NIMA YEGINGIZ KELYAPTI?

당신은 무엇을 드시고 싶으세요?

Darsning maqsadi (학습목표)

- Bir harakatdan oldin bajarilgan yoki u bilan bir vaqtda bajarilayotgan harakatni ifodalash
  어떤 행동 전에 행해진 혹은 그 행동과 동시에 행해진 행동을 표현하기
- Istak-xohishni ifodalash 바라는 것을 표현하기
- Kimga nima kerakligini aytish 누구에게 무엇이 필요한지 말하기

Kirish savollari (도입질문)

1. Siz odatda uyga qaytgach, nimalar qilasiz?
   당신은 집에 가기 전까지 보통 무엇을 하나요?
2. Universitetga yoki ishga nimada borasiz?
   대학교 혹은 직장에 어떻게 가세요?
3. Hozir qanday ovqat yegingiz kelyapti?
   지금 어떤 음식을 먹고 싶나요?
4. Qaysi mashhur shaxs bilan uchrashishni orzu qilasiz? Nimaga?
   어떤 유명한 사람과 만나기 바라나요?
5. O'zingizni baxtli his etishingiz uchun hozir sizga nima kerak?
   행복하다고 느끼기 위해 지금 당신에게 무엇이 필요한가요?
6. O'zbek tili sizga nima uchun kerak?
   우즈베크어는 당신에게 왜 필요한가요?

Yangi so'zlar (새로운 단어)

dutor (~ chalmoq)	우즈벡 전통 현악기(2줄)
karavot	침대
kinoyulduz	무비스타
kosmos	우주
krem	크림
milliarder	억만장자
prezident	대통령
qimmatbaho	값비싼
pianino (~ chalmoq)	피아노
piyoda (~ yurmoq)	도보로, 걸어서 (~ 걷다)
sayyora	성
simkarta	유심(U-sim)
tashqari	바깥, 외
ta'til	방학
telekanal	티브이 채널
viza	비자
Yevropa	유럽
bo'lmoq	되다
chalmoq (dutor ~)	연주하다
filmda suratga tushmoq	(영화) 촬영하다
harakat qilmoq	노력하다
husnbuzar (~ chiqmoq)	여드름이 나다
mashq qilmoq	연습, 운동하다
pul topmoq	돈을 벌다

qatnamoq (-ga ~)	다니다
rol o'ynamoq	역할을 맡다
tomosha qilmoq	구경하다
xayrlashmoq (bilan ~)	인사하다
ko'rishmoq (bilan ~)	만나다
xizmat qilmoq	서비스를 제공하다
yoqtirmoq (-ni ~)	좋아하다
ziyorat qilmoq (-ni ~)	방문하다
hozirgi	현재의, 지금의
kechki payt	저녁
sevimli	좋아하는
chin (~ do'st, ~ dugona)	진정한
biroz	조금
orqali	통해
-dek /-day	~처럼
Mars sayyorasi	화성
Sizni ko'rganimdan xursandman.	만나서 반갑습니다.
Nima yangiliklar?	어떤 소식이 있어요?
Harakat qilaman.	노력할게요.
Yaxshi bo'lar edi.	좋았을 텐데...
Xalqlar do'stligi bekati	"Xalqlar do'stligi" 역
Gollivud	할리우드
Jome masjidi	조메 사원(이슬람)
Xudoyorxon o'rdasi	후다야르혼 궁전

Grammatika (문법)

1 | V-(i)b (..하고, ... 하면서)

Ertalab tur**ib**, dush qabul qilaman.	아침에 일어나서 샤워를합니다.
Otam har kuni ertalab qahva ich**ib**, gazeta o'qiydi.	아버지는 매일 아침 커피를 마시고 신문을 읽습니다.

문장에 동사가 2개 이상일 때 선행하는 동사는 그 어간에 -(i)b을 붙인다. 예를 들어, '나는 어제 사마르칸트에 가서, 레기스톤 광장을 방문하고 난 후 저녁 6시에 타슈켄트로 돌아왔다.'는 "Kecha Samarqandga borib, Registonni ziyorat qildim va kechki soat 6 da Toshkentga qaytdim."이라 할 수 있다. 즉, 이 문장에는 총 3개의 동사 bormoq, ziyorat qilmoq, qaytmoq가 사용됐으며, 마지막 동사를 제외하고 선행하는 동사의 어간에 -(i)b을 붙였음을 알 수 있다. 또한 두 가지 이상의 어떤 동작을 동시에 진행할 때도 -(i)b 문법을 사용할 수 있다.

동사 어간이 자음으로 끝나면 -ib, 모음으로 끝나면 -b을 붙인다.

1.1. **Misollarni o'qing.** 예문을 읽으세요.

1) Kecha Samarqandga borib, Registonni ziyorat qildim va kechki soat 6 da Toshkentga qaytdim.
2) Iroda ertaga kunduzi kitob do'koniga borib, kitob sotib oladi.
3) Har yakshanba erta turib, xonalarimizni tozalaymiz.
4) Siz kecha do'stingiz bilan ko'rishib, kutubxonaga bordingizmi?
5) Akam karavotda yotib, musiqa eshityapti.
6) Onam pianino chalib, ashula aytishni yaxshi ko'radi.

2 | V-gim (-kim, -qim) kelyapti ((나는) ...하고 싶다)

Mening palov yegim kelyapti.	나는 뻘롭(osh)을 먹고 싶어요.

Kimning	nima qilgisi		kelyapti?
Mening	dam ol + ovqat ye + Samarqandga bor +	gim	kelyapti. kelmayapti.
Sening		ging	
Sizning		gingiz	
Uning		gisi	
Bizning		gimiz	
Sizlarning		gingiz (gilaring)*	
Ularning		gisi (gilari)	

동사 어간에 -gi를 붙이고 소유형어미를 취해 준 후 kelyapti(kelmoq의 3인칭 현재진행형)을 쓰면, '~을 하고 싶다'는 뜻을 가지게 된다. "나의 형은 오늘 쉬고 싶어 한다"는 "Bugun akamning dam olgisi kelyapti."라 할 수 있다. 부정은 kelmoq을 현재진행형 부정(kelmayapti)으로 만들면 된다. 따라서 이 표현에서 kelmoq은 오직 kelyapti, kelmayapti 두 가지 형태만 오게 된다.

* sizlar의 경우 구어체에서는 -gilaring의 형태를 사용한다.

2.1. Misollarni o'qing. 예문을 읽으세요.

1) Nima qilgingiz kelyapti?
2) Nima yegingiz kelyapti?
3) Mening oilam bilan tezroq uchrashgim kelyapti.
4) Opamning katta uy sotib olgisi kelyapti.
5) Bizning O'zbekistonga borgimiz kelyapti.
6) Kosmosga uchgingiz keladimi?

3 | Menga N kerak. (나에게 ...이 필요하다)

Menga telefon kerak.	내게 전화기가 필요해.

이 표현은 누군가에게 무엇이 필요하다는 의미를 전달할 때 사용할 수 있다. 즉, “내게 전화기가 필요해”라는 말은 “Menga telefon kerak”이라고 할 수 있다. 그런데 한국어에서는 보통 “나 전화 필요해”라고 말하기 때문에 자칫 여격을 빠트린 채로 “Men telefon kerak”라고 쓸 수 있는데, 이는 문법적으로 잘못된 표현이니 여격을 사용하는 것을 꼭 기억하자.

3.1. Misollarni oʻqing. 예문을 읽으세요.

1) Menga mashina kerak.
2) Siz oʻzbek tilini oʻrganyapsiz. Sizga yaxshi lugʻat kerak.
3) Kelasi hafta biz Samarqandga boramiz. Bizga chipta kerak.
4) Ukamning yuziga husnbuzar chiqdi. Unga yaxshi krem kerak.

"A" mashqlar guruhi (연습문제 A)

1. Namunaga qarab bajaring. 예문처럼 완성하세요.

Namuna

Shanba kuni Farg'onaga boraman va do'stim bilan uchrashaman.

→ *Shanba kuni Farg'onaga borib, do'stim bilan uchrashaman.*

1) 1 soat dam oling va dars qiling.

→ ______________________________

2) Alisher Navoiy metro bekatidan poyezdga chiqamiz va Xalqlar do'stligi bekatida tushamiz.

→ ______________________________

3) Universitetga borasiz va imtihon topshirasiz.

→ ______________________________

4) Somsa sotib olaman va uyda yeyman.

→ ______________________________

2. Namunaga qarab bajaring. 예문처럼 완성하세요.

Namuna

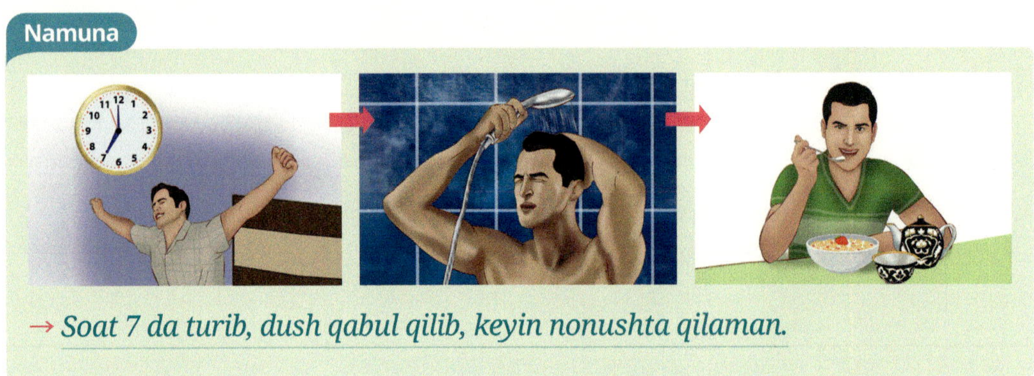

→ *Soat 7 da turib, dush qabul qilib, keyin nonushta qilaman.*

1)

2)

3)

3. Namunaga qarab bajaring. 예문처럼 완성하세요.

Namuna

men

→ *Men televizor ko'rib, ovqatlanaman.*

1) uka →

2) ular →

3) siz →

4) men →

4. Namunaga qarab bajaring. 예문처럼 완성하세요.

Namuna

Nima qilgingiz kelyapti?
→ *Kino ko'rgim kelyapti.*

1)

2)

3)

4)

1) Nima qilgingiz kelyapti?

→

2) Nima qilgingiz kelyapti?

→

3) Nima qilgingiz kelyapti?

→

4) Nima qilgingiz kelyapti?

→

5. Namunaga qarab bajaring. 예문처럼 완성하세요.

Namuna

→ *(Mening) somsa yegim kelyapti.*

men

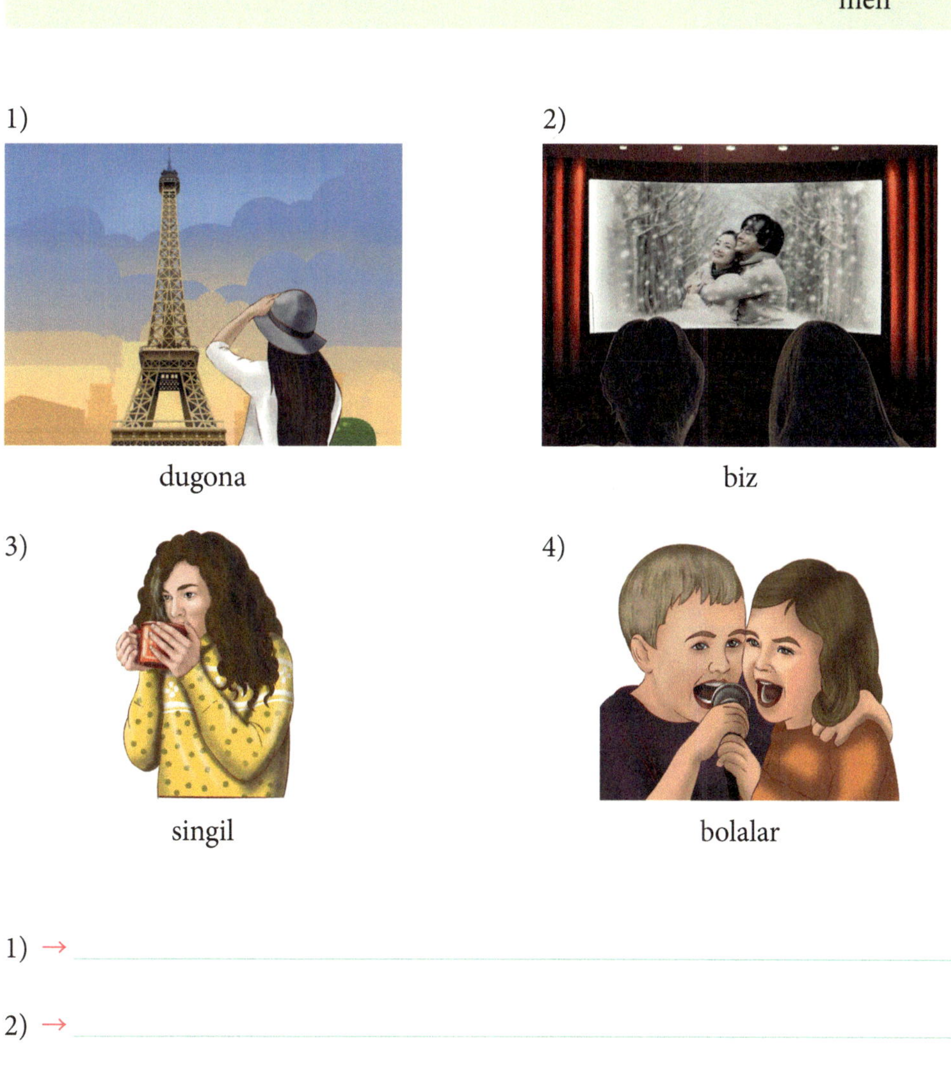

1) dugona

2) biz

3) singil

4) bolalar

1) →

2) →

3) →

4) →

6. Namunaga qarab bajaring. 예문처럼 완성하세요.

Namuna

Sotib olmoq (velosiped)

→ – *Nima sotib olgingiz kelyapti?*

– *Velosiped sotib olgim kelyapti.*

1) o'rganmoq (dutor chalmoq)

→ – ____________________

– ____________________

2) uchrashmoq (Prezident)

→ – ____________________

– ____________________

3) yemoq (hech narsa)

→ – ____________________

– ____________________

4) sayohatga bormoq (Yevropa)

→ – ____________________

– ____________________

5) bo'lmoq (mashhur odam)

→ – ____________________

– ____________________

6) dam olmoq (uy)

→ – ____________________

– ____________________

7) yashamoq (Mars sayyorasi)

→ – ____________________

– ____________________

7. Namunaga qarab bajaring. 예문처럼 완성하세요.

1-namuna

men

→ *Mening dengizda dam olgim kelyapti.*

2-namuna

ular

→ *Ularning uxlagisi kelmayapti.*

1)	2)	3)	4)
Iroda	ular	kuchuk	bola

1) → ______________________

2) → ______________________

3) → ______________________

4) → ______________________

8. O'zingiz haqingizda yozing. 자기 자신에 대해 작문하세요.

Namuna

kinoyulduz bo'lmoq

→ *Mening kinoyulduz bo'lgim keladi.*

YOKI:

Mening kinoyulduz bo'lgim kelmaydi.

1) Gollivudga bormoq

→ ______

2) milliarder bo'lmoq

→ ______

3) katta uyda yashamoq

→ ______

4) qimmatbaho kiyimlar kiymoq

→ ______

5) chiroyli mashina sotib olmoq

→ ______

6) boy odamga turmushga chiqmoq

→ ______

9. **Namunaga qarab bajaring.** 예문처럼 완성하세요.

Namuna

Uning ishlagisi kelyapti. Lekin uning ishi yo'q.

→ *Unga ish kerak.*

1) Men kecha Toshkentga keldim. Mening telefonim bor, lekin simkartam yo'q.

→

2) Sizning pianino chalgingiz kelyapti. Lekin sizning pianinongiz yo'q.

→

3) Anvar akaning choy ichgisi kelyapti. Lekin uning piyolasi yo'q.

→

4) Bu – bizning yangi ofisimiz. Lekin hali bizning printerimiz yo'q.

→

5) Kelasi hafta dengizga borgimiz kelyapti. Lekin bizning mashinamiz yo'q.

→

6) Ularning yangi uy sotib olgisi kelyapti. Lekin ularning puli yo'q.

→

7) Seyunning tashqarida sayr qilgisi kelyapti. Lekin havo sovuq. Seyunning paltosi yo'q.

→

"B" mashqlar guruhi (연습문제 B)

1. Dialogni do'stingiz bilan mashq qiling. 친구와 함께 대화를 연습하세요.

A Kecha qayerga bordingiz?
B Qo'qonga bordim.
A Qo'qonda nima qildingiz?
B Dugonam bilan uchrashib, birga ovqatlanib, keyin Jome masjidini ziyorat qilmoq.

1) birga ovqatlanmoq / Jome masjidini ziyorat qilmoq
2) muzeyga bormoq / oromgohda dam olmoq
3) kafeda choy ichmoq / bozorga bormoq
4) Xudoyorxon o'rdasiga bormoq / kinoteatrda kino ko'rmoq

2. Dialogni do'stingiz bilan mashq qiling. 친구와 함께 대화를 연습하세요.

A Nima qilgingiz kelyapti?
B Hozirgi uyim juda kichkina, shuning uchun katta uy sotib olgim kelyapti. Menga pul kerak.
A Haa. Tushunarli.

1) hozirgi uy juda kichkina / katta uy sotib olmoq / pul
2) har kuni ko'p ishlamoq / dam olmoq / ta'til
3) kelasi yil uylanmoq / ko'proq pul topmoq / yaxshi ish
4) sayohat qilishni yaxshi ko'rmoq / Yevropaga bormoq / viza

3. **Dialogni do'stingiz bilan o'qing.** 친구와 함께 대화를 읽으세요.

A Salom, Chisu!

B Salom, Iroda!

A Sizni ko'rganimdan juda xursandman. O'zbekistonga qachon keldingiz?

B Hozir aytaman… Bugun qaysi sana?

A O'n beshinchi dekabr.

B A-a... To'g'ri. Men sakkizinchi dekabrda, seshanba kuni uchib keldim.

A Nima yangiliklar?

B Yaxshi yangilik bor: opam turmushga chiqyapti.

A Rostdanmi? Juda yaxshi! Opangizning to'yi qachon?

B Bahorda. Menimcha, mart oyida bo'ladi.

A Opangizning to'yiga borasizmi?

B Harakat qilaman. Lekin hozircha bilmayman. Juda borgim kelyapti.

A Ha, albatta. Yaxshi bo'lar edi.

Audiomashqlar (듣기활동)

1. Tinglang va savollarga javob bering. 잘 듣고 질문에 대답하세요.

1) ______

2) ______

3) ______

4) ______

5) ______

2. Tinglang va to‘g‘ri javobga O belgisini, noto‘g‘ri javobga X belgisini qo‘ying.
잘 듣고 정답에 **O** 표시를, 오답에 **X** 표시를 하세요.

1) (   )   2) (   )   3) (   )

3. Lazizaning nima qilgisi kelyapti? To'g'ri javobni ✔ bilan belgilang. 라지자는 무엇을 하고 싶어 하나요? 맞는 답에 ✔표시하세요.

1)

(   )

2)

(   )

3)

(   )

4)

(   )

O'qish (읽기활동)

Matnni oʻqing. Berilgan gap toʻgʻri boʻlsa, O belgisini, notoʻgʻri boʻlsa, X belgisini qoʻying. 지문을 읽고, 주어진 문장이 옳으면 **O** 표시를, 틀리면 **X** 표시를 하세요.

Marjona va Asal – chin dugonalar. Ular hozir universitetda birga oʻqib, "Dutorchi qizlar" toʻgaragiga ham birga qatnashyapti.

Asal dutorni juda yaxshi chaladi. U dutor chalishni yaxshi oʻrganib, musiqachi boʻlgisi kelyapti. Lekin hozircha uning dutori yoʻq. Unga yaxshi dutor kerak. U Yevropa mumtoz musiqalarini ham juda yoqtiradi.

Marjona esa kino koʻrishni yoqtiradi. Uning mashhur kinoyulduz boʻlgisi kelyapti. U Gollivudga borib, filmlarda suratga tushib, koʻp pul topgisi keladi. Lekin bu oson emas, albatta. Bunga vaqt kerak. Shuning uchun u har kuni kechki payt telekanal orqali film tomosha qiladi. Mashhur aktrisalardek rol oʻynab, gapirib mashq qiladi.

1) Marjona va Asal musiqa fakultetida oʻqiydilar. ( )

2) Asal dutor chalishni yaxshi koʻradi. ( )

3) Marjonaning kinoyulduz boʻlgisi kelyapti. ( )

4) Marjona Gollivudda filmda suratga tushdi. ( )

5) Marjona har kuni kechki payt rol oʻynashni mashq qiladi. ( )

문화로 보는 우즈베키스탄

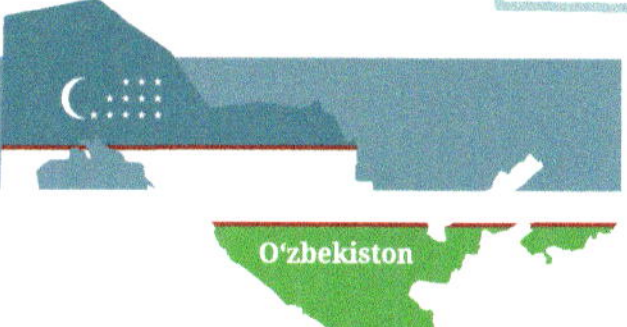

DUTOR

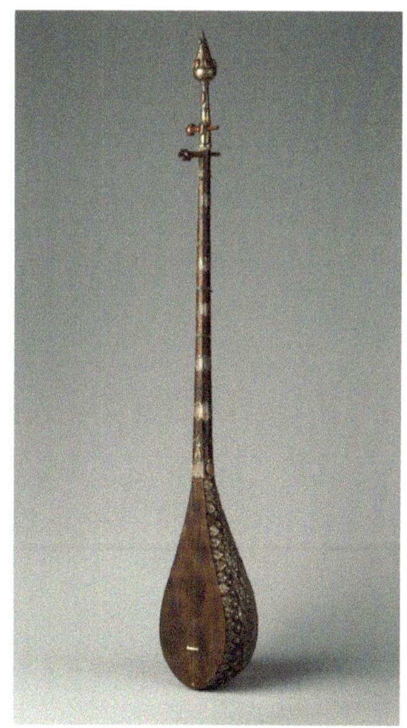

Dutor — oʻzbek xalqining qadimiy torli chertma cholgʻu asbobi. Aytishlaricha, dutor XV asrda paydo boʻlgan. "Dutor" soʻzi forscha "ikkita tor" degan maʼnoni anglatadi. Chunki bu cholgʻu asbobining ikkita tori – simi bor. Odatda dutor tut, oʻrik yogʻochlaridan yasaladi. Uning uzunligi – taxminan 1200 mm. Dutor kosasi noksimon shaklga ega boʻlib, sopi uzun boʻladi va turli bezaklar bilan bezatiladi. Qadimda dutorning torlari qoʻy ichagidan tayyorlangan, zamonaviy dutorlarning torlari esa ipak yoki neylondan yasaladi.

Dutor bir qarashda juda sodda koʻringani bilan uning shakli, chiziqlari yuqori sanʼat darajasigacha koʻtarilgan. Dutorning ikkala torini barmoqlar bilan barobar bosib, birinchi torga ikkinchi torni joʻr qilib chalinadi. Dutorni chalganda past, lekin juda mayin, nafis va yoqimli kuy taraladi.

Dutor는 줄(현)을 튕기며 연주하는 우즈베크 민족의 오래된 악기다. 전해지는 바에 따르면, dutor는 15세기에 생겨났다. "Dutor"라는 단어는 페르시아어로 2개의 줄을 의미한다. 왜냐하면 이 악기의 2개의 줄이 있기 때문이다. 보통 dutor는 오디나무, 살구나무로 만든다. 이 악기의 길이는 약 1200 mm 정도이다. Dutor의 몸통은 배 모양이며, 목 부분이 길고 다양한 장식으로 꾸며져 있다. 과거에는 dutor의 줄은 양의 내장으로 만들어졌으며, 현대에는 비단이나 나일론으로 줄을 제작한다.

Dutor는 매우 단순한 모습이지만 이것의 모양과 선은 수준 높은 예술의 경지에 올라있다. Dutor의 2개 줄을 손가락으로 같이 누르고, 첫째 줄에 둘째 줄을 당겨 붙여 연주한다. Dutor를 연주할 때 낮지만 부드럽고 정교하며 유쾌한 소리가 퍼져나간다.

QAYDLAR UCHUN

QAYDLAR UCHUN

3-DARS QAYERINGIZ OG'RIYAPTI?

당신은 어디가 아프세요?

 **Darsning maqsadi** (학습목표)

- Biror joyi og'riyotganini aytish 어떤 곳이 아픈지 말하기
- Sog'liqqa nima yaxshi, nima yomonligini aytish
  건강에 무엇이 좋은지, 무엇이 나쁜지 말하기
- Nima qilish kerakligini aytish 무엇을 해야 하는지 말하기
- Nima qilish mumkin yoki mumkin emasligini aytish
  무엇을 할 수 있고, 혹은 무엇을 할 수 없는지 말하기

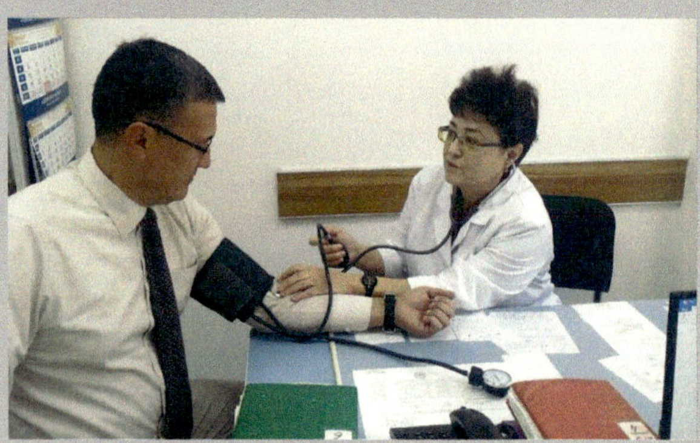

 **Kirish savollari** (도입질문)

1. Hozir o'zingizni qanday his qilyapsiz?
   지금 스스로를 어떻게 느끼고 있어요?
2. Tez-tez kasal bo'lib turasizmi?
   당신은 자주 아픕니까?
3. Boshingiz og'risa, odatda nima qilasiz?
   머리가 아플 때 보통 무엇을 하나요?
4. Sog'lom bo'lish uchun nima qilish kerak?
   건강하기 위해 무엇을 해야하나요?
5. "Sog'liq – eng katta boylik" deyishadi. Siz ham bu fikrga qo'shilasizmi? Nimaga?
   "건강은 가장 큰 재산"이라고 합니다. 당신은 이 의견에 동의하나요? 왜 그런가요?

Yangi so'zlar (새로운 단어)

bel	허리
bosh	머리
ko'krak qafasi	갈비뼈
ko'z	눈
oyoq	다리
qo'l	팔
qorin	배
oshqozon	위
tish	이
tomoq	목
ahvol	상태
asal	꿀
fastfud	패스트 푸드
bemor	환자
doktor	의사
isitma (~ chiqmoq)	열 (나다)
spirtli ichimlik	알코올, 술
gazlangan ichimlik	탄산음료
vitamin	비타민
mahal	번
harorat	온도
hisobot	보고서, 리포트
konditsioner	에어컨
kurs ishi	소논문, 에세이

ko'rgazma	전시회
meva-cheva	과일
seminar	학회
suhbat (=intervyu)	면접
tavsiya (~ qilmoq)	추천하다, 권하다
xizmat safari	출장
xurmo	감, 대추
og'rimoq	아프다
yo'talmoq	기침을 하다
shamollamoq (shamollab qolmoq)	감기에 걸리다
dori ichmoq	약을 먹다
ukol olmoq	주사를 맞다
ukol qilmoq	주사를 놓다
shifoxonaga yotmoq	입원하다
shifoxonada yotmoq	입원 중이다
davolanmoq	치료받다
tuzalmoq	회복하다
tuzalib ketmoq	(아픈 것에서) 나아지다
demoq	말하다
foydalanmoq (-dan ~)	이용하다
his qilmoq	느끼다, 감지하다
kutib olmoq	마중하다, 맞이하다
ko'rib kelmoq	보러 오다

mashinani qo'ymoq	주차하다
olib kirmoq	가지고 들어오다
qatnashmoq (-ga / -da ~)	참석하다, 참여하다
qaytarmoq	돌려주다, 반복하다
qo'rqmoq (~dan qo'rqmoq)	~를 무서워하다. 겁먹다.
qolmoq	남다
qo'ymoq (-ga ~)	놓다
chekmoq (sigaret ~)	담배를 피우다
ta'mirlamoq (=tuzatmoq)	수리하다
topshirmoq (hisobot ~)	내다
uxlab qolmoq	잠들다
vanna qabul qilmoq	목욕을 하다
yiqilmoq (-dan ~)	넘어지다
yodlamoq	외우다
shovqin qilmoq	시끄럽게 하다
bechora	불쌍한, 딱한
foydali	유용한
jiddiy	심각한, 진정한
iliq	따뜻한
qattiq	심하게, 매우, 몹시
zarar (=ziyon)	해로운
zo'rg'a	겨우
boy (-ga ~)	가득한, 많은

uchun	~기 위해서
shekilli	'그런 것 같다'라는 의미를 준다
Aslida~	~ 원래는
Mazam yo'q. (=Mazam qochib qoldi.)	몸이 안 좋아요
Sizga nima bo'ldi?	무슨 일이에요?
Nima bezovta qilyapti?	어디가 불편하세요?
Qachondan beri?	언제부터?
Qancha bo'ldi?	얼마나 되었어요?
Burnim oqyapti.	콧물이 난다.
Yaxshi bo'lib qoling.	빨리 나으세요.
Sog'ayib keting.	나으세요.
Ming bor uzr.	죄송해요.
Labbay.	네
Bilmagan edim.	몰랐다.
Qo'rqib ketdim.	무서워요. 겁먹었어요.
Gapirish oson.	말하기는 쉽다
Tashvishlanmang!	걱정하지 마세요
Xudo xohlasa, ~	신이 허락한다면,
Hammasi yaxshi bo'ladi.	다 잘 될 거예요.

Grammatika (문법)

1 | N-(i)m og'riyapti ((나의) ...가 아프다)

Shifokor Qayeringiz og'riyapti?
Bemor Boshim og'riyapti.

의사 어디가 아프십니까?
환자 두통이 있습니다.

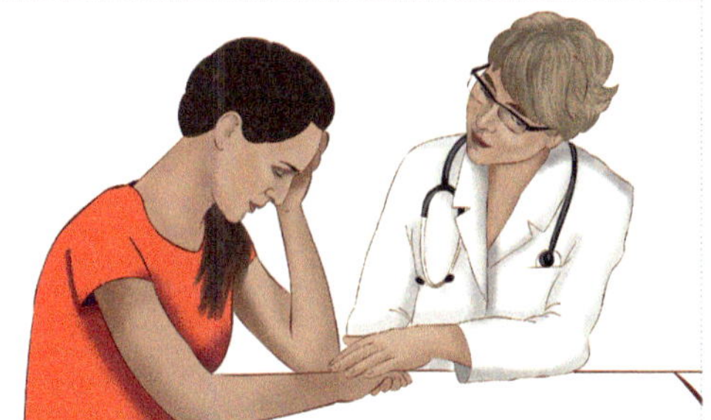

병원이나 약국에 가서 "(나의) 어디가 아파요."라는 표현을 하고 싶을 경우 '아픈 부위-(i)m'을 붙이고 '아파요'에 해당되는 og'riyapti를 쓰면 된다. 아픈 부위는 인칭 상 모두 3인칭이 되기 때문에 og'riyapti만 오게 된다. 마찬가지로 "어디가 아픕니까?"라는 질문은 우즈베크어로 어디에 해당하는 qayer에 2인칭 소유어미를 붙여서 "Qayeringiz og'riyapti?"라고 하면 된다.

1.1. **Misollarni o'qing.** 예문을 읽으세요.

1) Mening boshim og'riyapti.

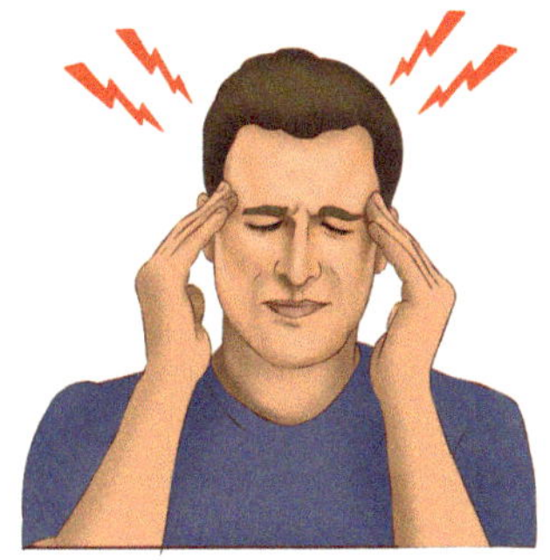

2) Anvar akaning oyog'i og'riyapti.

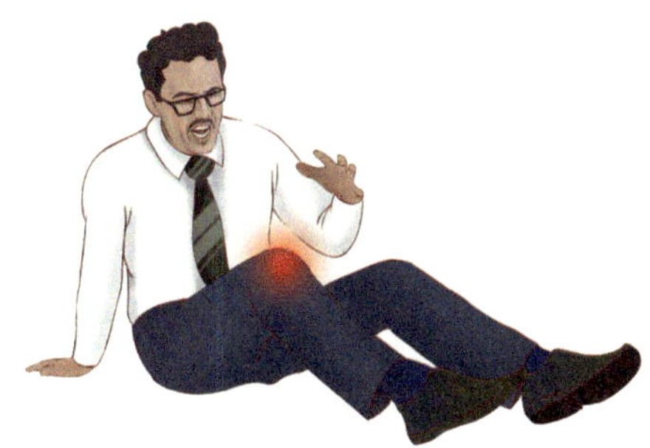

3) Boburning tishi ogʻriyapti.

4) Men oʻzimni yomon his qilyapman. (Mazam yoʻq.)

5) Isitmam bor.

6) Oʻzimni yaxshi his qilyapman. Isitmam yoʻq.

7) Bola dori ichyapti.

8) Shifokor bemorni koʻryapti.

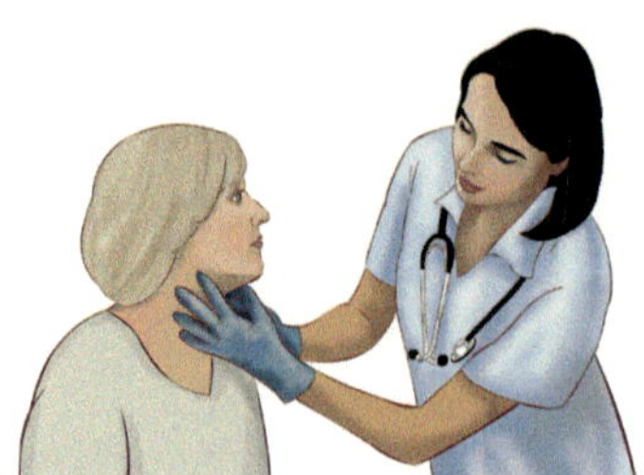

9) Hamshira bemorga ukol qilyapti.

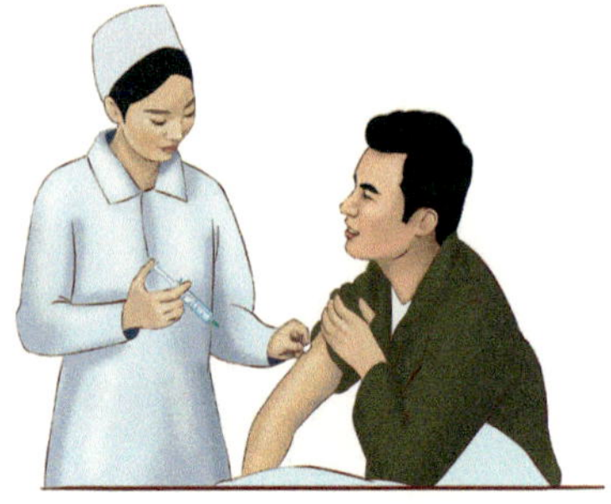

2 | N-ga (-ka, -qa)/uchun yaxshi(foydali) (...에게 좋다, 나쁘다, 유용하다, 해롭다)

Yoga sog'liq uchun foydali.	요가는 건강에 좋습니다.
Chekish sog'liq uchun ziyon.	흡연은 건강에 좋지 않습니다.

'걷기는 건강에 좋다', '술은 건강에 해롭다' 등의 표현을 할 경우, -uchun 혹은 -ga(좋다, 나쁘다) 등의 형용사를 써주면 된다. 즉, "Yurish sog'liq uchun (sog'liqqa) yaxshi/foydali."라고 쓸 수 있다.

2.1. Misollarni o'qing. 예문을 읽으세요.

1) Ayollarga yoga bilan shug'ullanish yaxshi (foydali).
2) Ko'p sabzavot yeyish sog'liq uchun yaxshi (foydali).
3) Spirtli ichimliklarni ko'p ichish sog'liq uchun yomon (zarar).
4) Telefonga ko'p qarash ko'zga ziyon.
5) Xurmo – vitaminga boy meva. Sog'liq uchun juda foydali.

3 | V-ish(im) kerak ((내가) ...을/를 해야 한다)

Shifoxonaga borishingiz kerak.	병원에 가야 합니다.

Kim	nima qilishi		kerak (edi)?
Men	dars qilish +	im	kerak (edi).
Sen		ing	
Siz		ingiz	
U		i	
Biz		imiz	
Sizlar		ingiz (laring)*	
Ular		i (lari)	

Kim	nima qilishi		kerak emas?
Men	dori ichish +	im	kerak emas.
Sen		ing	
Siz		ingiz	
U		i	
Biz		imiz	
Sizlar		ingiz (laring)*	
Ular		i (lari)	

"누가 무엇을 해야 한다"는 당위 표현은 동사를 동명사로 만들어 준 후 그 동명사에 소유어미를 붙여서 행위의 주체를 명확히 한 후 kerak(필요한)을 써주면 된다. 예를 들어, "나는 노트북을 사야 한다"는 "Men noutbuk sotib olishim kerak."이라 할 수 있다.

sotib olmoq → sotib ol + ish(동명사) + im(1인칭 단수 소유어미)

과거형은 kerak edi(명사/형용사의 과거형 어미)를 쓰고, 부정은 kerak emas(명사/형용사 부정형 어미)를 쓴다. 과거형 부정은 "~ kerak emas edi"가 되겠다.

3.1. **Misollarni oʻqing.** 예문을 읽으세요.

1) Iroda kutubxonadan lugʻat olishi kerak.
2) Bobur universitetga borishi kerak.
3) A Kecha doʻstlaringiz bilan teatrga bordingizmi?
   B Yoʻq. Chunki kecha suhbatga borishim kerak edi.
4) A Kechqurun kinoga boraylik.
   B Afsus. Kechqurun dars qilishim kerak.
5) Bugun darsdan keyin men kutubxonaga borishim kerak.
6) Men aeroportga borib, germaniyalik doʻstimni kutib olishim kerak.
7) Bugun men oʻzimni yaxshi his qilyapman. Shifokorga borishim kerak emas.

4 | V-(i)sh mumkin/mumkin emas (가능하다, 가능하지 않다)

Iliq suv ichish mumkin.	따뜻한 물을 마셔도 됩니다.
Sovuq suv ichish mumkin emas.	차가운 물을 마시면 안됩니다.

동작, 실현 가능성을 표현하고 싶을 경우에는 동사를 동명사로 만든 후 소유어미를 붙이고 mumkin을 쓴다. 일반적인 가능, 허용의 의미를 전달 할때는 주어와 소유어미를 붙이지 않고도 쓸 수 있다. 예를 들어, "Kirish mumkin emas." 은 "출입금지"라는 뜻이다. 만일, "당신은 이 방에 들어가도 됩니다."라는 말은 "Siz bu xonaga kirishingiz mumkin."이라고 표현할 수 있다.

kirmoq → kir + ish(동명사) + ingiz(2인칭 존칭 소유어미)

부정은 명사/형용사의 부정형 어미인 emas를 붙이고, 과거는 edi를 붙여주면 된다.
예 Bu xonaga kirishingiz mumkin emas.
Bu xonaga kirishingiz mumkin emas edi.

4.1. **Misollarni o'qing.** 예문을 읽으세요.

1) A Kutubxonadan uyga kitob olib ketish mumkinmi?
   B Ha, albatta, mumkin.
2) Imtihonda gaplashish mumkin emas.
3) Bu yerga mashina qo'yish mumkin emas.
4) A Muzeyda rasmga olish mumkinmi?
   B Muzeyda rasmga olish mumkin emas, lekin birinchi qavatdagi ko'rgazmani rasmga olish mumkin.

5 | ~, shekilli. (...인 것 같다)

우즈베크어로 말할 때 어떠한 근거에 바탕을 두어 화자의 추측을 나타내는 표현을 할 때, 문장 끝에 shekilli라는 단어를 붙여 나타낸다. “Ertaga yomg‘ir yog‘adi, shekilli.”는 “내일 비가 올 것 같네요.”라는 뜻으로, 하늘에 구름이 많다든가, 혹은 비가 올 것 같은 다른 근거를 통해 화자가 비가 올 것 같다는 추측을 했을 때 쓸 수 있다. 만일 shekilli가 없다면 이 문장은 “내일 비가 올 것이다.”라는 상대적으로 더 큰 확신이 담긴 문장이 된다.

5.1. Misollarni o‘qing. 예문을 읽으세요.

1) Ertaga yomg‘ir yog‘adi, shekilli.
2) Charchadingiz, shekilli.
3) Shamolladim, shekilli.
4) Men imtihondan yaxshi baho olaman, shekilli.

6 | Xudo xohlasa, ~ (신이 허락한다면, ...하게 될 것이다, ...가 되길 바란다)

말하는 사람의 소망, 희망, 기대를 담고 있는 문장으로 우즈베크인들이 일상생활에서 대단히 자주 쓰는 표현이다. 어떤 소망이 담긴 말에 이어 상호 간, “Xudo xohlasa!”라고 말하면, 이는 그 소망이 이루어지길 바란다는 뜻이다. 예를 들어, “나는 내년에 우즈베키스탄에 가고 싶어.(Kelasi yili men O‘zbekistonga boraman!)”라는 말을 할 때, “Xudo xohlasa, ...”라고 시작할 수 있고, 혹은 이 말을 들은 우즈베크인은 당신의 소망을 응원하기 위해 “Xudo xohlasa!”라며 응답할 것이다.

6.1. Misollarni o‘qing. 예문을 읽으세요.

1) Xudo xohlasa, kelasi yili men O‘zbekistonga boraman.
2) Xudo xohlasa, yaxshi bo‘lib qolasiz.
3) Xudo xohlasa, siz yaxshi ishga kirasiz.
4) Xudo xohlasa, tuzalib ketasiz.
5) Xudo xohlasa, kelasi yili yana ko‘rishamiz.

"A" mashqlar guruhi (연습문제 A)

1. Namunaga qarab bajaring. 예문처럼 완성하세요.

Namuna

men

→ – *Qayeringiz og'riyapti?*

– *Boshim og'riyapti.*

men

1) men

2) Sangmin

3) Feruza opa

4) men

1) →

2) →

3) →

4) →

2. Namunaga qarab bajaring. 예문처럼 완성하세요.

Namuna

→ *Sport bilan shug'ullanish sog'liqqa foydali.*

1) 2) 3) 4)

1) → ______________________

2) → ______________________

3) → ______________________

4) → ______________________

3. Namunaga qarab bajaring. 예문처럼 완성하세요.

Namuna

men

→ *Men ko'p sabzavot yeyman.*

Bu sog'liq uchun foydali.

men

1) Nodira 2) ota 3) biz 4) dugona

1) → ____________________

2) → ____________________

3) → ____________________

4) → ____________________

4. Namunaga qarab bajaring. 예문처럼 완성하세요.

Namuna

biz * bugun kechqurun uyga tezroq qaytmoq

→ *Biz bugun kechqurun uyga tezroq qaytishimiz kerak.*

1) onam * ertaga shifoxonaga bormoq

→

2) siz * aeroportda pasport ko'rsatmoq

→

3) har kuni * men * soat 5 da turmoq

→

4) sizlar * kitobni 15-martgacha qaytarmoq

→

5) men * kecha hisobot topshirmoq

→

6) ular * uyni ta'mirlamoq

→

5. **Namunaga qarab bajaring.** 예문처럼 완성하세요.

Namuna

Nimaga tashqariga chiqdingiz?

→ *Tashqariga chiqishingiz kerak emas.*

1) Nimaga erta turdingiz?

→

2) Nega Sangmin meni kutyapti?

→

3) Nega Anvar aka ko'p ishlaydi?

→

4) Nimaga bu dorini ichyapsiz?

→

6. **Namunaga qarab bajaring.** 예문처럼 완성하세요.

Namuna

siz * soat nechagacha ishlamoq (soat 6)

→ – *Soat nechagacha ishlashingiz kerak?*

– *Soat 6 gacha ishlashim kerak.*

1) men * bir kunda necha mahal dori ichmoq (3 mahal)

→

2) biz * hisobotni qachongacha topshirmoq (10-dekabr)

→

3) siz * kurs ishini necha bet yozmoq (12~13 bet)

→

4) men * necha kun shifoxonada yotmoq (bir hafta)

→

5) sizlar * nechta yangi so'z yodlamoq (40 ta)

→

7. Namunaga qarab bajaring. 예문처럼 완성하세요.

Namuna

Ertaga kinoga boraylik.

→ *Ming bor uzr, ertaga men Samarqandga ketishim kerak.*

1) Juma kuni birga teatrga boraylik.

→

2) Ertaga birga stadionga boraylik.

→

3) Shanba kuni birga muzeyga boraylik.

→

4) Seshanba kuni kechqurun birga ziyofatga boraylik.

→

5) Ertaga kechqurun birga konsertga boraylik.

→

8. Namunaga qarab bajaring. 예문처럼 완성하세요.

Namuna

Bugun kunduzi kutubxonaga borishim kerak. Siz-chi?
→ *Men (esa) dars qilishim kerak.*

1) Men bugun kechqurun akamni kutib olish uchun aeroportga borishim kerak. Siz-chi?

→ ______

2) Ertaga ertalab Chisu elchixonaga borishi kerak. Siz-chi?

→ ______

3) Shanba kuni men va Anvar aka stadionga borishimiz kerak. Siz-chi?

→ ______

4) Nigora kasal. Bugun kunduzi biz Nigorani ko'rib kelishimiz kerak. Siz-chi?

→ ______

5) Ertaga ertalab men shifoxonaga borishim kerak. Siz-chi?

→ ______

6) Juma kuni Seyun Alisher Navoiy teatriga borishi kerak. Siz-chi?

→ ______

7) Bugun kechqurun men imtihonga tayyorlanishim kerak. Siz-chi?

→ ______

9. **Namunaga qarab bajaring.** 예문처럼 완성하세요.

1-namuna

→ – *Rasmga olish mumkinmi?*

– *Ha, rasmga olish mumkin.*

2-namuna

→ – *Chekish mumkinmi?*

– *Yo'q, chekish mumkin emas.*

1) 

2) 

3) 

4) 

1) → ______

2) → ______

3) → ______

4) → ______

"B" mashqlar guruhi (연습문제 B)

1. Dialogni do'stingiz bilan mashq qiling. 친구와 함께 대화를 연습하세요.

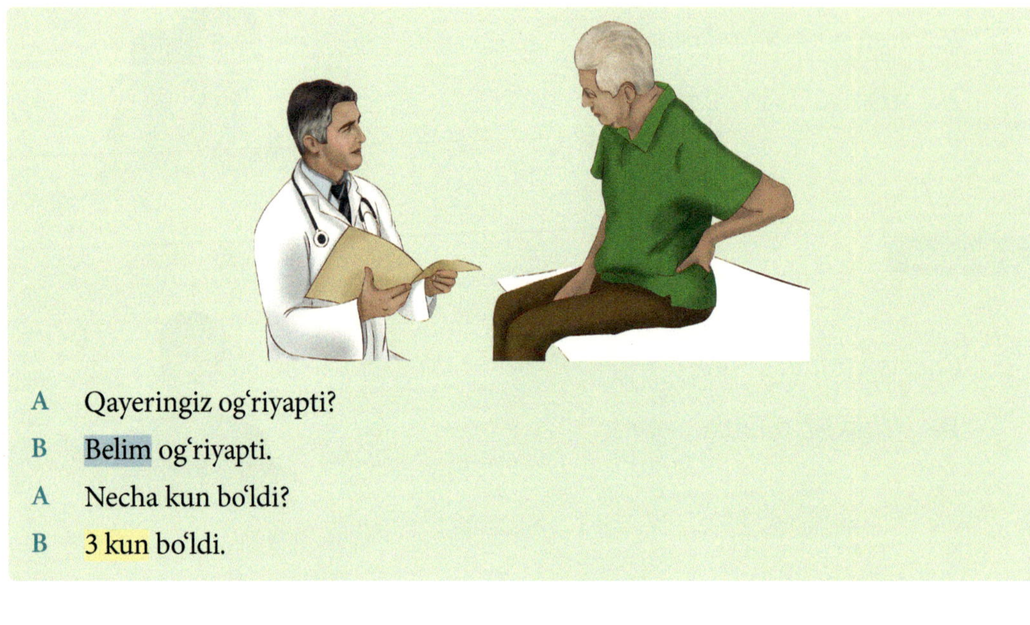

A Qayeringiz og'riyapti?
B Belim og'riyapti.
A Necha kun bo'ldi?
B 3 kun bo'ldi.

1) bel
3 kun

2) bosh
2 kun

3) quloq
1 hafta

4) tomoq
4 kun

2. Dialogni do'stingiz bilan mashq qiling. 친구와 함께 대화를 연습하세요.

A Nima bezovta qilyapti?
B Burnim oqyapti. Isitmam ham chiqyapti.
A Qachondan beri?
B Kechadan beri.

1) burun oqmoq
kecha

2) tomoq
og'rimoq
seshanba

3) qattiq
yo'talmoq
1 hafta

4) qorin
og'rimoq
4 kun

3. Dialogni do'stingiz bilan mashq qiling. 친구와 함께 대화를 연습하세요.

A Mazam yo'q. Oshqozonim og'riyapti.

B Asal yeyishingiz kerak. Asal oshqozonga juda foydali.

A Rostdanmi? Unda shunday qilaman.

1) oshqozon asal yemoq

2) tomoq issiq sut ichmoq

3) yurak o'rik ko'p yemoq

4) ko'z xurmo ko'p yemoq

4. Dialogni do'stingiz bilan mashq qiling. 친구와 함께 대화를 연습하세요.

A Tushlik qilmaysizmi?

B Uzr. Shifoxonaga borishim kerak.

A A-a. Tushunarli.

1) tushlik qilmoq shifoxonaga bormoq

2) futbol o'ynamoq kurs ishini yozmoq

3) ziyofatga bormoq imtihonga tayyorlanmoq

4) seminarga qatnashmoq hisobot topshirmoq

5. Dialogni do'stingiz bilan mashq qiling. 친구와 함께 대화를 연습하세요.

A Kutubxonaga suv olib kirish mumkinmi?

B Ha, albatta, mumkin. Lekin ovqat yeyish mumkin emas.

A Tushunarli. Rahmat.

1) kutubxona
suv olib
kirmoq
ovqat
yemoq

2) kinoteatr
ovqat
yemoq
shovqin qilmoq

3) imtihon
suv
ichmoq
boshqa
ichimliklar olib
kirmoq

4) muzey
telefon bilan
kirmoq
rasmga olmoq

6. Dialogni do'stingiz bilan o'qing. 친구와 함께 대화를 읽으세요.

A Keling. Nima bezovta qilyapti?

B Kechadan beri tomog'im og'riyapti. Ozgina isitmam ham bor.

A "Aaa" deng. Tushunarli. Siz shamollagansiz. Ikki-uch kun dam olishingiz kerak.

B Voy, ertaga xizmat safariga ketishim kerak.

A Unda bugun hamma dorilarni ichib, erta uxlang.

B Xo'p bo'ladi, doktor.

A Sovuq suv ichish mumkin emas.

B Vanna qabul qilish mumkinmi?

A Ha, mumkin.

A Rahmat, doktor.

B Arzimaydi. Sog'ayib keting.

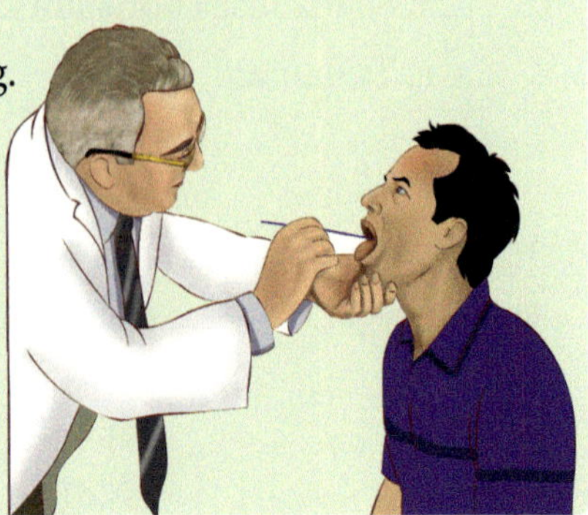

Audiomashqlar (듣기활동)

1. Tinglang va savollarga javob bering. 잘 듣고 질문에 대답하세요.

1) ______________________________

2) ______________________________

3) ______________________________

4) ______________________________

5) ______________________________

2. Tinglang va toʻgʻri javobga O belgisini, notoʻgʻri javobga X belgisini qoʻying.
잘 듣고 정답에 **O** 표시를, 오답에 **X** 표시를 하세요.

1) (   ) 2) (   ) 3) (   )

3. Tinglang va har bir matnni unga mos rasm bilan tutashtiring. 잘 듣고 각각의 지문과 가장 적합한 그림을 연결하세요.

1)

a)

2)

b)

3)

c)

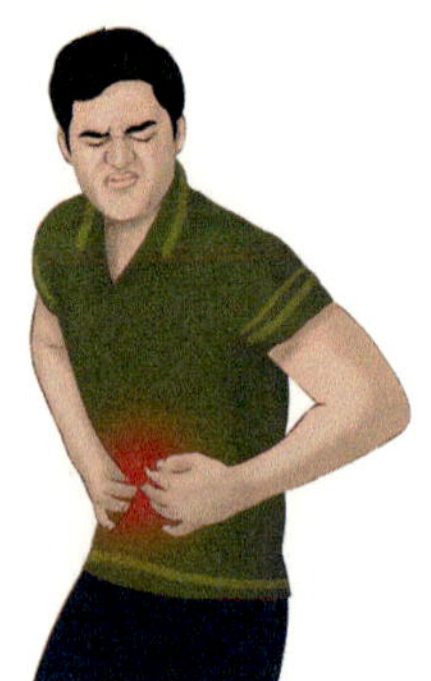

4. Nima qilish mumkin va nima qilish mumkin emas? 무엇을 할 수 있나요? 그리고 무엇은 할 수 없나요?

1) ●

2) ●

3) ●

a)

b)

c)

d)

O'qish (읽기활동)

Matnni o'qing. Berilgan gap to'g'ri bo'lsa, O belgisini, noto'g'ri bo'lsa, X belgisini qo'ying. 지문을 읽고, 주어진 문장이 옳으면 **O** 표시를, 틀리면 **X** 표시를 하세요.

Kecha Chisuning mazasi yo'q edi. Men unga telefon qildim. U zo'rg'a gapirdi. Men qo'rqib ketdim. Uning kasali jiddiy, shekilli. Aslida, Chisu uncha ko'p kasal bo'lmaydi. Shuning uchun Chisuning uyida dori yo'q edi. Men unga dori, vitamin, meva-cheva va non sotib olib, uyiga bordim. Uning isitmasi baland ekan. U dorini ichib, uxlab qoldi. Men Chisu uchun tovuq sho'rva pishirdim. Hamma do'stlarimiz telefon qilib, Chisuning ahvolini so'radilar va dorilarni ichib, uxlashini tavsiya qildilar. Gapirish oson! Bechora Chisu! Men Chisuning uyida qoldim. Ha, mayli... Tashvishlanmang! Xudo xohlasa, hammasi yaxshi bo'ladi!

1) Chisu odatda ko'p kasal bo'ladi. (   )

2) Chisuning mazasi yo'q. (   )

3) Chisu zo'rg'a dori, meva-cheva va non olib keldi. (   )

4) Chisu dorini ichib, uxladi. (   )

5) Chisuning do'sti unga ovqat pishirib, uyiga ketdi. (   )

Bir shingil kulgi... 잠시 웃어요! 😄😁😆

Nemis olimi Vilgelm Konrad Rentgen bir kishidan xat oldi.

"Hurmatli doktor!

Bir necha kundan beri ko'krak qafasim og'riyapti.

Shuning uchun, iltimos, menga pochtadan bir nechta X-nurlaringizdan yuboring va ulardan qanday foyladalnishni ham yozib yuboring. Kutaman. Rahmat."

Rentgen hazilkash odam edi. U xatga shunday javob yozdi:

"Afsuski, hozir menda X-nurlari yo'q. Ularni yuborish ham biroz mushkul. Shuning uchun, iltimos, menga pochtadan ko'krak qafasingizni yuboring. Men uni, albatta, davolab, sizga qaytaraman.

Hurmat bilan,

Rentgen."

Vilgelm Konrad Rentgen (Ryontgen) – 엑스레이검사를 발명한 독일 과학자

hazilkash - 장난꾸러기

X-nurlari - 엑스레이

mushkul =qiyin - 어려운

Qo'shimcha ma'lumotlar

ODAM TANASI VA KASALLIKLAR BILAN BOG'LIQ SO'ZLAR

신체와 질병

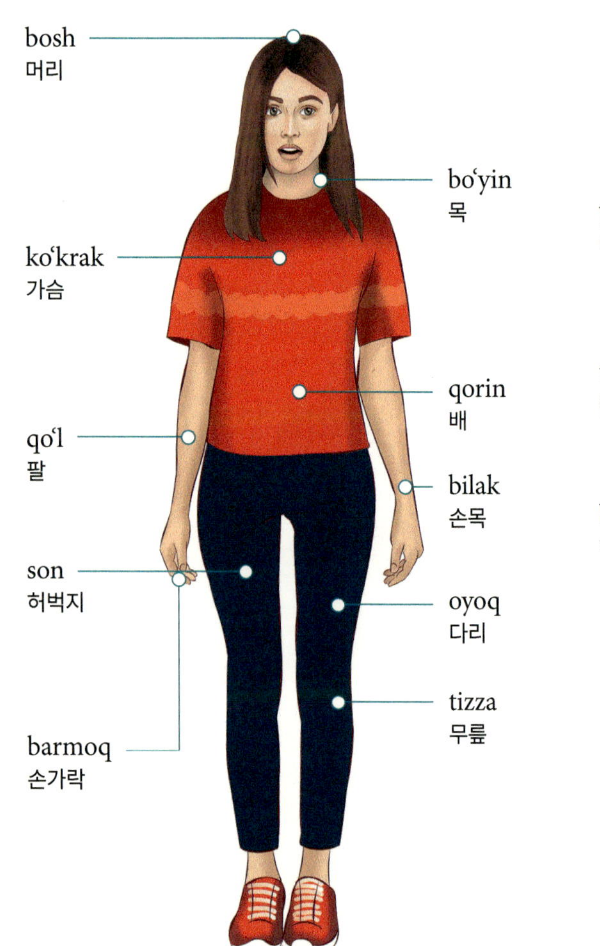

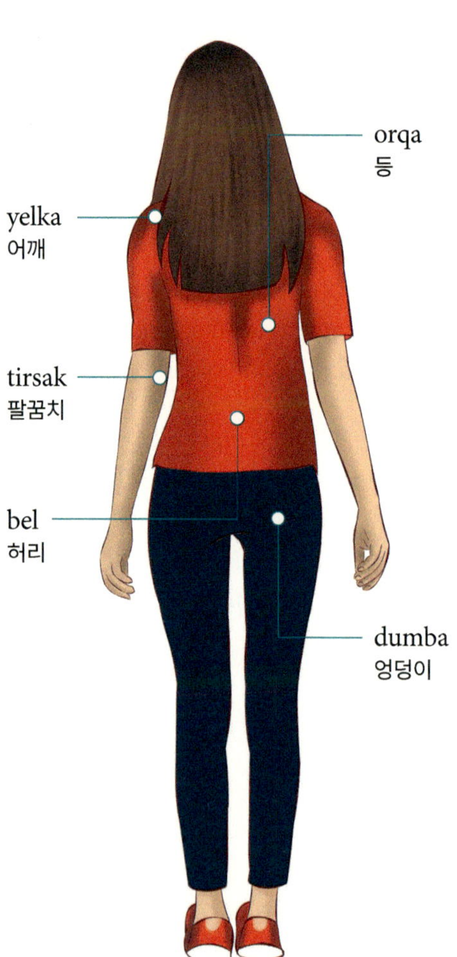

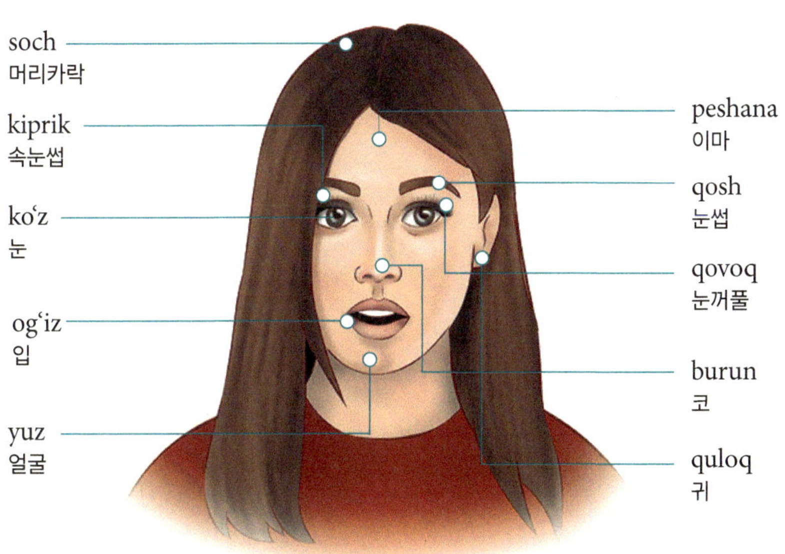
soch
머리카락
kiprik
속눈썹
ko'z
눈
og'iz
입
yuz
얼굴
peshana
이마
qosh
눈썹
qovoq
눈꺼풀
burun
코
quloq
귀

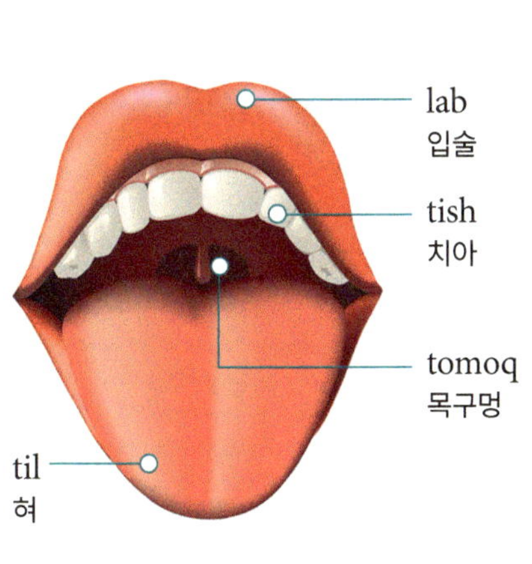
lab
입술
tish
치아
tomoq
목구멍
til
혀

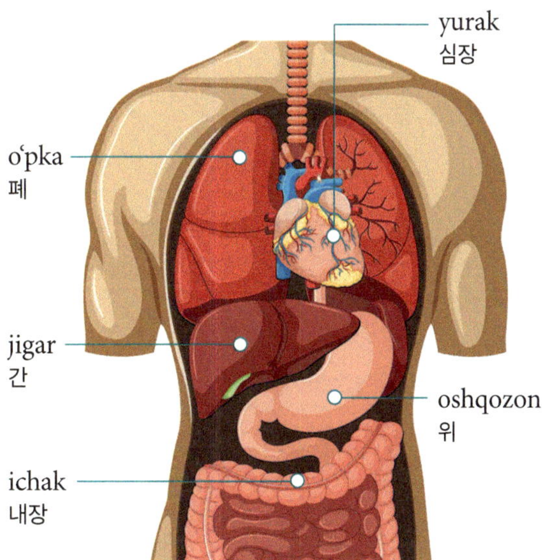
yurak
심장
o'pka
폐
jigar
간
oshqozon
위
ichak
내장

asab	신경
tana	신체
teri	피부
tirnoq	손톱
umurtqa	척추
buyrak	신장
qon	피
suyak	뼈
immunitet	면역
allergiya (-ga ~)	알레르기
boshog'riq	두통
ichketar	설사
isitma	열
ko'richak	충수염, 맹장염
og'riq	고통
qon bosimi (~ oshmoq/tushmoq)	혈압
saraton	암
tumov	감기
gripp	독감
yo'tal	기침
virus	바이러스
hazm bo'lmoq	소화되다
holsizlanmoq	힘이 빠지다, 기운이 없다

kinna kirmoq	(다른 사람들의 나쁜 시선을 받고) 아프다, 안 좋은 일이 생기다
ko'karmoq	멍들다
ko'z tegmoq	나쁜 시선을 받다
kuydirmoq	태우다, 불에 데다
lat yemoq	다치다
mast bo'lmoq	취하다
og'rimoq	아프다
qayirmoq	삐다, 겹질리다
qichimoq	가렵다
qonamoq	피 나다
qusmoq (=qayt qilmoq)	토하다
sindirmoq	부러지다
sovqotmoq	추위를 타다
terlamoq	땀을 흘리다
urib olmoq	부딪히다
yuqmoq	들러붙다, 옮기다
yuqtirmoq	전염되다, 감염되다
yo'talmoq	기침을 하다
shamollamoq	감기에 걸리다
shikastlanmoq	다치다
chanqamoq	목마르다

tashxis (~ qo'ymoq)	진단
operatsiya (~ qilmoq)	수술하다
plastik operatsiya (~ qilmoq)	성형 수술하다
dori yozib bermoq	약을 처방하다
emlamoq	예방 접종을 하다
emlanmoq	예방 접종을 받다
ukol qilmoq	주사를 놓다
ukol olmoq	주사를 맞다
shifoxonada yotmoq	입원 중이다
shifoxonadan chiqmoq	퇴원하다
shifoxonaga bormoq	병원에 가다
shifoxonaga yotmoq	입원 중이다
palata	병실, 입원실
tez yordam (-ni chaqirmoq)	구급차 (-를 부르다)
birinchi yordam	응급 처치
niqob (~ taqmoq)	마스크 (착용하다)
tabib	의원
jarroh	외과 의사
tabobat	의학
vaksina	백신
boshog'riq dorisi	두통약
shamollashga qarshi dori	감기약

FOYDALI IFODALAR

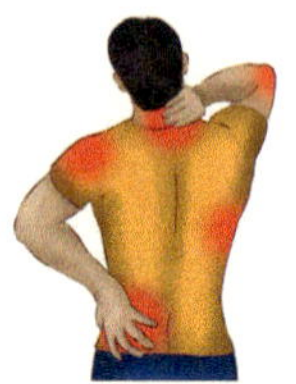
Hamma joyim ogʻriyapti.
온몸이 아픕니다.

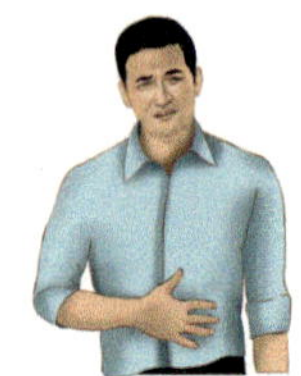
Ovqat yaxshi hazm boʻlmayapti.
소화가 잘 되지 않습니다.

Ishtaham yoʻq.
입맛이 없습니다.

Qusyapman.
토합니다.

Boshim aylanyapti.
머리가 어지럽습니다.

Koʻnglim ayniyapti.
속이 메스껍다.

Qoʻlimni kuydirib oldim.
손을 데였습니다.

Oyogʻimni qayirib oldim.
발목을 겹질렸습니다.

Oyogʻimni sindirib oldim.
다리가 부러졌습니다.

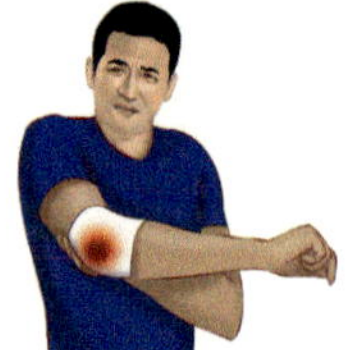
Qoʻlim lat yedi.
팔을 다쳤습니다.

Tishimni qurt yedi.
이가 썩었습니다. 충치가 있습니다.

U tushkunlikka tushib qoldi.
그는 우울합니다.

O'ZBEKISTONDA NIMA QILISH MUMKIN EMAS?

우즈베키스탄에서는 무엇을 해서는 안될까요?

Chet elga sayohat qilish barchaga yoqadi, chunki sayohat davomida koʻpdan koʻp taassurotlar olasiz, mamlakatning diqqatga sazovor joylarida boʻlib, xalqning madaniyati bilan tanishasiz. Ammo sayohatga chiqishdan oldin borayotgan mamlakatingiz an'analari, odob-axloq qoidalaridan xabardor boʻlsangiz, safaringiz yanada mazmunli oʻtadi.

모두가 다른 나라를 여행을 좋아한다. 왜냐하면 여행 중에 많은 감명을 얻기 때문이다. 그 나라의 유명한 곳을 방문하고 민족의 문화를 배울 수 있게 된다. 그러나 여행 전 그 나라의 전통, 예절들을 미리 알고 가게 된다면, 여행을 더 의미 있게 보내게 될 것이다.

Masalan:

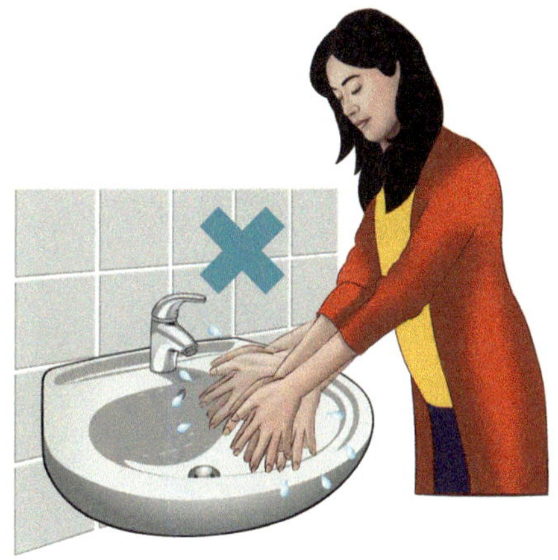

1) Oʻzbekistonda nonni yerga tashlash va bosish mumkin emas.
   빵을 버리거나 밟으면 안된다.

2) Qoʻlni yuvgandan keyin siltash mumkin emas. Qoʻllarni sochiqqa yoki dastroʻmolga artib quritish lozim.
   손을 씻고 나서 물기를 털면 안 된다. 손을 수건이나 손수건으로 닦아 말려야 한다.

3) Uy ichiga oyoq kiyimi bilan kirish mumkin emas.
   집 안에 신발을 신고 들어가면 안 된다.

4) Yoshi kattalardan oldin ovqatga qo'l uzatish mumkin emas.
   웃어른이 식사를 시작하기 전에 음식에 손을 대서는 안된다.

5) Uyda, ko'cha-ko'yda xushtak chalish mumkin emas.
   집이나 거리에서 휘파람을 부르면 안 된다.

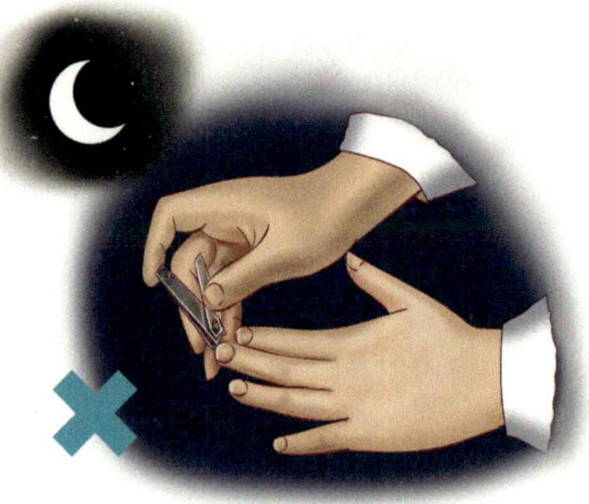

6) Kechqurun tirnoq olish mumkin emas.
   밤에 손톱을 깎으면 안 된다.

7) Mehmonga borganda nonni toq qilib olib borish mumkin emas.
손님으로 방문 시 빵을 홀수 개수로 가져가면 안 된다.

8) Nonni dasturxonga teskari qo'yish mumkin emas.
빵을 식탁 위에 뒤집어 놓으면 안 된다.

9) Piyolaga to'ldirib choy quyish mumkin emas.
차를 찻잔에 가득 채워 따르지 않는다.

QAYDLAR UCHUN

QAYDLAR UCHUN

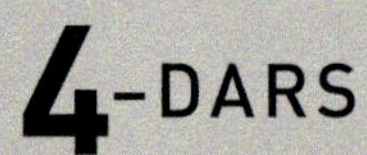

MEN PIANINO CHALA OLAMAN

나는 피아노를 칠 수 있다

Darsning maqsadi (학습목표)

- Imkoniyatni ifodalash 가능성 표현하기
- Biror narsa qilish ko'nikmasiga egaligini bildirish
  무언가 할 줄 아는 기술을 가지고 있음을 알리기
- Qiziqishlar haqida suhbat qurish 관심사에 대해 대화하기

Kirish savollari (도입질문)

1. Nimalarga qiziqasiz? 당신은 무엇에 흥미가 있나요?
2. Siz qilgingiz keladigan, lekin qila olmaydigan narsa nima?
   그동안 하고 싶었으나 하지 못한 것은 무엇인가요?
3. Siz qila oladigan, lekin qilishni xohlamaydigan narsa nima?
   그동안 해왔으나 하고 싶지 않았던 것은 무엇인가요?
4. Qaysi sport turiga qiziqasiz? Tennis o'ynashni bilasizmi?
   어떤 스포츠 종류에 관심이 있나요? 테니스 칠 줄 아나요?
5. Ovqat pishirishni-chi? Agar bilsangiz, ovqat pishirishni kimdan o'rgangansiz?
   요리는요? 만일 요리할 줄 안다면 요리는 누구한테 배웠나요?

Yangi so'zlar (새로운 단어)

dastur	프로그램
dollar	달러
gitara	기타 (악기)
ilova	애플리케이션
inson	인간
kurash	씨름
manzara	경치
matematika	수학
muammo	문제
qobiliyat	능력
qog'oz	종이
sevimli mashg'ulot	취미
skripka (~ chalmoq)	바이올린
tabiat	자연
tango	탱고
texnika	기술
shaxmat (~ o'ynamoq)	체스
chet tili	외국어
erinchoq	게으른, 일하기 싫어하는
erkin	자유로운
mohir	숙련된, 전문가적인
qobiliyatli	능력 있는
talabchan	정확한, 까다로운
almashtirmoq (-ni -ga ~)	교환하다
usta (-ga ~)	~을/를 잘하다
hayajonlanmoq	긴장하다, 설레다
konki(da) uchmoq	스케이트를 타다

mashina haydamoq	운전하다
ot minmoq	말을 타다
qiziqmoq (-ga ~)	관심이 있다
qog'ozdan gul yasamoq	종이로 꽃을 만들다
til o'rganmoq	외국어를 배우다
topmoq	찾다
tuzatmoq	고치다, 수리하다
uddalamoq	관리하다, 해내다
xavotir olmoq	걱정하다
yasamoq	만들다
yugurmoq	뛰다
shoshilmoq	서두르다
oxirgi (=so'nggi)	마지막의, 최근의
biror	어느, 아무
biror kun	어느 날
boshqa	다른
yaqinda	최근
shunga	그래서
Charchagan ko'rinasiz.	피곤해 보이세요.
Kelishdik.	좋아요. 그렇게 합시다.
Nima bo'lsa ham, ~	무슨 일이 있어도
Charchagan edim.	피곤했었어.
ingliz tili kursi	영어 학원
"Telegram" ilovasi	텔레그램 앱
"Saodat" jurnali	"Saodat" 잡지
"Adobe Pagemaker" kompyuter dasturi	"Adobe Pagemaker" 컴퓨터 프로그램
kompyuter dasturi (~da ishlamoq)	컴퓨터 프로그램 (~ 로 작업하다)
"Excel" kompyuter dasturi (~da ishlamoq)	엑셀 프로그램 (~으로 작업하다)
"League of Legends" kompyuter o'yini	"League of Legends" 컴퓨터 게임

Grammatika (문법)

1 | V-a/y olaman ((나는) ...할 수 있다)

Men pianino chala olaman.

나는 피아노를 칠 수 있다.

Kechirasiz, eshikni ochib bera olasizmi?

문을 열어주시겠어요?

Kim	nima qila oladi?			
Men	pianino chal + mashina hayda +	a y	ola + olmay +	man.
Sen				san.
Siz				siz.
U				di.
Biz				miz.
Sizlar				sizlar.
Ular				di(lar).

동사 어간에 -a/y를 붙이고 olmoq 동사를 시제와 인칭에 맞게 활용하여 '~할 수 있다'는 의미를 나타낸다. 동사 어간이 자음으로 끝나면 -a, 모음으로 끝나면 -y가 오며, 부정은 동사 olmoq을 부정형으로 바꾸어서 표현해 준다.

예: Men ingliz tilida yaxshi gapira olaman. (긍정)
Men rus tilida yaxshi gapira olmayman. (부정)

1.1. Misollarni o'qing. 예문을 읽으세요.

1) Men ertaga sizga yordam bera olaman.
2) Ukam achchiq ovqatlarni yeya olmaydi.
3) Derazadan chiroyli manzarani ko'ra olamiz.
4) Shu kunlarda men yaxshi uxlay olmayapman.
5) Do'stim 5 ta tilda erkin gaplasha oladi.
6) Men uncha yaxshi suza olmayman.
7) Kecha mazam yo'q edi, shuning uchun hech narsa qila olmadim.
8) 50 dollarni so'mga almashtira olasizmi?

2 | V-(i)shni bilaman ((나는) ...하는 것을 안다)

Men somsa pishir**ishni bilaman**.	나는 솜사 만드는 것을 안다. (=나는 솜사 만들 줄 안다.)

무언가를 할 수 있다는 능력을 나타내는 경우, 동사 bilmoq을 사용한다. 이때 능력의 대상은 동사 어간에 -(i)sh를 붙여 동명사로 만든 후 목적격 조사 ni를 붙여 나타낸다.

동명사를 만들 때, 동사 어간이 자음으로 끝나면 -ish, 모음으로 끝나면 -sh가 오게 된다.

2.1. Misollarni o'qing. 예문을 읽으세요.

1) Ovqat pishirishni bilasizmi?
2) "Telegram" ilovasidan foydalanishni bilasizmi?
3) Men shaxmat o'ynashni bilmayman.
4) Akam mashina haydashni bilmaydi.
5) Biz palov pishirishni bilamiz.
6) Ular chang'i uchishni biladi.

3 | N-ga (-ka, -qa) qiziqaman / V-(i)shga qiziqaman ((나는) ...에 흥미(관심)이 있다)

Men tarixga qiziqaman.	나는 역사에 관심이 있다.
Men ashula aytishga qiziqaman.	나는 노래 부르는 것에 흥미가 있다.

사물이나 행동에 흥미나 관심이 있다는 것을 나타낼 때는 qiziqmoq을 사용한다. 흥미나 관심의 대상에는 여격조사를 붙인다. 이때 여격조사 -ga는 앞에 오는 단어의 마지막 자음이 -k로 끝나면 -ka로, -q로 끝나면 -qa로 바뀜을 기억하자.

3.1. **Misollarni o'qing.** 예문을 읽으세요.

1) Men matematikaga qiziqaman.
2) Ukam texnikaga qiziqadi.
3) Biz o'zbek tiliga qiziqamiz.
4) Koreyaliklar futbolga juda qiziqadilar.
5) Akam mashina haydashga qiziqadi.
6) Siz nimalarga qiziqasiz?

"A" mashqlar guruhi (연습문제 A)

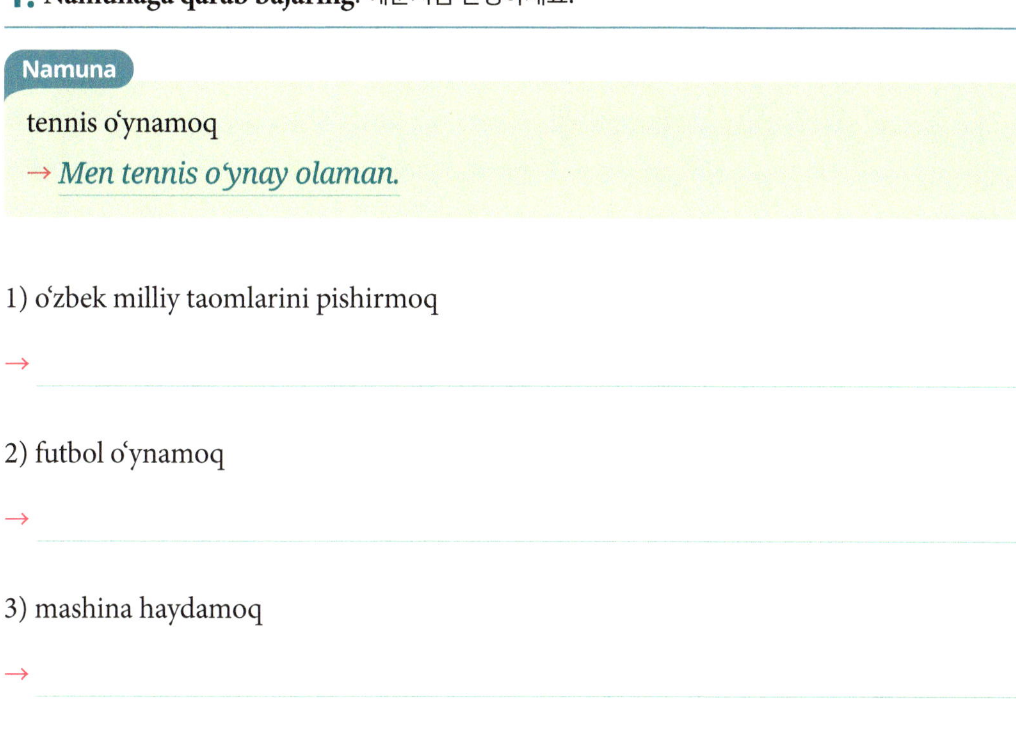

1. Namunaga qarab bajaring. 예문처럼 완성하세요.

Namuna

tennis oʻynamoq

→ *Men tennis oʻynay olaman.*

1) oʻzbek milliy taomlarini pishirmoq

→

2) futbol oʻynamoq

→

3) mashina haydamoq

→

4) raqsga tushmoq

→

2. Namunaga qarab bajaring. 예문처럼 완성하세요.

1-namuna

→ – *Siz o'zbekcha yoza olasizmi?*

– *Ha, men o'zbekcha yoza olaman.*

2-namuna

→ – *Siz xitoycha yoza olasizmi?*

– *Yo'q, men xitoycha yoza olmayman.*

1) 

2) 

3) 

4) 

1) → ______________________________

____

2) → ______________________________

____

3) → ______________________________

____

4) → ______________________________

____

3. **Namunaga qarab bajaring.** 예문처럼 완성하세요.

Namuna

Qaysi tillarda gapirasiz? (inglizcha, oʻzbekcha)

→ – *Qaysi tillarda gapira olasiz?*

– *Inglizcha va oʻzbekcha gapira olaman.*

1) Necha metr yugurasiz? (200 metrcha)

→

2) Qaysi ovqatni pishirasiz? (shoʻrva)

→

3) Qaysi oʻzbekcha ashulani aytasiz? ("Yurak" ashula)

→

4. Nuqtalar oʻrniga kerakli soʻzni "qila olmoq" shaklida qoʻying. 빈칸에 적절한 단어를 아래 보기에서 고른 후 "~할 수 있다" 형태로 변화시켜 적으세요.

eshitmoq	uxlamoq	topmoq	gapirmoq
bormoq	qilmoq	yordam bermoq	

1) Kechirasiz, kelasi hafta men ziyofatga __________________.

2) - Shoshilyapsizmi?

   - Yoʻq, shoshilganim yoʻq. Men sizga __________________.

3) Kecha mening mazam yoʻq edi. Shunga hech narsa __________________.

4) Ozgina qattiqroq __________________? Men sizni yaxshi __________________.

5) - Charchagan koʻrinasiz.

   - Ha, kechasi yaxshi __________________.

6) Men hamma joyni qaradim*. Lekin hech qayerdan kitobingizni __________________

__________________.

* -ni qaramoq: 주로 qaramoq은 여격조사인 -ga와 함께 쓰이면서 '~에 주의를 기울이다, 관심을 가지다'로 쓰이나, 여기서는 목적격 조사인 -ni 를 사용하여 '~을 (샅샅이, 꼼꼼하게) 찾다'라는 의미를 가진.

5. Gaplarni davom ettiring. 문장을 이어서 만드세요.

1) Kecha Bobur oyogʻini sindirib oldi, shuning uchun __________________

__________________.

2) Kecha pomidor yegim keldi. Lekin doʻkonda yaxshi pomidor yoʻq ekan.

   Shunga __________________.

3) Mening fotoapparatim yoʻq edi. Shuning uchun __________________

__________________.

6. Namunaga qarab bajaring. 예문처럼 완성하세요.

Namuna

A: Kecha ziyofatga bordingizmi?

B: Yo'q.

→ *Charchagan edim, shuning uchun bora olmadim.*

1) A: Kecha kino ko'rdingizmi?

B: Yo'q, ______________________________.

BILET YO'Q!

2) A: Bu paltoni sotib olasizmi?

B: Yo'q, ______________________________.

3) A: Kecha dam oldingizmi?

B: Yo'q, ______________________________.

HISOBOT

4) A: Kecha futbol o'ynadilaringmi?

B: Yo'q, ______________________________.

7. Namunaga qarab bajaring. 예문처럼 완성하세요.

Namuna

mashina haydamoq

→ – *Mashina haydashni bilasizmi?*

– *Ha, bilaman. (yoki: Yo'q, bilmayman.)*

mashina haydamoq

1) qog'ozdan gul yasamoq

2)

konkida uchmoq

3)

mashina tuzatmoq

4)

"Excel"da ishlamoq

1) → ______________________

____

2) → ______________________

____

3) → ______________________

____

4) → ______________________

____

8. Namunaga qarab bajaring. 예문처럼 완성하세요.

1-namuna

Gitara chalishni bilasizmi? (ha)

→ *Ha, gitara chalishga ustaman.*

2-namuna

Gitara chalishni bilasizmi? (yo'q)

→ *Gitara chalishni hali uncha yaxshi bilmayman. Endi o'rganyapman.*

1) Ovqat pishirishni bilasizmi? (yo'q)

→

2) Akangiz rasmga olishni biladimi? (ha)

→

3) Tennis o'ynashni bilasizmi? (yo'q)

→

4) Ko'ngil ko'tarishni bilasizmi? (yo'q)

→

5) Do'stingiz mashina haydashni biladimi? (ha)

→

6) Ota-onangiz ham o'zbekcha gapirishni bilishadimi? (yo'q)

→

7) Kuchugingiz raqsga tushishni biladimi? (ha)

→

9. Namunaga qarab bajaring. 예문처럼 완성하세요.

Namuna

→ – *(Siz) nimaga qiziqasiz?*

– *Rasm chizishga qiziqaman.*

siz

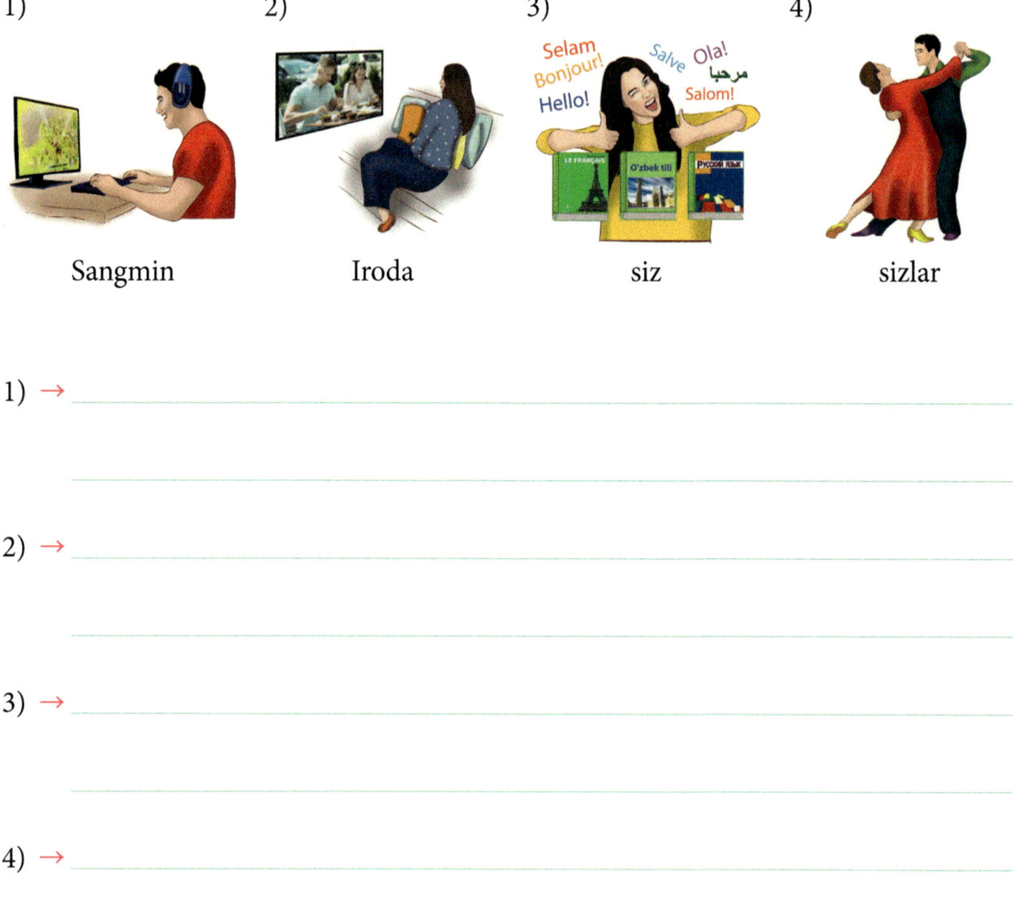

1) Sangmin

2) Iroda

3) siz

4) sizlar

1) → ______________________________

____

2) → ______________________________

____

3) → ______________________________

____

4) → ______________________________

____

"B" mashqlar guruhi (연습문제 B)

1. Dialogni do'stingiz bilan mashq qiling. 친구와 함께 대화를 연습하세요.

A Sevimli mashg'ulotingiz bormi?
B Ha, albatta. Men chang'ida uchishga qiziqaman.
A Chang'ida yaxshi uchasizmi?
B Hali uncha yaxshi ucha olmayman. Endi o'rganyapman.

1) chang'ida
uchmoq
uchmoq

2) gitara
chalmoq
chalmoq

3) fransuz tili
gapirmoq

4) ot
minmoq
minmoq

2. Dialogni do'stingiz bilan mashq qiling. 친구와 함께 대화를 연습하세요.

A Sevimli mashg'ulotingiz nima?
B Ovqat pishirishga qiziqaman.
A Somsa pishirishni ham bilasizmi?
B Albatta, bilaman.
A Unda biror kun menga ham somsa pishirishni o'rgating.
B Kelishdik! Jonim bilan o'rgataman.

1) ovqat
pishirmoq
somsa
pishirmoq

2) raqsga
tushmoq
tangoga
tushmoq

3) kompyuterda
o'yin
o'ynamoq
"League of
Legends"
o'yinini o'ynamoq

4) musiqa
pianino chalmoq

Audiomashqlar (듣기활동)

1. Tinglang va savollarga javob bering. 잘 듣고 질문에 대답하세요.

1) ______

2) ______

3) ______

4) ______

5) ______

6) ______

2. Tinglang va toʻgʻri javobga O belgisini, notoʻgʻri javobga X belgisini qoʻying.
잘 듣고 정답에 **O** 표시를, 오답에 **X** 표시를 하세요.

1) (   )   2) (   )   3) (   )

O'qish (읽기활동)

Matnni o'qing. Berilgan gap to'g'ri bo'lsa, O belgisini, noto'g'ri bo'lsa, X belgisini qo'ying. 지문을 읽고, 주어진 문장이 옳으면 **O** 표시를, 틀리면 **X** 표시를 하세요.

Mening ismim – Diyora. Hozir O'zbekiston milliy universiteti jurnalistika fakultetining oxirgi kursida o'qiyapman. Yaqinda universitetni bitirib, ishga kiraman. Xudo xohlasa, men O'zbekistonda mashhur "Saodat" jurnalida ishlayman. Lekin bir muammo bor. Men o'zbekcha, ruscha va inglizcha yaxshi gapiraman va yoza olaman, lekin "Adobe Pagemaker" kompyuter dasturida ishlashni hali yaxshi bilmayman. Shunga xavotir olyapman. Rostini aytsam, men kompyuter dasturlarini uncha yaxshi tushunmayman. Lekin, nima bo'lsa ham, bu dasturni o'rganishim kerak. Men bilaman, mening qobiliyatim bor, lekin ozgina erinchoqman. Ukam hamma dasturlarda ishlashni biladi. U kompyuterga juda qiziqadi. Ukam – mohir dasturchi. Ertadan u menga dars beradi. Ozgina hayajonlanyapman, chunki mening ukam juda jiddiy va talabchan. Sizningcha, men bu dasturda ishlashni uddalay olamanmi?

1) Diyora universitetni bitirib, jurnalda ishlayapti. ( )

2) Diyora "Adobe Pagemaker" kompyuter dasturini uncha yaxshi bilmaydi. ( )

3) Diyora kompyuterga qiziqadi. ( )

4) Diyora – qobiliyatli qiz, shuning uchun kompyuter dasturini o'rganishi kerak emas. ( )

5) Diyoraning ukasi unga "Adobe Pagemaker" dasturini o'rgatadi. ( )

Bir shingil kulgi... 잠시 웃어요! 

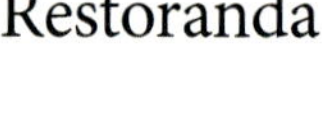

Restoranda

Mijoz: Kechirasiz, men bu sho'rvani icha olmayman.

Ofitsiant: Nega? Sho'rvamiz juda mazali.

Mijoz: Men bu sho'rvani icha olmayman.

Ofitsiant: Mayli, unda men sizga boshqa ovqatni olib kelaman. Ozgina kutib turing, iltimos.

Mijoz: Yo'q, kerak emas! Men bu sho'rvani icha olmayman, chunki menga qoshiq olib kelmadingiz.

mijoz : 손님, 고객 *ofitsiant* : 종업원

Qo'shimcha ma'lumotlar

HARAKATLAR
동작

sakramoq

tepmoq

sho'ng'imoq

ko'tarmoq

otmoq

tortmoq

itarmoq

egilmoq

bukmoq

kurash(ga) tushmoq

shaxmat o'ynamoq

shashka o'ynamoq

qarta o'ynamoq

yiqilmoq

qimirlamoq

CHOLG‘U ASBOBLARI

악기

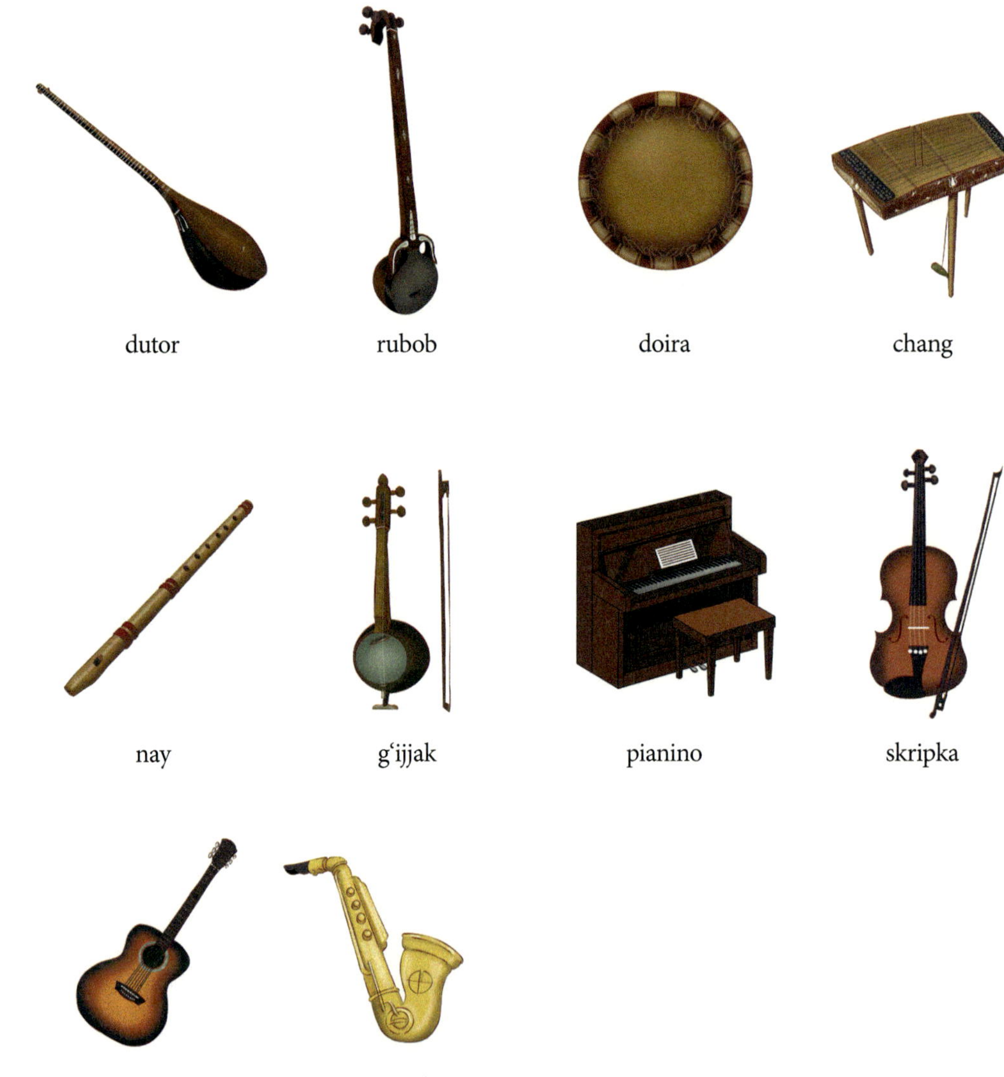

문화로 보는 우즈베키스탄

O'zbekiston

KURASH

Kurash – oʻzbek xalqining sevimli sport turlaridan biri. Kurashda 2 kishi bellashadi. Eng asosiy shart – raqibning kuragini yerga toʻliq tegizish. Aytishlaricha, kurash uch yarim ming yillik tarixga ega boʻlib, u eng qadimgi tomoshaviy musobaqalardan biri sanaladi.

Odatda kurash musobaqasini keksa polvonlar boshlab beradi. Ular davraga chiqib, nomigagina bel olishadi. Soʻngra musobaqa boshlanadi. Asrlar davomida kurashning asosiy tartib qoidalari saqlanib, avloddan avlodga oʻtib kelgan. Bu sport turi insonni kuchli, epchil, chidamli va irodali qilib tarbiyalaydi. Tarixda oʻchmas iz qoldirgan buyuk sarkarda Amir Temurning (1336–1405) oʻz askarlarini chiniqtirish va ularning jismoniy tayyorgarligini oshirish uchun aynan shu sport turidan foydalangani bejiz emas.

Kurashuvchilar (polvonlar) belgilangan maydonda yoki gilam ustida tik turgan holda bellashadilar. Sportchilarning kiyimi qulay boʻlishi, tabiiy matodan tikilishi lozim. Kurashning oltin qoidalaridan biri – halollik. Kurashda boʻgʻish, raqibga taqiqlangan ogʻriq beruvchi usullardan foydalanish man etiladi. Kurashuvchilarning biri koʻk, ikkinchisi yashil rangli yaktak (erkaklarning milliy kiyimi) kiyadi va ustidan belbogʻ bogʻlaydi. Rasmiy musobaqalarda bellashuv vaqti 3 daqiqa etib belgilangan.

1998-yilda Xalqaro Kurash Assotsiatsiyasi tashkil etilgan. 1999-yilda Toshkentda kurash boʻyicha birinchi bor Jahon chempionati oʻtkazildi. Shundan buyon nafaqat Oʻzbekistonda, balki dunyo muqyosida ham kurash musobaqalari muntazam oʻtkazib kelinmoqda.

Kurash는 우즈베크 민족의 가장 유명한 스포츠 중에 하나다. Kurash에서는 2명이 서로 힘을 겨룬다. 가장 핵심 규칙은 상대의 어깨를 땅에 완전히 닿게 하는 것이다. 전해지는 바에 따르면, kurash는 3,500년 역사를 가진, 가장 오래된 관람용 경기 중 하나로 알려져 있다.

일반적으로 kurash 경기는 건강한 노인 선수들부터 시작한다. 이들이 경기장에 올라 경기를 하는 척 하면서 상대의 허리를 잡는다. 이후 경기가 시작된다. 수백 년 동안 kurash의 주요 규칙이 보존되어 세대를 거쳐 전수되었다. 이 경기는 사람을 강하게 하고 민첩성, 인내력, 의지력을 길러준다. 역사적으로 큰 업적을 남긴 위대한 통치자 Amur Temir(1336-1405) 역시 자기 군인들을 진정시키거나 육체적 능력을 고양하기 위해 바로 이 운동을 활용했다고 한다.

Kurash 선수들은 지정된 공간이나 카페트 위에서 바르게 선 상태에서 경기를 한다. 선수들의 복장은 편해야 하고 천연 소재로 만들어져야 한다. Kurash의 가장 중요한 규칙 중 하나는 바로 정직함이다. Kurash에서 목을 누르거나 경기에 금지된 고통을 유발하는 행위를 해서는 안된다. 선수 중 한명은 파란색, 다른 한명은 녹색의 yaktak(남성의 전통의복)을 입고 허리띠를 맨다. 공식적인 경기에서 시간은 3분으로 정해져 있다.

1998년 국제 kurash 협회가 설립됐다. 1999년 타슈켄트에서 제 1회 세계 kurash 대회가 개최됐다. 그 때부터 우즈베키스탄 뿐만 아니라 세계적으로도 kurash 경기가 정기적으로 개최되고 있다.

QAYDLAR UCHUN

5-DARS DUTOR CHALISHNI O'RGANMOQCHIMAN

나는 두토르 연주를 배우고 싶어요

 **Darsning maqsadi** (학습목표)

- Kelajakdagi maqsad, reja va niyatini ifodalash
  미래의 목표, 계획, 의지를 표현하기
- Iltimos qilish 부탁하기
- Buyurtma berish, joy band qilish
  주문하기, 자리 예약하기

 **Kirish savollari** (도입질문)

1. Kelajakka qanday rejalaringiz bor?
   미래 계획이 있나요?
2. Kelasi yilda nimalar qilmoqchisiz?
   내년에는 무엇을 하고 싶나요?
3. Siz mashina sotib olmoqchisiz. Qayerga yoki kimga murojaat qilasiz?
   당신은 자동차를 사려고 합니다. 어디에 혹은 누구에게 문의할 것인가요?

Yangi so'zlar (새로운 단어)

balet	발레
bank pul o'tkazmasi	은행 이체, 송금
biologiya	생물학
diqqatga sazovor joylar	유명한 곳
fan	과학
guvohnoma	증명서, 신분증
haydovchilik guvohnomasi (~ni olmoq)	운전면허증
hisob	(은행)계좌, 계산
hisobraqam	계좌번호
jo'natma (=posilka)	택배, 소포
kelajak	미래
kurs	학원, 학년, 과목, 환율
naqd pul	현금
orzu (~ qilmoq)	꿈, 희망, 소망
pitsa	피자
styuardessa	승무원
tajriba (~ orttirmoq)	경험 (~ 쌓다, 늘리다)
tezkor pochta	빠른 우편
xalat	가운
xorij	외국
shlyapa	모자

berib yubormoq	보내 주다
hisobraqam ochmoq	통장을 개설하다
ish topmoq	일, 직장을 구하다
ish topib bermoq	일, 일거리를 찾아주다
ishdan bo'shamoq	일을 그만두다, 사직하다
joy band qilmoq (=joy bron qilmoq)	자리를 잡다
jo'natmoq (-ga ~)	보내다
qabul qilmoq	허락하다, 받아들이다, 수용하다
pul o'tkazmoq (-ga ~)	송금하다
so'ramoq (-dan -ni ~)	묻다
to'lamoq (pul ~)	돈을 내다, 지불하다
to'xtamoq	머무르다, 묵다
uylanmoq (-ga ~)	결혼하다(남성)
turmushga chiqmoq (-ga ~)	결혼하다(여성)
yozilmoq (-ga ~)	등록하다

xorijiy	외래,외국의
mukammal	완벽한
ayniqsa	특히
bolaligimda	(내가) 어렸을 때
o'smirligimda	청년 시절에
Hankuk chet tillar universiteti	한국외국어대학교
Toshkent tibbiyot akademiyasi	타슈켄트 의학 학교
Jeju oroli	제주도
London	런던
Parij	파리(Paris)
"YouTube" kanali	"YouTube" 채널
Fikri o'zgardi.	생각이 바뀌었다.
Bo'ladimi?	괜찮아요?
Bo'ladi.	괜찮아요.
Xo'sh, xizmat?	무엇을 도와드릴까요?
Qarshi emasmisiz?	반대하지 않으세요?
Qarshi emasman.	반대하지 않아요.
Ayting-chi, ~	말해 보세요.

Grammatika (문법)

1 | V-moqchiman ((나는) ...하고자 한다)

Men ertaga kinoga bor**moqchiman.**	Feruza opa yangi mashina sotib olmoqchi.
나는 영화를 보러 가려고 합니다.	페루자 씨는 새 자동차를 사려고 합니다.

Kim	nima qilmoqchi?		
Men			man.
Sen			san.
Siz			siz.
U	mashina sotib ol + O'zbekistonga bor + futbol o'yna +	moqchi +	.
Biz			miz.
Sizlar			sizlar.
Ular			(lar).

동사원형에 -chi를 붙여준 후 인칭어미가 오면 '~하고자 한다'는 화자의 의지, 계획, 바람의 실현에 대한 강한 태도를 표현한다. 예를 들어, 두 문장 "Kelasi yil O'zbekistonga boraman."과 "Kelasi yil O'zbekistonga bormoqchiman."에서 말하는 사람의 bormoq에 대한 의지와 계획의 강도는 후자의 bormoqchiman로 표현했을 때 더 강하다.

1.1. Misollarni o'qing. 예문을 읽으세요.

1) Bugun men ertaroq uxlagani yotmoqchiman.
2) Anvar aka mashinasini sotmoqchi.
3) Yakshanba kuni nima qilmoqchisiz?
4) Kechki ziyofatga qanday kiyinmoqchisiz?
5) Men tug'ilgan kunimga Chisuni taklif qilmoqchiman.

2 | V-moqchi edim ((나는) ...하려 한다, ...하고 싶다)

Kim	nima qilmoqchi edi?		
Men	mashina sotib ol + O'zbekistonga bor + futbol o'yna +	moqchi	edim.
Sen			eding.
Siz			edingiz.
U			edi.
Biz			edik.
Sizlar			edingiz.
Ular			edi(lar).

'동사원형-chi'에 과거시제 인칭어미를 붙이게 되면,
1) '(과거에) ~하고자 했다(그러나 하지 못했다)'와
2) 완곡하게 '~하고 싶다'
라는 2가지 의미로 사용할 수 있다. 1)은 하려고 계획 또는 희망했으나 하지 못한 일들에 대한 표현이다. 2)는 말하는 시점에서 '~을 하려 한다/~하고 싶다'의 의미로 영어로 표현할 때 'I would like to....'와 유사하다. 예를 들어, "이 소포를 보내려고 합니다."는 "Men bu jo'natmani yubormoqchi edim."라고 하기 때문에 현재시제가 아니라 과거시제로 쓴다는 점에 꼭 유의하자.

2.1. Misollarni o'qing. 예문을 읽으세요.

1) Kecha men buvimnikiga bormoqchi edim, lekin bora olmadim.
2) Opam bolaligida shifokor bo'lmoqchi edi, lekin Toshkent tibbiyot akademiyasiga kira olmadi.
3) Seyun ishdan bo'shamoqchi edi, lekin keyin fikri o'zgardi.
4) Kechirasiz, sizdan bir narsani so'ramoqchi edim.
5) Men bu posilkani Londonga jo'natmoqchi edim.

3 | orqali (...을/를 통하여, ...을/를 활용하여)

명사에 orqali라는 후치사를 사용하면 사람이나 도구를 매개로 '~을/를 사용하여'라는 의미를 전달할 수 있다. orqali는 '~를 경유로', '~를 통하여' 등의 도구, 통로 등의 뜻을 가지고 있는데, 예를 들어, "Bu posilkani do'stim orqali yubormoqchiman."에서 "나는 이 소포를 내 친구를 통해서, 내 친구 편으로 보내려고 합니다."라고 할 수 있다.

아래 3.1. 2)의 예문에서와 같이 otam은 3인칭 단수이나 동사 uchmoqchilar에는 복수형 -lar가 등장한다. 이는 문법적인 오류가 아니라 우즈베크어에서 존칭 표현임을 기억하자!

3.1. Misollarni o'qing. 예문을 읽으세요.

1) Men har kuni onam bilan "Telegram" ilovasi orqali gaplashaman.
2) Otam Yevropaga Turkiya orqali uchmoqchilar.
3) Do'stim ingliz tilini internet orqali o'rganyapti.
4) Do'kon to'lovlarni bank pul o'tkazmasi orqali ham qabul qila oladi.

"A" mashqlar guruhi (연습문제 A)

1. Namunaga qarab bajaring. 예문처럼 완성하세요.

Namuna

men / kechqurun

→ *Men kechqurun televizor ko'rmoqchiman.*

1)

Iroda / shanba kuni

2)

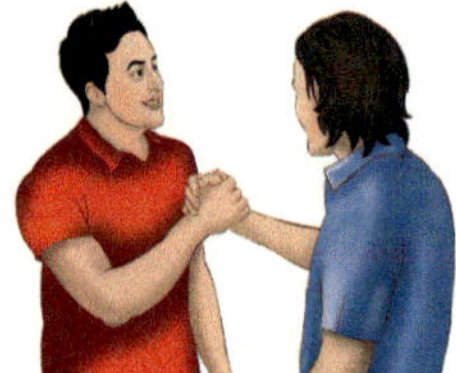

Sangmin / qachon

3)

men / kelasi yil

4)

biz / qishki ta'tilda

1) → ______

2) → ______

3) → ______

4) → ______

2. Namunaga qarab bajaring. 예문처럼 완성하세요.

Namuna

(ertaga, men, ziyofat, eng chiroyli ko'ylak, kiymoq)

→ *Ertaga (men) ziyofatga eng chiroyli ko'ylagimni kiymoqchiman.*

1) (do'stlarim, O'zbekiston, kelasi oyda, kelmoq)

→ ______________________________

2) (siz, Samarqand, qachon, bormoq)

→ ______________________________

3) (men, sizning hisobingiz, 400 000 so'm pul o'tkazmoq)

→ ______________________________

4) (biz, Samarqand, diqqatga sazovor joylar, ziyorat qilmoq)

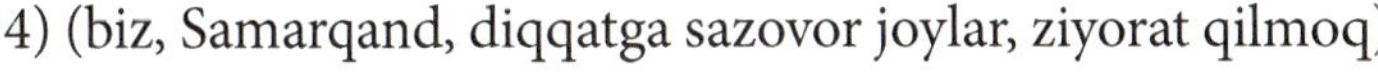

→ ______________________________

5) (bu, stol, qayerga, qo'ymoq)

→ ______________________________

6) (men, yozgi ta'til, haydovchilik guvohnomasi, olmoq)

→ ______________________________

3. Namunaga qarab bajaring. 예문처럼 완성하세요.

Namuna

→ *Biz o'tgan hafta konsertga bormoqchi edik, lekin bilet yo'q edi.*

biz / o'tgan hafta / konsertga bormoq

1) Feruza opa / kecha sumka sotib olmoq

2) Sangmin / o'tgan yakshanba kuni futbol o'ynamoq

3) aka / o'tgan oyda ishdan bo'shamoq

4) men / o'tgan kuni oshxonada lag'mon yemoq

1) → ______________________

2) → ______________________

3) → ______________________

4) → ______________________

4. Namunaga qarab bajaring. 예문처럼 완성하세요.

Namuna

→ – *Bu gulni nima qilmoqchisiz?*

– *Bu gulni onamga sovg'a qilmoqchiman.*

1) 2) 3) 4) 5)

1) →

2) →

3) →

4) →

5) →

7. Namunaga qarab bajaring. 예문처럼 완성하세요.

Namuna

O'zbek milliy taomlarini pishirishni qanday o'rganmoqchisiz? ("YouTube" kanali)

→ *"YouTube" kanali orqali o'rganmoqchiman.*

1) Jo'natmangizni qanday yubormoqchisiz? (tezkor pochta)

→

2) O'tgan yili Rossiyaga qanday bordingiz? (Turkiya)

→

3) Yangiliklarni odatda qayerda o'qiysiz? (internet)

→

4) Bu xatni qanday berib yuborasiz? (do'st)

→

5) Qanday to'lamoqchisiz? (bank pul o'tkazmasi)

→

"B" mashqlar guruhi (연습문제 B)

1. Dialogni do'stingiz bilan mashq qiling. 친구와 함께 대화를 연습하세요.

A Yozgi ta'tilda nima qilmoqchisiz?

B Samarqandga sayohatga bormoqchiman.

A Qaysi mehmonxonada to'xtamoqchisiz?

B "Registon" mehmonxonasida to'xtamoqchiman.

A Samarqandda necha kun bo'lmoqchisiz?

B 5 kun bo'lmoqchiman.

1) Samarqand	2) Parij	3) Jeju oroli
"Registon"	"Mercure"	"GoldOne"
5 kun	1 hafta	3 kun

2. Dialogni doʻstingiz bilan mashq qiling. 친구와 함께 대화를 연습하세요.

A Allo. Assalomu alaykum. "Registon" mehmonxonasimi? Joy band qilmoqchi edim.
B Vaalaykum assalom. Mehmonxonamizda necha kunga toʻxtamoqchisiz?
A 13-maydan 17-maygacha.
B 4-qavatda boʻsh xonalarimiz bor. Boʻladimi?
A Ha, albatta, boʻladi.
B 5 kunga 250 dollar. Familiyangiz, ismingiz?
A Kim Sangmin.

1) 13~17-may
4-qavatda
5 kun / 250 dollar
Kim Sangmin

2) 5~12-yanvar
9-qavat
8 kun / 400 dollar
Paulini Sara

3) 30-sentyabr~1-oktyabr
7-qavat
3 kun / 150 dollar
Miller Jon

3. Dialogni doʻstingiz bilan mashq qiling. 친구와 함께 대화를 연습하세요.

A Dada, men yozda Amerikaga bormoqchiman. Qarshi emasmisiz?
B Oʻtgan yili borib kelding-ku.
A Yana bormoqchiman. Men u yerda ingliz tilida koʻproq gaplashib, tajriba orttirmoqchiman. Doʻstim menga u yerdan ish ham topib beradi.
A Mayli. Men qarshi emasman. Lekin onangdan ham soʻrashing kerak.
B Ha, albatta. Men onam bilan bugun kechqurun gaplashmoqchi edim.

Audiomashqlar (듣기활동)

1. Tinglang va savollarga javob bering. 잘 듣고 질문에 대답하세요.

1) ______________________

2) ______________________

3) ______________________

4) ______________________

2. Tinglang va ayol ta'tilda qilmoqchi bo'lgan ishlarini ✔ belgisi bilan belgilang.
잘 듣고 여성이 방학에 하고 싶은 일들에 ✔ 표시를 하세요.

1) 2) 3) 4) 5)

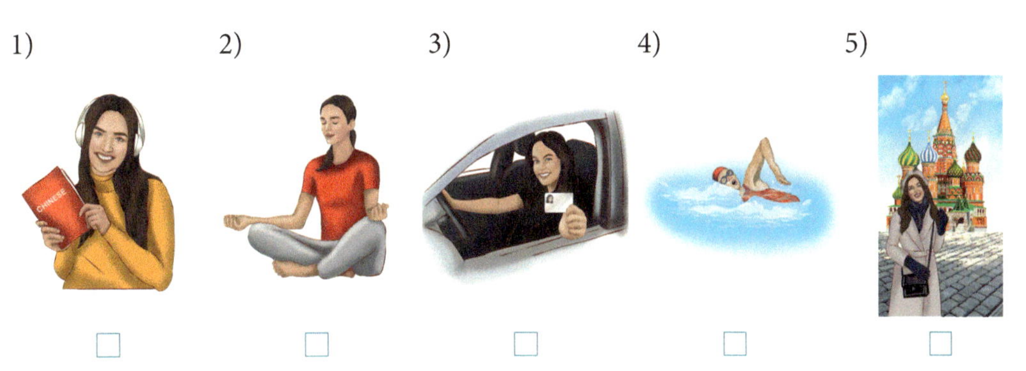

☐ ☐ ☐ ☐ ☐

3. Tinglang va to'g'ri javobga O belgisini, noto'g'ri javobga X belgisini qo'ying.
잘 듣고 정답에 **O** 표시를, 오답에 **X** 표시를 하세요.

1) Bugun kechqurun 5 kishi "Buxoro" restoranida ovqatlanadi. (　　　　)

2) Soat 6 da restoranda bo'sh joy yo'q. (　　　　)

3) Hozir derazaning oldidagi stolda 5 kishi o'tiribdi. (　　　　)

O'qish (읽기활동)

Matnni o'qing. Berilgan gap to'g'ri bo'lsa, O belgisini, noto'g'ri bo'lsa, X belgisini qo'ying. 지문을 읽고, 주어진 문장이 옳으면 **O** 표시를, 틀리면 **X** 표시를 하세요.

Mening ismim – Yongmi. Men sizga o'zimning rejalarim haqida gapirib bermoqchiman. Men bolaligimda styuardessa bo'lmoqchi edim. O'smirligimda esa shifokor bo'lmoqchi edim. Oq xalat kiyib, bemorlarni davolamoqchi edim. O'sha paytda men uchun biologiya fani eng qiziqarli fan edi… Keyin jurnalist bo'lmoqchi edim. Keyin esa yurist... Shunday qilib, mening rejalarim ko'p marta o'zgardi. Hozir men litseyda o'qiyapman. Endi men orzuyimni aniq bilaman. Men o'qituvchi bo'lmoqchiman. Men bilaman, yaxshi o'qituvchi bo'lish juda qiyin. O'zingizning faningizni juda yaxshi bilishingiz, oqko'ngil va mehribon, lekin talabchan bo'lishingiz kerak. Men xorijiy tillarga, ayniqsa, ingliz tiliga qiziqaman. Shuning uchun men Hankuk chet tillar universitetiga o'qishga kirib, ingliz tilini mukammal o'rganmoqchiman va kelajakda maktabda bolalarga ingliz tilidan dars bermoqchiman. Ayting-chi, siz kelajakda kim bo'lmoqchisiz? Nimalarga qiziqasiz?

1) Yongmi styuardessa bo'lmoqchi. ( )

2) U o'smirligida biologiya faniga qiziqdi. ( )

3) U tarjimon bo'lmoqchi. ( )

4) Yaxshi o'qituvchi bo'lish oson emas. ( )

5) Yongmi Hankuk chet tillar universitetini bitiryapti. ( )

Qo'shimcha ma'lumotlar

ODAMNING HAYOTI

사람의 일생

tug'ilmoq 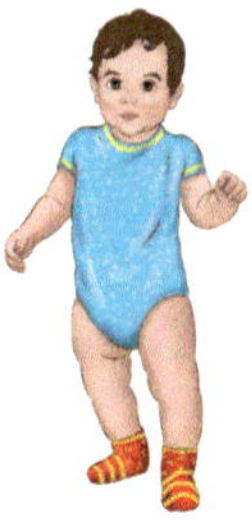 → yurmoq  → katta bo'lmoq

maktabga bormoq  → maktabni bitirmoq  → universitetga kirmoq

sevib qolmoq  → universitetni bitirmoq  → ishga kirmoq

turmush qurmoq

ajrashmoq

farzand koʻrmoq

farzandlarni katta qilmoq

oʻgʻil uylamoq / qiz chiqarmoq

nevara koʻrmoq

nafaqaga chiqmoq

nevaralarni tarbiyalamoq

vafot etmoq (oʻlmoq)

문화로 보는 우즈베키스탄

O'zbekiston

LAZGI RAQSI

Lazgi – Xorazm xalqining an'anaviy kuyi va raqsi. U o'zining noyobligi, sehrliligi bilan kishini o'ziga rom etadi. Afsonalarda aytilishicha, lazgi raqsi Alloh Odam Ato va Momo Havoga jon ato qilganda paydo bo'lganmish. Raqs sekin va oddiy harakatlar bilan boshlanib, birin-ketin barmoqlar, bilaklar, yelka va keyin butun tana jonlana boshlaydi. So'ng qo'l, oyoq va tana ishtirok etadigan murakkab harakatlarga ulanib ketadi. Kuy sur'atiga monand raqs ham tezlashadi. Lazgi kuyini eshitgan hech bir inson befarq qarab tura olmaydi. Uning tanasi beixtiyor harakatlana boshlaydi.

2019-yilda lazgi raqsi UNESCO tomonidan Insoniyatning og'zaki va nomoddiy madaniy merosi ro'yxatiga kiritildi.

Lazgi는 호레즘(Xorazm) 민족의 전통 음악과 춤이다. 이 춤만의 특색과 아름다움은 보는 사람을 빠져들게 한다. 신화에 따르면, lazgi 춤은 신께서 아담과 이브에게 생명을 주실 때 탄생했다고 한다. 춤은 느리고 단순한 동작에서 시작하여, 손가락과 손목, 어깨 그리고 몸 전체가 차례로 움직이기 시작한다. 그 후에 팔, 다리, 몸통이 동원되는 여러 가지 복잡한 동작으로 이어진다. 음악의 속도와 맞춰 춤동작도 빨라진다. Lazgi 음악을 들은 사람은 그 누구도 가만히 앉아 있지 못한다. 자신의 몸이 무의식적으로 움직이기 시작할 것이다.

2019년 lazgi는 UNESCO의 인류 구전 및 무형문화유산으로 등록됐다.

QAYDLAR UCHUN

QAYDLAR UCHUN

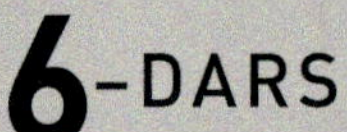

6-DARS XURSAND BO'LGANIMDA RAQSGA TUSHAMAN
나는 기분이 좋을 때 춤을 춘다

Darsning maqsadi (학습목표)

- Harakat bajariladigan vaqtni ifodalash
  동작이 행해지는 시간을 표현하기

Kirish savollari (도입질문)

1. Odatda xursand bo'lganingizda nima qilasiz?
   일반적으로 기분이 좋을 때 무엇을 하나요?
2. Xafa bo'lganingizda-chi?
   기분이 나쁠 때는요?
3. Bugun darsdan keyin nima qilasiz?
   오늘 수업 후에는 무엇을 할 건가요?
4. Universitetni bitirgandan keyin nima qilmoqchisiz?
   대학을 졸업하고 난 후 무엇을 하고 싶은가요?
5. Odatda siz uxlashdan oldin nima qilasiz?
   보통 당신은 자기 전에 무엇을 하나요?

Yangi soʻzlar (새로운 단어)

doira	북 모양의 우즈벡 전통 악기, 원(circle)
hayot	인생, 삶
hujjat	서류
magistratura (~ga kirmoq/ ~ni bitirmoq)	석사 과정 (입학하다/ 졸업하다
odob	예의
poyabzal (=oyoq kiyimi)	신발
sovun (~ bilan yuvmoq)	비누 (~로 씻다)
taqdimot (~ qilmoq)	발표
toʻyona	축의금
ustoz	선생님
uyqu	잠
yurt	고향
boʻsh qolmoq	한가해지다
imzo qoʻymoq (-ga ~)	서명하다
koʻrib qolmoq (-ni ~)	보게 되다
pul toʻplamoq	돈을 모으다
salom bermoq (-ga ~)	인사하다
semestr	학기
sotib olib bermoq	사다 주다
sogʻinmoq	그립다
sovunlamoq	비누를 쓰다
tashqariga chiqmoq	밖에 나가다
tayyor boʻlmoq (-ga ~)	준비되다
tekshirmoq	확인하다
titramoq	떨리다
tugamoq	끝나다
tugatmoq	끝내다
uydan turib ishlamoq	자택 근무를 하다
xursand boʻlmoq	기쁘다
yechmoq	풀다
zerikmoq	심심하다
oʻchirmoq	지우다, 끄다
osoyishta	평화로운, 조용한
bir necha kun	며칠
sal turib	좀 이따가
darhol	바로, 금방
yana bir bor	다시 한번
ammo	그러나, 그런데
-(i)sh odobdan emas	예의가 아니다
Aytmoqchi, ~	그나저나
Juda yaxshi oʻylabsiz.	잘 생각했어요.
Eh-h	(한숨) 아…
Shunaqa gaplar.	(앞의 대화에 이어서) 네 그런 상황이에요, 말하자면 그렇습니다.

Grammatika (문법)

1 V-ganda (-kanda, qanda) (…했을 때)
V-ganimda (-kanimda, -qanimda) ((내가) …했을 때)

Yoshi katta kishilarni koʻrganda salom berish kerak.	어른들을 뵐 때는 인사를 해야 한다.

Kim	nima qilganida ~		
Men	xursand boʻl +	gan +	imda ~
Sen			ingda ~
Siz			ingizda ~
U			ida ~
Biz			imizda ~
Sizlar			ingizda ~
Ular			ida (larida) ~

동사 어간에 -ganda를 붙여주면 "~할 때"라는 의미가 되는데, 반복 습관적인 활동이 일어나는 상황을 설정한다. 예를 들어, "집에 들어갈 때 신발을 벗어야 한다."는 "Uyga kirganda oyoq kiyimini yechish kerak."이라고 한다.

한편, '동사-gan'에 소유형어미인 -(i)m, -(i)ng, -(i)ngiz, -(i), -(i)miz, -(i)ngiz, -lari를 붙이면 해당 동작의 주체가 누구인지 명확하게 해줄 수 있다. 예를 들어, "나는 긴장하면 손이 떨린다."는 "Hayajonlanganimda qoʻlim titraydi."라고 한다. 분석해보면 'hayajonlan-gan-im-da'이며, -im이 바로 '나'를 의미하는 소유형어미이므로 긴장하는 사람이 나임을 명확하게 해준다.

그러나 구어체에서는 동사-gan에 소유형어미를 붙이지 않고도 쓰이기도 한다. "Har gal Pusanga borganda(혹은 borganimda) dugonam bilan uchrashaman."이라는 예문에서 bormoq, uchrashmoq 행위를 모두 men이 하기 때문에 이 경우 별도의 소유형어미를 붙이지 않고 표현했다.

1.1. Misollarni o'qing. 예문을 읽으세요.

1) Mehmonga borganda ko'p gapirish odobdan emas.
2) Uyga kirganda oyoq kiyimini yechish kerak.
3) Koreyada to'yga borganda to'yona berish kerak.
4) Ko'chadan uyga kirganda, albatta, qo'lni sovunlab yuvish kerak.
5) Har gal Pusanga borganda dugonamni ko'rib qaytaman.*

1.2. Misollarni o'qing. 예문을 읽으세요.

1) A Odatda xafa bo'lganingizda nima qilasiz?
   B Xafa bo'lganimda musiqa eshitaman.
2) Uyga kelganingizda menga qo'ng'iroq qiling.
3) Hayajonlanganimda qo'lim titraydi.
4) O'zbekistonga borganimizda ustozimizni ko'rdik.
5) Singlim zerikkanida ashula aytadi.

2 Vaqtni ifodalash (때 표현)

A	Soat necha bo'ldi?	A	지금 몇 시인가요?
B	3 dan 20 minut o'tdi.	B	3시 20분입니다.
A	Darsingiz qachon tugaydi?	A	당신의 수업은 언제 끝나나요?
B	3 dan 20 minut o'**tganda** tugaydi.	B	3시 20분에 끝납니다.

우즈베크어에서 시간을 물어보는 표현은 "Soat necha bo'ldi?"라고 한다. 구체적 시간 표현은 기수를 써서 말한다.

"30분"이라는 표현은 기수를 써서 "o'ttiz"라고도 할 수 있고 혹은 "yarim"(반, 1/2)이란 표현을 사용할 수도 있다.

"5분 전 5시"라는 표현은 "kam"을 사용하여 "beshta kam besh"라고 한다. 그러나 5시 5분이라고 하고 싶으면 "beshdan besh minut o'tdi." 혹은 "besh-u besh"라고 할 수 있다.

2.1. Misollarni o'qing. 예문을 읽으세요.

1) A Kechirasiz, soat necha bo'ldi?
   B Soat ikki.

2) A Kechirasiz, hozir necha bo'ldi?
   B Ikki yarim.

3) A Kechirasiz, soat necha bo'ldi?
   B Uchdan yigirma minut o'tdi.

4) A Kechirasiz, soat necha bo'ldi?
   B O'n beshta kam besh.

5) Bobur uyga soat oltida keladi.

6) Sangmin ishga (soat) o'n beshta kam to'qqizda keladi.

7) Men kecha (soat) beshdan yigirma minut o'tganda kafeda edim.

3 N-dan keyin ((명사) 후에) V-gandan keyin ((동사) 후에)

1 soatdan keyin darsim tugaydi.	1시간 후에 내 수업이 끝난다.
Dars tugagandan keyin uyga ketaman.	수업이 끝난 후에 집에 갈 것이다.

'~ 후에', '~하고 나서'라는 의미를 가진 '-dan keyin'은 명사와 동사에 모두 사용할 수 있는데 동사에 쓸 경우 '동사 어간 + gandan keyin'의 형태를 취해야 한다.

3.1. **Misollarni o'qing.** 예문을 읽으세요.

1) 3 oydan keyin men Amerikaga ketaman.
2) Bir necha kundan keyin semestr tugaydi.
3) Bu dorini ovqatdan keyin iching.
4) Uyimni tozalagandan keyin maza qilib televizor ko'rdim.
5) A Universitetni bitirgandan keyin nima qilmoqchisiz?
   B Magistraturaga kirmoqchiman.
6) Ovqat yegandan keyin darhol uxlash sog'liqqa zarar.

4 N-(dan) oldin ((명사) 전에)
V-(i)shdan oldin ((동사) 전에)

Men uyga 2 soat **oldin** keldim.	나는 집에 2시간 전에 왔다.
Bu dorini ovqat**dan oldin** ichish kerak.	이 약을 식사 전에 먹어야 합니다.
Uxla**shdan oldin** iliq sut ichish sog'liqqa foyda.	자기 전에 따뜻한 우유를 마시는 것은 건강에 좋다.

'~ 전에'라는 뜻의 oldin/avval은 탈격조사인 -dan과 함께 쓴다. 명사에는 -dan을 반드시 붙일 필요는 없지만 '동사 어간 + (i)sh(동명사)'에는 반드시 -dan을 붙여줘야 한다. 예를 들어, "나는 집에 2시간 전에 왔다."는 "Men uyga 2 soat oldin keldim." 혹은 "Men uyga 2 soat oldin keldim." 중 어떤 것으로 써도 무방하다.

동사는 탈격조사를 붙이기 전에 우선 동명사로 만들어 준다. 이 표현에서 oldin과 avval의 차이는 없다. 예를 들어, "자기 전에 따뜻한 우유를 마시는 것은 건강에 좋다."에서 '자다'라는 uxlamoq은 우선 uxlash로 만들어 준 후 탈격조사를 붙일 수 있다.

4.1. **Misollarni o'qing.** 예문을 읽으세요.

1) Men O'zbekistonga 2 yil oldin keldim.
2) 5 minut oldin onam qo'ng'iroq qildi.
3) Ovqatlanishdan oldin qo'lni yuvish kerak.
4) Har kuni uyqudan oldin vanna qabul qilaman.
5) Uylanishdan avval pul to'plashim kerak.

"A" mashqlar guruhi (연습문제 A)

1. Namunaga qarab bajaring. 예문처럼 완성하세요.

1-namuna

telefonni o‘chirmoq

→ *Imtihonga kirganda telefonni o‘chirish kerak.*

2-namuna

gazeta o‘qimoq

→ *Ovqat yeganda gazeta o‘qish mumkin emas.*

1)

salom bermoq

2)

telefonda gaplashmoq

3)

muzqaymoq yemoq

4)

poyabzalni yechmoq

1) → ______________________

2) → ______________________

3) → ______________________

4) → ______________________

2. Namunaga qarab bajaring. 예문처럼 완성하세요.

Namuna

charchamoq * vanna qabul qilmoq
→ *Charchaganimda vanna qabul qilaman.*

1) bo'sh qolmoq * televizor ko'rmoq

→

2) kasal bo'lmoq * uyda dam olmoq

→

3) boshi og'rimoq * mana bu dorini ichmoq

→

4) uyni sog'inmoq * ota-onaga qo'ng'iroq qilmoq

→

5) dush qabul qilmoq * ashula aytmoq

→

6) xafa bo'lmoq * ko'p shirinlik yemoq

→

3. Namunaga qarab bajaring. 예문처럼 완성하세요.

Namuna

→ *Soat bir.*

1) 

2)

3) 

4) 

5) 

1) → ____________________

2) → ____________________

3) → ____________________

4) → ____________________

5) → ____________________

4. Namunaga qarab bajaring. 예문처럼 완성하세요.

Namuna

men / bugun ertalab

→ *Men bugun ertalab soat yettidan o'n minut o'tganda turdim.*

1) 2)

opa / kecha

biz / bugun

3)

Alisher va Lola / kelasi hafta seshanba kuni

4)

siz / o'tgan hafta shanba kuni

5)

men / har kuni

1) →

2) →

3) →

4) →

5) →

5. **Namunaga qarab bajaring.** 예문처럼 완성하세요.

Namuna

men * tushlik qilmoq * dars qilaman

→ *Tushlik qilganimdan keyin dars qilaman.*

1) idishlarni yuvmoq * televizor koʻring

→

2) Tom * kollejni bitirmoq * 2 yil bankda ishladi

→

3) 15 minut kitob oʻqimoq * uxlab qoldim

→

4) metro bekatiga yetib kelmoq * menga qoʻngʻiroq qiling

→

5) qahva ichmoq * tashqariga chiqib, sayr qilaylik

→

6. Namunaga qarab bajaring. 예문처럼 완성하세요.

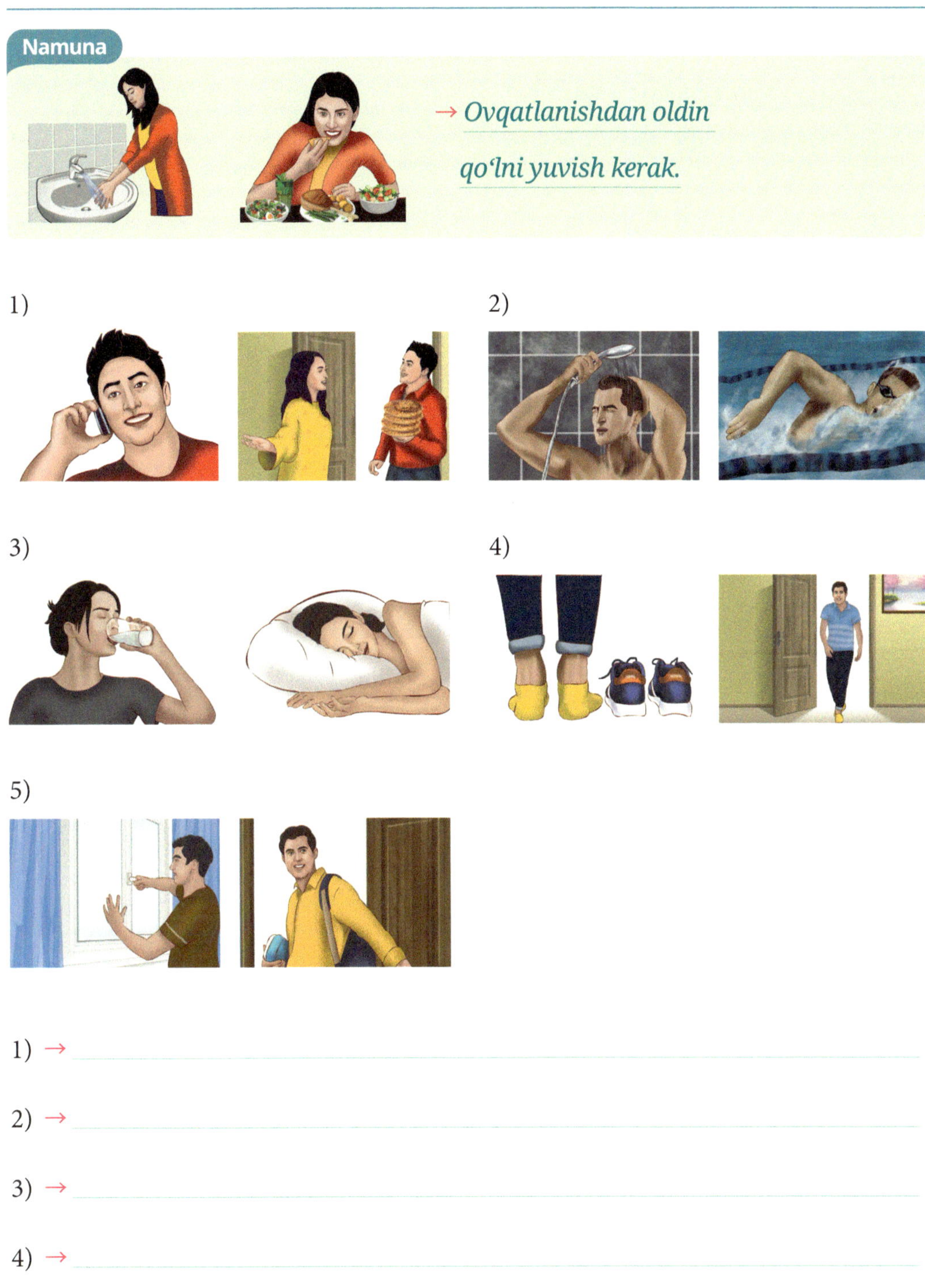

1) →

2) →

3) →

4) →

5) →

7. **Namunaga qarab bajaring.** 예문처럼 완성하세요.

Namuna

– Bu dorini qachon ichasiz? (uxlamoq)

→ – *Uxlashdan oldin ichaman.*

1) – Televizorda yangiliklarni qachon ko'rasiz? (ishga ketmoq)

→ –

2) – Yurtingizga qachon qaytmoqchisiz? (Navro'z)

→ –

3) – Akangiz O'zbekistonga qachon keldi? (bir necha kun)

→ –

4) – Bu sumkani qachon sotib oldingiz? (yurtga qaytmoq)

→ –

5) – Qachon qo'ng'iroq qilasizlar? (samolyotga chiqmoq)

→ –

"B" mashqlar guruhi (연습문제 B)

1. Dialogni do'stingiz bilan mashq qiling. 친구와 함께 대화를 연습하세요.

A Bugun kechqurun nima qilasiz?

B Do'stimning uyiga bormoqchiman.

A Shunaqami? Zo'r-ku!

B Ha. Aytmoqchi, O'zbekistonda mehmonga borganda nima olib borish kerak?

A Odatda mehmonga borganimizda non yoki biror shirinlik olib boramiz.

B Katta rahmat. Unda non olib boraman.

1)	2)	3)	4)
do'stimning	kursdoshimning	dugonamning	ziyofat
uyi	to'yi	tug'ilgan kuni	ziyofat
mehmon	to'y	tug'ilgan kun	tort,
non,	pul, esdalik	gul, tort	ichimlik
shirinlik	sovg'a	gul	tort
non	pul		

2. Dialogni do'stingiz bilan mashq qiling. 친구와 함께 대화를 연습하세요.

A Hisobotingiz tayyor bo'ldimi?

B Hozir tugatyapman.

A Unda hisobotni majlis tugagandan keyin menga ko'rsating.

B Xo'p bo'ladi.

1)	2)	3)	4)
hisobot	kurs ishi	hujjatlar	taqdimot
majlis	imtihonlar	tushlik	2 soat
tugamoq	tugamoq		

3. Dialogni do'stingiz bilan mashq qiling. 친구와 함께 대화를 연습하세요.

A Qachon uxlaysiz?

B Sal turib. Uxlashdan oldin dush qabul qilmoqchiman.

A Juda yaxshi o'ylabsiz.

1) uxlamoq
salqin dush
qabul
qilmoq

2) hujjatlarni
yubormoq
yana bir
bor tekshirmoq

3) nonushta
qilmoq
sport bilan
shug'ullanmoq

4) hisobot yozmoq
hujjatlarni
ko'rmoq

Audiomashqlar (듣기활동)

1. Tinglang va savollarga javob bering. 잘 듣고 질문에 대답하세요.

1) ______________________

2) ______________________

3) ______________________

4) ______________________

2. Tinglang va to'g'ri javobga O belgisini, noto'g'ri javobga X belgisini qo'ying.
잘 듣고 정답에 **O** 표시를, 오답에 **X** 표시를 하세요.

1) (   )   2) (   )   3) (   )

O'qish (읽기활동)

Matnni o'qing. Berilgan gap to'g'ri bo'lsa, O belgisini, noto'g'ri bo'lsa, X belgisini qo'ying. 지문을 읽고, 주어진 문장이 옳으면 **O** 표시를, 틀리면 **X** 표시를 하세요.

Mening ismim – Umid. Men odatda kompyuterda uydan turib ishlayman. O'tgan shanba kuni o'g'lim bilan do'konga bordik. U yerda o'g'lim chiroyli doirani ko'rib qoldi. O'g'lim anchadan beri doira chalishga qiziqadi. Ammo hali doira chalishni bilmaydi. Uning doirasi ham yo'q edi. Shuning uchun men unga bu doirani sotib olib berdim. U juda xursand bo'ldi. Men ham juda xursand edim. Lekin... hozir men ishlay olmayapman. Chunki o'g'lim kun bo'yi doira chalishni mashq qiladi. U mashq qilganda juda shovqin bo'ladi, shunga ishlay olmayapman. Endi faqat kechasi, o'g'lim uxlaganda ishlayapman. Osoyishta hayotimni sog'indim… Eh-h… Shunaqa gaplar…

1) Umid uydan turib ishlaydi. ( )

2) Umid har kuni do'konga boradi. ( )

3) Umidning o'g'li doira chalishga usta. ( )

4) Umidning o'g'li otasi uxlaganida doira chaladi. ( )

5) Umid faqat o'g'li uxlaganida ishlay oladi. ( )

6) Umidning o'g'li osoyishta hayotini sog'indi. ( )

문화로 보는 우즈베키스탄

Mehmon kutish va mehmonga borish odobi

손님맞이와 손님으로 방문할 때 예절

Mehmondo'stlik – o'zbek xalqining qadimiy an'analaridan biri.

O'zbekistonning qaysi go'shasiga bormang, kishilarning mehribonligi va mehmondo'stligini ko'rasiz. O'zbeklar uyga mehmon kelishini yaxshilik belgisi, tinchlik ramzi, deb biladilar. Shuning uchun ham o'zbek xalqi uyiga mehmon kelsa, juda xursand bo'ladi. Mezbon mehmonning oldiga uyida bor noz-ne'matlarni qo'yib, uning ko'nglini olishga harakat qiladi.

Mehmon kutish va mehmonga borishning o'ziga xos odoblari bor.

Odatda mehmonga borganda non (non juft sonli bo'lishi muhim), meva-cheva, bolalar uchun shirinliklar olib boriladi. Mezbon esa mehmon uchun alohida xona tayyorlaydi. Mezbon uyiga kelgan mehmonning hurmatini joyiga qo'yib, uni ochiq chehra bilan kutib oladi, shirinso'zlik bilan lutf ko'rsatadi.

Uyga kirishdan oldin oyoq kiyimini tashqarida, eshikning oldida qoldirish lozim. Odat bo'yicha mezbonlardan biri mehmonlarning oyoq kiyimini tekislab, kiyishga qulay qilib qo'yadi.

Mezbon uyga kirgach, uning qo'li yuvdiriladi va uyning to'riga (eshikdan uzoqroq bo'lgan joy) o'tirishga taklif etiladi. Dasturxonga avval non va choy qo'yiladi, keyin boshqa noz-ne'matlar keltiriladi. Mehmon lazzatli taomlar bilan siylanadi.

Mehmonni xafa qilmaslik uchun uning oldida qo'pollik qilinmaydi, baland ovozda so'zlashilmaydi. Hatto uyidagi hayvoniga ham tanbeh berilmaydi.

Mehmondorchilik nihoyasiga yetganda mehmonlardan yoshi ulug'i mezbon va mehmondorchilik ko'rsatilayotgan xonadonga yaxshi tilaklar tilab, duo qiladi.

Mehmon uyiga qaytayotganda uni eshik oldigacha kuzatib qo'yiladi va "Yana mehmonga keling" deb aytiladi. An'anaga ko'ra, uyga kelgan mehmonning qo'liga non yoki boshqa noz-ne'matlardan nasiba o'rab beriladi.

손님 환대는 우즈벡 민족의 오랜 전통 중에 하나이다.

우즈베키스탄의 어느 곳을 가도 사람들의 친절과 환대를 볼 수 있다. 우즈베크인들은 집에 손님이 오는 것을 행운의 표식이자 평화의 상징으로 생각한다. 그래서 우즈베크 민족은 집에 손님이 오면 무척 기뻐한다. 주인은 손님에게 집에 있는 모든 음식을 내놓고, 손님의 마음에 들도록 노력한다.

손님 맞이와 손님 방문 시 지켜야 할 고유의 예절이 있다.

보통 손님으로 갈 때 non(non은 짝수로 챙기는 것이 중요), 과일, 아이들을 위한 과자들을 준비해 간다. 주인은 손님을 위한 별도의 방을 준비해야 한다. 집에 온 손님을 존경하는 마음으로 모시고, 밝은 얼굴로 맞이하며 덕담과 함께 친절을 베푼다.

집에 들어 가기 전에 신발은 밖에 즉, 문 앞에 벗어 두어야 한다.

관습에 따라 주인은 손님의 신발을 정리하고 신기 편안하게 놓는다.

집에 들어가자마자 주인은 손님이 손을 씻을 수 있게 해주고 집의 상석(上席)(to'r, 출입문에서 가장 떨어져 있는 자리)에 앉도록 권유한다. 식탁에는 우선 non과 차가 놓여지고, 그 다음에 다른 음식들도 나온다. 손님은 맛있는 음식과 함께 대접을 받는다.

손님의 기분이 상하지 않도록 손님 앞에서 무례한 행동을 하지 않으며 큰 목소리로 떠들지도 않는다. 심지어 집에 있는 동물에게도 훈계를 하지 않는다.

환대가 끝날 무렵 손님들 중 가장 나이가 많은 사람이 주인과 환대를 베풀고 있는 가정을 위해 기원과 기도를 한다.

손님이 집에 돌아갈 때 문까지 배웅하며 "손님으로 또 오세요."라고 말한다. 전통에 따라 집에 온 손님에게 non과 다른 음식 일부를 포장하여 내어 드린다.

Mehmondo'stlik haqidagi o'zbek maqollari:

Mehmon – atoyi xudo.

Mehmon – otangdan aziz.

Mehmon – uyning ziynati.

Mehmon kelar eshikdan,
Rizqi kelar teshikdan.

Mehmonning izzati – uch kun.

QAYDLAR UCHUN

7-DARS

HAVO YAXSHI BO'LSA, BOG'DA SAYR QILAMAN
날씨가 좋으면 나는 공원에서 산책할 것이다

Darsning maqsadi (학습목표)

- Shartni ifodalash 가정과 조건을 표현하기
- Istakni ifodalash 희망 사항 표현하기

Kirish savollari (도입질문)

1. Ertaga havo yaxshi bo'lsa, nima qilasiz?
   내일 날씨가 좋다면 무엇을 할 건가요?
2. O'zbekistonga borsangiz, qaysi diqqatga sazovor joylarni ko'rishni xohlaysiz?
   우즈베키스탄에 가신다면 어떤 유명한 장소를 보고 싶은가요?
3. Kinoteatrda kimdir baland ovozda gaplashsa, nima qilasiz?
   영화관에서 누군가가 큰 소리로 떠든다면 당신은 무엇을 할 건가요?

Yangi so'zlar (새로운 단어)

aksiya	행사, 이벤트
bankomat	ATM 기기
buyum	물건
chegirma	할인
foiz	비율, 퍼센트
guruh	그룹, 집단, 모둠
isitkich	난로, 히터
jahl (~ chiqmoq)	화나다
katta pul	큰돈, 목돈
kod	코드
kupon	쿠폰
lotereya	복권, 로또
loyiha	프로젝트
maslahat (~ bermoq, ~olmoq)	상의, 상담
mukofot (~ olmoq)	상을 받다
qorbobo	눈사람
osmon	하늘
reklama	광고
smartfon	스마트폰
svetofor	신호등
tugma(cha) (~ni bosmoq)	버튼
ummon (=okean)	대양
uyali telefon	핸드폰
# panjara	샵(#) 표시
* yulduzcha	별 표시

balansni tekshirmoq	(통장) 잔액을 확인하다
bosmoq	누르다
buramoq	돌리다
buzilmoq	고장나다
bo'sh bo'lmoq	한가하다
davolamoq	치료하다
ega bo'lmoq (-ga ~)	소유하다
eltib qo'ymoq	데려다주다, 가져다 놓다
ijaraga olmoq	(집, 차 등을) 빌리다, 렌트하다
imtihon topshirmoq	시험을 보다
imtihondan o'tmoq	합격하다
imtihondan yiqilmoq	불합격하다
isib ketmoq	더워지다
ishonmoq (-ga ~)	-을 /를 믿다
konsert bermoq	콘서트를 개최하다
lotereyada yutmoq	로또에서 당첨되다
maishiy texnika	가전제품
ochilmoq	열리다
ozmoq (~kiloga ozmoq)	살이 빠지다, 마르다
pul yechmoq	출금하다

pul yutmoq	돈을 따다
sovqotmoq	추워지다
ta'tilga chiqmoq	방학하다
termoq	누르다, 따다, 줍다
xohlamoq (=istamoq)	원하다
yutmoq	이기다
yo'qolmoq (yo'qolib qolmoq)	사라지다, 없어지다
chiqmoq	나가다, 올라가다
o'zim (o'zing, o'zingiz, o'zimiz, o'zlaring, o'zlari)	자기, 자신
a'lo	우수한
bepul	무료
ochiq (havo ~)	맑은, 갠 (날씨)
sog'lom (~ bo'lmoq)	건강한
dunyo bo'ylab (~sayohat qilmoq)	세계 여행을 하다
zo'r joy	좋은 장소
xuddi shunday	딱 그러한
"Yalla" guruhi	"Yalla" 그룹

Maslahatingiz uchun rahmat!	상의해 주셔서 감사합니다!
Yordamingiz uchun rahmat!	도와 주셔서 감사합니다!
Iloji bo'lsa, ~	가능하다면,~
hech bo'lmasa	적어도, 정 안되면
shu atrofda	이 근처에
Ma'qul.	OK. 좋아.
Xo'sh.	그럼
Azizim.	친근한 사람을 부르는 표현
Jonim.	애칭(내 사랑, 자기야, 여보 등)

Grammatika (문법)

1 | Shart mayli (가정법)

(Agar) ertaga havo yaxshi bo'lsa, futbol o'ynaymiz.	(만일) 내일 날씨가 좋다면 (우리는) 축구를 할 것이다.

동사 어간에 -sa를 붙이면 이 문장은 가정법(shart mayli)이 된다. 즉, "만일 ~ 한다면"의 표현이 가능하며 맨 앞에 오는 agar는 생략이 가능하다.

'동사 어간 + -sa'에 인칭어미를 붙여서 '~의' 인칭을 표현할 수 있으며, 가정법에 오는 인칭어미는 아래 표와 같다. 동사에 붙게 되는 여러 인칭어미(현재, 과거) 중 가정법에 붙는 인칭어미를 편의상 제 3식 인칭어미라 하자.

	Kim	nima qilsa, ~		
(Agar)	men	kel +	sa +	m, ~
	sen			ng, ~
	siz			ngiz, ~
	u			~
	biz			k, ~
	sizlar			ngiz (laring) ~
	ular			lar, ~

1.1. Misollarni o'qing. 예문을 읽으세요.

1) (Agar) menga qo'ng'iroq qilsangiz, sizga bir gap aytaman.
2) (Agar) Samarqandga borsangiz, albatta, Registonni ko'ring.
3) (Agar) kompyuterda ko'p ishlasangiz, ko'zingiz og'riydi.
4) (Agar) xohlasangiz, bugun birga tushlik qilamiz.
5) (Agar) o'zbek milliy taomlarini yegim kelsa, "Lazzat" oshxonasiga boraman.
6) (Agar) bu tugmachani bossangiz, eshik ochiladi.
7) (Agar) menga naqd pul kerak bo'lsa, bankomatdan olaman.
8) (Agar) istasangiz, akam sizni uyingizgacha eltib qo'yadi.
9) Kuchugim yo'qolib qoldi. Iltimos, kuchugimni ko'rsangiz, menga darhol qo'ng'iroq qiling.

2 | Iloji bo'lsa, ~ (가능하다면)

'iloji bo'lsa,'는 '가능하다면'이란 뜻을 나타내는 삽입구절로, 가정법 문장에 자주 사용할 수 있다. 본 구절은 문장 앞이나 중간에 올 수 있다.

2.1. Misollarni o'qing. 예문을 읽으세요.

1) Iloji bo'lsa, ishga ertaroq keling.
2) Ertaga buvimni ko'rgani qishloqqa boramiz. Iloji bo'lsa, buvimni o'zimiz bilan olib kelamiz.
3) Iloji bo'lsa, arizangizni dushanbagacha yuboring.
4) O'zbekistonga borganimda, iloji bo'lsa, universitetga yaqin joydan ijaraga uy olaman.

3 | V-sa, yaxshi bo'lar edi (...라면 좋았을 텐데)

Ziyofatga kelsangiz, yaxshi bo'lar edi.	(당신이) 연회에 오신다면 좋을 텐데요.

이 문법은 문맥 속에서 표현의 차이를 판단해야 할 필요가 있다. 아래 3.1. 예문들을 통해 살펴보자.

1) 현재 시점에서 말하는 사람의 소망, 희망이 담겨 있으나 그 결과가 어떻게 될지 확실치 않을 때:

Ziyofatga kelsangiz, yaxshi bo'lar edi.

연회에 오신다면 좋을 텐데요(그런데 오실지 안 오실지 명확지 않다).

2) 앞으로 있을 일에 대한 희망, 소망을 표현할 때:

Ertaga biz dengizga bormoqchimiz. Havo ochiq bo'lsa, yaxshi bo'lar edi.

내일 바다에 갈 것이다. 날씨가 화창하다면 좋을 텐데.

3) 현재의 희망, 소망이 있으나 실제 현실에서 그렇지 않을 때:

Ota-onam meni tushunsalar, yaxshi bo'lar edi.

부모님이 날 이해해준다면 좋을 텐데(그러나 현실에서는 그렇지 않다는 뜻).

가정을 표시해주는 접사 '-sa'는 인칭에 따라 '(men) -sam, (sen) -sang, (siz) -sangiz, (u) -sa, (biz) -sak, (ular) -sa(lar)'로 변화된다.

3.1. **Misollarni o'qing**. 예문을 읽으세요.

1) Ertaga biz dengizga bormoqchimiz. Havo ochiq bo'lsa, yaxshi bo'lar edi.
2) Ota-onam meni tushunsalar, yaxshi bo'lar edi.
3) Mening pulim ko'p bo'lsa, yaxshi bo'lar edi.
4) Yangi yil bayrami kuni qor yog'sa, yaxshi bo'lar edi.
5) O'zbekistonda ishlasam, yaxshi bo'lar edi.

4 | Vaqtni belgilash (시간 표현)

시간 표현에서 -da, -ga/ -ga, -gacha에 의미상 아래와 같은 차이가 있다. 5시를 예를 들어 다음의 예문을 살펴보자.

- soat 5 da: 5시 정각에(at 5 o'clock)

- soat 5 ga: 5시까지(by 5 o'clock)

5시에 가까운 시간까지 포함하며, 어떤 행위가 5시 이전에 한 번은 실현되어야 함을 의미한다. 즉, "Soat 5 ga keling.(5시까지 오세요)." 또는 "Ovqat 5 ga tayyor bo'ladi.(음식은 5시경에 준비될 거야.)"라고 한다면, 이는 5시가 되기 전에 오는 행위와 음식이 준비되는 행위가 완결된다는 의미이다.

- soat 5 gacha: 5시까지로(until 5 o'clock)

어떠한 행위가 쭉 지속되는 경우(5시까지 놀다, 또는 5시까지 잠을 자다)에는 -gacha를 쓴다. 이 경우에는 주로 언제부터(qachondan) 언제까지(qachongacha)로 지속되는 시간이 문장 속에 명확하게 주어진다.

4.1. Misollarni o'qing. 예문을 읽으세요.

1) Mehmonlarni kechki soat 6 ga taklif qildim.
2) Ovqat kechki soat 5 ga tayyor bo'ladi.

5 | N uchun (...을/를 위하여)

누군가에게 이익을 주거나 어떠한 일을 목적으로 하고 있을 때 쓰는 표현이다. 아래 5.1. 예문에서 "Men bu tortni onam uchun pishirdim."은 "나는 우리 엄마를 위해 케이크를 만들었다."라는 뜻이다. "Kecha men telefonim uchun pul toʻladim."에서는 "나는 어제 전화를 사용하기 위해 충전했다."로 '~를 사용하기 위해'라는 뜻으로 사용됐다.

5.1. **Misollarni oʻqing.** 예문을 읽으세요.

1) Men bu tortni onam uchun pishirdim.
2) Biz uchun bu – juda muhim loyiha.
3) Yangi uyimiz uchun maishiy texnika buyumlarini sotib oldik.
4) Kecha men telefonim uchun pul toʻladim.
5) Kecha men bozordan oʻzim uchun yangi koʻylak sotib oldim.
6) Maslahatingiz uchun rahmat!

"A" mashqlar guruhi (연습문제 A)

1. Namunaga qarab bajaring. Kerak joyda shart maylining bo'lishsiz shaklidan foydalaning. 예문처럼 완성하세요. 필요한 부분에 가정법의 부정형을 사용하세요.

Namuna

ko'p pul topmoq * mashina sotib olaman

→ *(Agar) ko'p pul topsam, mashina sotib olaman.*

1) bu dorini ichmoq * yaxshi bo'lib qolasiz

→ ______

2) sovqotmoq * isitkichni yoqing

→ ______

3) isib ketmoq * konditsionerni yoqing

→ ______

4) band bo'lmoq * sizga qo'ng'iroq qilaman

→ ______

5) avtobus kelmoq * taksi ushlaymiz

→ ______

6) istamoq * sizga yangi smartfon olib beraman

→ ______

2. Namunaga qarab bajaring. Kerak joyda shart maylining bo'lishsiz shaklidan foydalaning. 예문처럼 완성하세요. 필요한 부분에 가정법의 부정형을 사용하세요.

Namuna

Havo yaxshi bo'ladi. (Biz) tog'ga chiqamiz.

→ *(Agar) havo yaxshi bo'lsa, tog'ga chiqamiz.*

1) Yomg'ir yog'adi. (Men) uyda o'tiraman.

→

2) Havo sovuq bo'ladi. (Sizlar) hech qayerga bora olmaysizlar.

→

3) Qor yog'adi. Bolalar qorbobo yasaydilar.

→

4) Ziyofatga bormayman. Do'stlarim xafa bo'ladi.

→

5) Astoydil o'qiysiz. Imtihondan a'lo baho olasiz.

→

6) Imtihondan yiqilaman. Juda xafa bo'laman.

→

3. Namunaga qarab bajaring. 예문처럼 완성하세요.

Namuna

→ – *Dam olish kunlari yomg'ir yog'sa, nima qilasiz?*

– *Uyda dam olaman.*

1)

2)

3)

4)

5)

1) →

2) →

3) →

4) →

5) →

4. Namunaga qarab bajaring. 예문처럼 완성하세요.

Namuna

#102* ni terasiz. Balansingizni tekshira olasiz.

→ *#102* ni tersangiz, balansingizni tekshira olasiz.*

* #102*로 전화를 걸면 잔액이 얼마 남아 있는지를 알 수 있다.

1) Mana bu tugmachani bosasiz. Pul chiqadi.

→

2) Kodni terasiz. Eshik ochiladi.

→

3) Mana buni buraysiz. Suv tushadi.

→

4) Reklama kuponini olib kelasiz. 10 foiz chegirma beramiz.

→

5. Namunaga qarab bajaring. 예문처럼 완성하세요.

Namuna

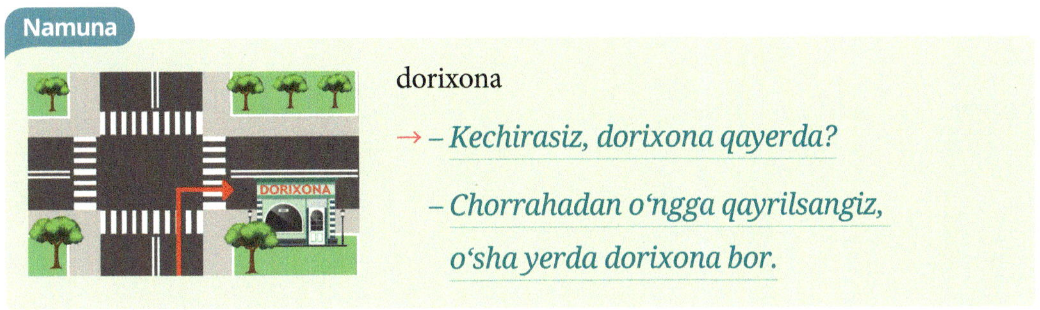

dorixona

→ – *Kechirasiz, dorixona qayerda?*

– *Chorrahadan o'ngga qayrilsangiz, o'sha yerda dorixona bor.*

1) 2)

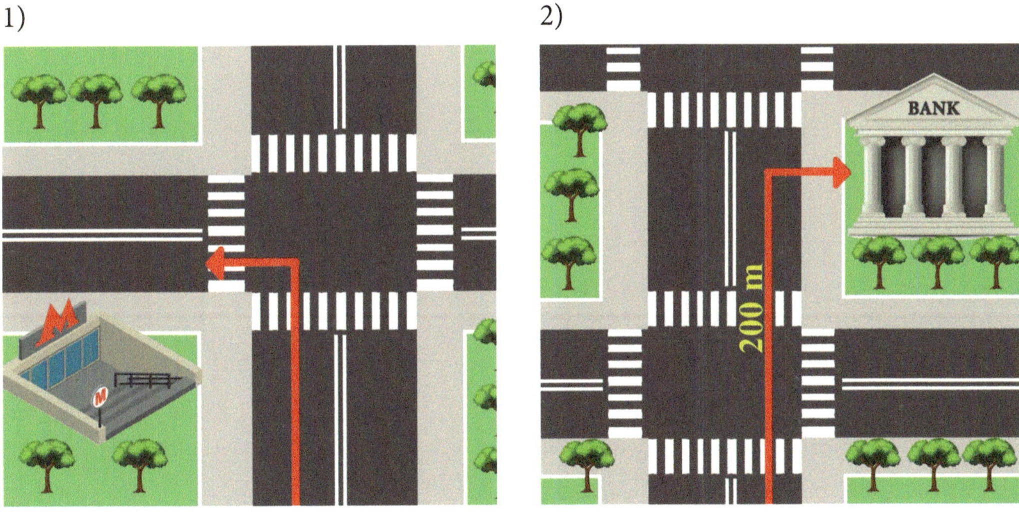

3) 4)

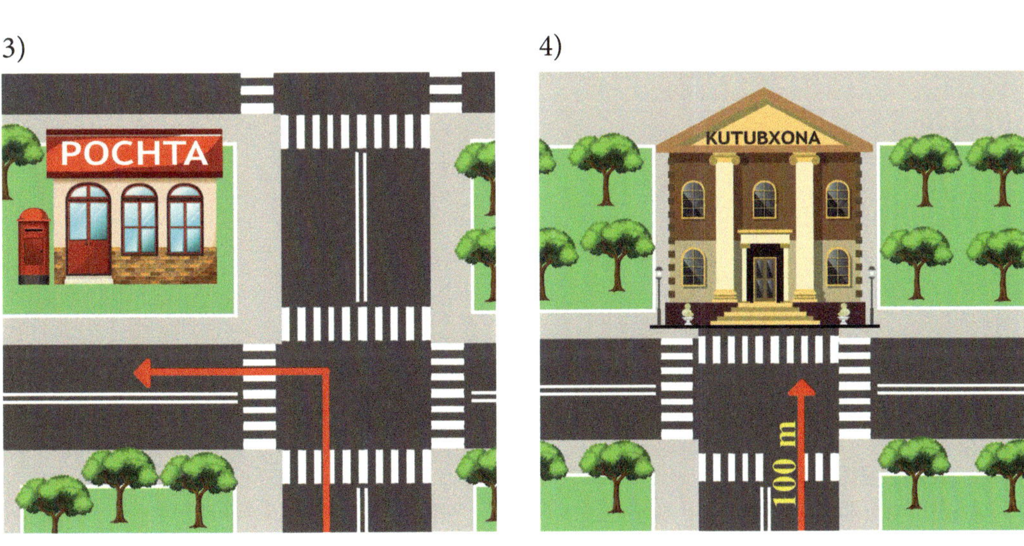

1) metro → ____________________

____

2) bank → ____________________

____

3) pochta → ____________________

____

4) kutubxona → ____________________

____

6. **Gaplarni mazmunan to'g'ri yakunlang.** 문장을 문맥에 맞게 완성하세요.

1) Har kuni sport bilan shug'ullansangiz, ____________________

2) ____________________, jahlim chiqadi.*

3) Ertaga ishga bormasam, ____________________

4) ____________________, ziyofatga borasizmi?

5) Mashina sotib olsangiz, ____________________

6) ____________________, qarshi emasmisiz?

* jahli chiqmoq: 삐지다, 기분이 상하다, 신경질 나다.

7. Namunaga qarab bajaring. 예문처럼 완성하세요.

Namuna

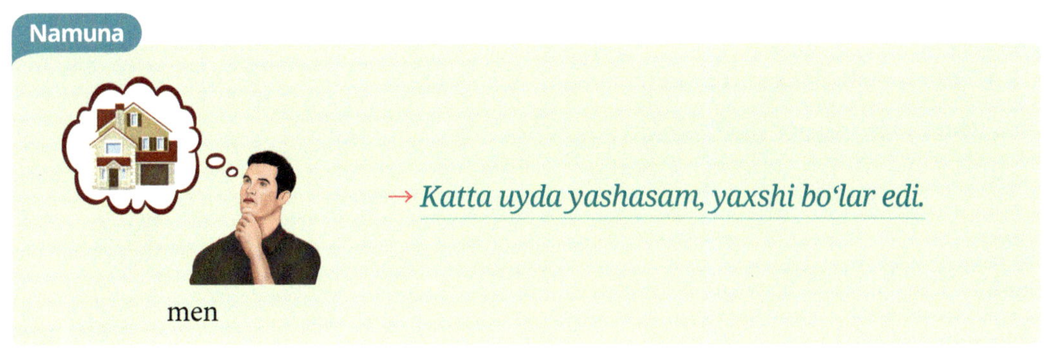

men

→ *Katta uydan yashasam, yaxshi bo'lar edi.*

1) 2) 3) 4) 5)

ota singil o'g'il men siz

1) →

2) →

3) →

4) →

5) →

8. **Namunaga qarab bajaring.** 예문처럼 완성하세요.

Namuna

biz * tinch mahallada yashamoq

→ *Tinch mahallada yashasak, yaxshi bo'lar edi.*

1) u * astoydil o'qimoq

→

2) men * sevgan qiz bilan doim birga bo'lmoq

→

3) biz * "Yalla" guruhining konsertiga bormoq

→

4) (mening) bo'yim * balandroq bo'lmoq

→

5) kompyuterim * buzilmoq

→

6) siz * hech bo'lmasa, 3 kiloga ozmoq

→

9. Namunaga qarab bajaring. 예문처럼 완성하세요.

Namuna

men / kecha / bu gullar / siz / sotib olmoq

→ *Men kecha bu gullarni siz uchun sotib oldim.*

1) ertaga / men / do'st / sovg'a sotib olmoq

→

2) dam olish kunlari / turmush o'rtog'i / men / tort pishirmoq

→

3) biz / kecha / o'qituvchi / xat yozmoq

→

4) o'tgan kuni / men / o'zim / yangi qora ko'zoynak sotib olmoq

→

"B" mashqlar guruhi (연습문제 B)

1. Dialogni do'stingiz bilan mashq qiling. 친구와 함께 대화를 연습하세요.

A Kechirasiz, shu atrofda metro bormi?

B Metro? Anavi yerdagi svetoforni ko'ryapsizmi?

A Xo'sh.

B Svetofordan o'tib, to'g'riga yursangiz, metroni ko'rasiz.

A Katta rahmat.

1)	2)	3)	4)
metro	bank	do'kon	dorixona
to'g'riga	chapga	o'ngga	100 metrcha
yurmoq	qayrilmoq	qayrilmoq	yurmoq

2. Dialogni do'stingiz bilan mashq qiling. 친구와 함께 대화를 연습하세요.

A Ertaga bo'sh bo'lsangiz, birga ovqatlanaylik.

B Yaxshi fikr! Qayerga boramiz?

A Shu yaqin atrofda zo'r joy bor.

B Ma'qul.

1) bo'sh
bo'lasiz
ovqatlanmoq

2) havo
yaxshi bo'ladi
tennis
o'ynamoq

3) ishdan
ertaroq
chiqasiz
kinoteatrga
bormoq

4) vaqtingiz
bo'ladi
kofe
ichmoq

3. Dialogni do'stingiz bilan mashq qiling. 친구와 함께 대화를 연습하세요.

A Yakshanba kuni bo'sh bo'lsangiz, "Yalla" guruhining konsertiga boraylik.

B Jonim bilan. "Yalla" guruhi qayerda konsert beradi?

A "Xalqlar do'stligi" saroyida kechki soat 6 da.

B Juda yaxshi.

A Iloji bo'lsa, ertaroq keling. Chunki odam juda ko'p bo'ladi.

B Aa-a... Shunaqami? Unda soat 5.30 ga yetib kelaman.

A Kelishdik. Men ham soat 5.30 da o'sha yerda bo'laman. Xudo xohlasa, maza qilib konsert tomosha qilamiz.

Audiomashqlar (듣기활동)

1. Tinglang va savollarga javob bering. 잘 듣고 질문에 대답하세요.

1) ______

2) ______

3) ______

4) ______

5) ______

2. Tinglang va to'g'ri javobga O belgisini, noto'g'ri javobga X belgisini qo'ying.
잘 듣고 정답에 **O** 표시를, 오답에 **X** 표시를 하세요.

1) (　　　)　　2) (　　　)　　3) (　　　)

O'qish (읽기활동)

Matnni o'qing. Berilgan gap to'g'ri bo'lsa, O belgisini, noto'g'ri bo'lsa, X belgisini qo'ying. 지문을 읽고, 주어진 문장이 옳으면 **O** 표시를, 틀리면 **X** 표시를 하세요.

"Malika" do'konidan aksiya!!!

Bitta uyali telefon sotib olsangiz, xuddi shunday ikkinchi telefonni sovg'a qilamiz!

Reklama kuponi bilan kelsangiz, 5 foizli chegirmaga ega bo'lasiz!

Shoshiling!

Aksiya 1-aprelgacha davom etadi.

To'lovni naqd pul, kartochka bilan yoki bank pul o'tkazmasi orqali qabul qilamiz.

Manzil: Toshkent shahri, Navro'z ko'chasi, 5-uy.

1) Bu aksiya poyabzal do'konida. (   )

2) Bu – 1 + 1 aksiyasi. (   )

3) 5 foizli chegirma uchun reklama kuponi bilan kelish kerak. (   )

4) Uyali telefonni faqat naqd pulga sotib olish kerak. (   )

5) "Malika" do'konida aksiya faqat Navro'z bayramida bo'ladi. (   )

Bir shingil kulgi... 잠시 웃어요! 😄😁😆

Bir yigit oʻz sevgan qiziga xat yozdi:

"Azizim! Jonim! Siz uchun men hamma narsaga: ummonni suzib oʻtishga, dunyoning eng yuqori choʻqqisidan sakrashga, osmondagi oyni olib berishga tayyorman. Siz baxtli boʻlsangiz, kifoya! Menga ishoning! Men sizni juda sevaman!

P.S. Yomgʻir yogʻmasa, yakshanba kuni, albatta, oldingizga boraman."

suzib oʻtmoq 헤엄쳐서 건너가다

eng yuqori choʻqqi 꼭대기

kifoya 뿐이다

문화로 보는 우즈베키스탄

O'zbekiston

Sumalak

Sumalak – o'zbek xalqining eng sevimli va tansiq milliy taomlaridan biri. Tansiq deb atalishiga sabab shuki, bu taom bir yilda bir marta, ya'ni bahor faslida, Navro'z bayrami arafasida tayyorlanadi. Bu taomni, asosan, ayollar (halfana yo'li bilan) tayyorlaydilar.

Sumalak ko'p asrlik tarixga ega.

Sumalak odatda ko'pchilik bo'lib tayyorlanadi. Chunki bu taom 20–24 soat davomida doimiy ravishda aralashtirilib turiladi. Sumalak pishirish jarayonida ko'plab laparlar, qo'shiqlar ijro etiladi. Buvijon-u momolar shu kunlarga yetkazganiga shukronalar aytib, yilning yaxshi, xayrli va barakali kelishini tilab, duo qilishadi. Sumalak bug'doy maysasi, un, yog' kabi mahsulotlardan tayyorlanadi. Sumalak tagiga olmasligi uchun 10–15 dona mayda toshcha va 10–12 dona yong'oq yuvib solinadi. Aytishlaricha, sumalak tayyor bo'lgandan keyin shu toshchalar kimga chiqsa, shu insonning niyatlari amalga osharmish.

Sumalak pishganida rangi jigarrang bo'lib, mazasi shirin bo'ladi. Sumalak –vitaminga juda boy taom. Erta bahorda inson tanasi darmondorilarga ehtiyoj sezganda sumalak bu ehtiyojni qondiradi, insonga salomatlik, kuch-quvvat baxsh etadi, ruhiy holatni yaxshilaydi. Shuning uchun ham sumalakni hamma: yosh-u qari sevib iste'mol qiladi.

Sumalak tayyor boʻlgach, qoʻni-qoʻshnilarga, qarindosh-urugʻlarga tarqatiladi.

수말락은 우즈베크 민족이 가장 사랑하는, 그런데 드물게 접하는 전통 음식 중 하나이다. 드물다고 불리는 이유는 이 음식은 일 년에 딱 한 번, 즉 봄의 축제인 나브로즈(Navroʻz) 명절 전날에 만들어지기 때문이다. 이 음식은 여성들이 (모두가 함께 만드는 방식으로) 준비한다. 수말락의 역사는 수백 년에 이른다.

수말락은 보통 여러 명이 함께 만든다. 왜냐하면 이 음식은 20-24시간 동안 일정하게 잘 섞어야 하기 때문이다. 수말락을 만드는 과정에서 많은 민요와 노래들이 불려진다. 할머니들은 오늘이 왔음에 감사하며, 이번 해 역시 좋은 일들로 가득한 한 해가 되기를 기원하며 기도를 바친다. 수말락은 밀의 싹, 밀가루, 기름 등의 재료로 만들어진다. 수말락이 솥 밑바닥에 눌러 붙는 것을 막기 위해 작은 돌멩이 10-15개, 까지 않은 호두 10-12개를 씻어서 함께 넣는다. 전해진 바에 따르면, 수말락을 다 만든 후에 누군가가 이 돌멩이들을 발견하면 그 사람의 소원이 이루어진다고 한다. 수말락이 익어가면 색은 갈색으로 변하고, 달콤한 맛이 나게 된다. 수말락은 비타민이 매우 풍부한 음식이다. 이른 봄, 사람의 몸이 에너지가 필요함을 느낄 때 수말락은 이를 충족시켜주며 사람에게 건강과 에너지를 주고 심리적으로도 편안하게 만든다. 그래서 수말락은 남녀노소 할 것 없이 모두 좋아하고 즐겨 먹는다. 수말락이 준비되면 모든 가족, 친척, 이웃사람들과 함께 나눈다.

8-DARS QIZIL KO'YLAK KIYGAN QIZ – MENING SINGLIM
빨간 옷을 입은 소녀는 내 여동생이다

Darsning maqsadi (학습목표)

- Harakat va holat belgisini ifodalay olish (Sifatdosh shakllari)
  동작과 상태 표현하기
- Odamni va buyumlarni harakat va holat belgisiga qarab tasvirlay olish
  사람과 사물을 동작, 상태에 맞게 묘사하기
- Narsalarning nomini aytish
  사물의 이름을 말하기
- *-gani (-kani, -qani)* shakli orqali borish, kelish va ketishning maqsadini ifodalash
  *-gani (-kani, -qani)*을 활용하여 가는, 오는, 떠나는 목적을 표현하기

Kirish savollari (도입질문)

1. Shu kunlarda siz ko'p eshitadigan qo'shiqning nomi nima?
   최근에 당신이 많이 듣는 노래의 이름은 무엇인가요?
2. Siz yashaydigan mahalla chiroylimi?
   당신이 살고 있는 마을은 아름다운가요?
3. Koreyaliklar ko'p ishlatadigan so'z qaysi?
   한국인들이 많이 사용하는 단어는 어떤 것인가요?
4. Tug'ilgan shahringizning nomi nima?
   태어난 도시의 이름은 무엇인가요?
5. Qanday koreys milliy liboslari bor? O'zbek milliy liboslari-chi?
   어떤 한국의 전통의상이 있나요? 우즈베크 전통의상은요?

Yangi so'zlar (새로운 단어)

atlas	아틀라스(우즈벡 고유 무늬있는 면직물)
do'ppi	우즈벡 전통 모자
esdalik	기념
esdalik sovg'a	기념품
fuqaro	시민
galstuk	넥타이
gulzor	꽃밭
janob	Mr., 남자 호칭
madaniyat	문화
moda	패션
musobaqa	경쟁
muzlatkich	냉장고
nom	이름
qora ko'zoynak	선글라스
qo'shiq (~ aytmoq)	노래 (~ 하다)
roman	소설
ro'yxat	목록, 명단
savdo markazi	백화점
sevgili	애인
so'zga chiqmoq	연설을 하다
tanlov	선거, 대회
yubka	치마
she'r (~ o'qimoq)	시(를 읊다)
cholg'u asbobi	악기

bosh shifokor	병원장
musiqachi	음악가, 뮤지션
novvoy	non 만드는 사람
tarbiyachi	교사
tish doktori	치과 의사
yolg'onchi	거짓말쟁이
o'g'ri	도둑
rost	진실, 사실
yolg'on	거짓말
borib kelmoq (-ga ~)	갔다 오다
bozor qilmoq	장 보다
ishlab chiqarilmoq (-da ~)	생산되다
jo'r bo'lmoq (-ga ~)	같이, 함께하다
kiymoq	입다
non yopmoq	빵을 만들다
rost gapirmoq	진실을 말하다
ro'yxatga turmoq(-ga ~)	등록되다
sotilmoq	팔리다, 판매되다
taqmoq	차다, 매다

tunamoq (-da ~)	숙박하다
yosh koʻrinmoq	어려 보이다
oʻgʻirlamoq	훔치다
~ boʻlib ishlamoq	-로 일하다
boya	최근, 얼마전, 좀전에
"Osmondagi bolalar" filmi	"하늘에 있는 아이들" 영화
"Toʻylar muborak" filmi	"결혼 축하해" 영화
"Oʻtkan kunlar" romani	"지난날들" 소설
"Toshkent-Samarqand" qoʻshigʻi	"타슈켄트-사마르칸드" 노래
"Rohat" koʻli	"로하트" 호수
"Humo arena" muz saroyi	"후모 아레나" 얼음 캐슬
"Kamolon" oshxonasi	"Kamolon"식당
"Nihol" koʻrik-tanlovi	"Nihol" 대회
Everest choʻqqisi	에베레스트 정상

Nepal	네팔
Yangi Zelandiya	뉴질랜드
Kirish, chiqish va fuqarolik boʻlimi (OVIR)	출입국사무소
norin	너른(우즈벡 음식)
Xullas, ~	결론적으로, 정리하자면
Esingizdami?	기억나세요?

Grammatika (문법)

1 Sifatdosh (동사의 분사형)

She'r o'qigan qiz - mening singlim.	시를 읽은 소녀는 내 여동생이다.
Ashula aytayotgan bola - mening o'g'lim.	노래를 부르고 있는 아이는 내 아들이다.
Ertaga bo'ladigan majlisda so'zga chiqaman.	내일 있을 회의에서 연설을 할 예정입니다.

1) Bu – uy. Bu uyda Anvar aka yashaydi.
   → Bu – Anvar aka yashaydigan uy.

2) Bu rasmni Lola chizdi. Bu rasm juda chiroyli.
   → Lola chizgan rasm juda chiroyli.

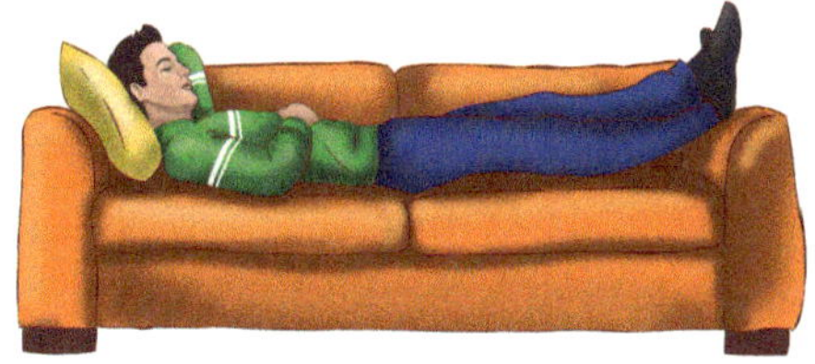

3) Divanda kimdir uxlayapti. Kim bu odam?
   → Divanda uxlayotgan odam kim?

4) Ertaga biz kino ko'ramiz. Bu kinoning nomi nima?
   → Ertaga ko'radigan kinomizning nomi nima?

<table>
<tr><th rowspan="3">Fe'lning noaniq shakli</th><th>O'tgan zamon 과거</th><th colspan="2">Hozirgi zamon davom 현재 진행</th><th colspan="2">Hozirgi-kelasi zamon 현재-가까운 미래</th></tr>
<tr><th rowspan="2">-gan N</th><th>-yotgan N</th><th>-ayotgan N</th><th>-ydigan N</th><th>-adigan N</th></tr>
<tr><th>unli 모음</th><th>undosh 자음</th><th>unli 모음</th><th>undosh 자음</th></tr>
<tr><td>o'qimoq
uxlamoq
kelmoq
bermoq
eshitmoq
yemoq
demoq</td><td>o'qigan
uxlagan
kelgan
bergan
eshitgan
yegan
degan</td><td>o'qiyotgan
uxlayotgan</td><td>kelayotgan
berayotgan
eshitayotgan
*yeyayotgan
*deyayotgan</td><td>o'qiydigan
uxlaydigan
yeydigan
deydigan</td><td>keladigan
beradigan
eshitadigan</td></tr>
</table>

동사 어간에 -gan(-kan, -qan)/ -(a)yotgan/ -(a)digan, -(y)digan 등을 붙여서 분사를 만들어 준다. 이 경우 품사상 형용사가 되어 뒤에는 명사가 위치하게 된다. 각각의 접사에 따라 시제가 달라짐에 유의하자.

1) -gan (-kan, -qan): 과거 시제이며, 동사 어간이 -k로 끝나면 -kan, -q로 끝나면 -qan으로 변화한다. 문장 "Qiz she'r o'qidi. U mening singlim."을 하나로 만들어 주면 "She'r o'qigan qiz – mening singlim."이 된다.

2) -(a)yotgan: 현재 진행 시제이며, 동사 어간이 자음으로 끝나면 -ayotgan, 모음으로 끝나면 -yotgan으로 쓴다. Ashula aytayotgan bola – mening o'g'lim. 이 문장을 둘로 분리하면 Bola ashula aytyapti. U mening o'g'lim.이 된다.

3) -(a)digan, -(y)digan: 미래 시제이며, 동사 어간이 자음으로 끝나면 -(a)digan, 모음으로 끝나면 -(y)digan이 온다. "Ertaga bo'ladigan majlisda so'zga chiqaman."이라는 문장을 둘로 분리하면, "Ertaga majlis bo'ladi. Bu majlisda so'zga chiqaman."이 된다.

'동사 어간-gan' 형태에 lar를 붙여서 명사로 쓰기도 한다. 예를 들어, "Uy vazifasini qilganlar bormi?"에서 'qilgan + lar'은 형용사로 보지 않고 '~한 사람들'로 이해해야 한다. 이 경우는 -gan 뒤에 별도의 명사가 오지 않는다.

단, o'tirmoq, turmoq, yotmoq, yurmoq의 4개의 동사에 한해서는 -gan을 활용하여 현재 시제를 표현해야 한다. 예를 들어, "지금 창문 앞에 서 있는 사람은 누구예요?"는 "Derazaning oldida turgan kishi kim?"이 된다. 이는 예외적인 규칙이므로 반드시 기억하자.

1.1. Misollarni o'qing. 예문을 읽으세요.

1) Novvoy bu – non yopadigan odam.
2) Bu yerda pianino chala oladigan odam bormi?
3) Qo'ng'iroq qilgan odam ismini aytmadi.
4) Ziyofatda ashula aytgan ayol esingizdami?
5) Biz dengizga yaqin joylashgan mehmonxonada tunadik.
6) Men aytgan hamma gap rost.
7) Nepallik Tensing Norgey va Yangi zelandiyalik Edmund Xillari – Everest cho'qqisiga chiqqan birinchi odamlar.
8) Xonada o'tirgan qizni taniysizmi?
9) Derazaning oldida turgan kishi kim?

2 | Odamni kiyimiga qarab ta'riflash (특정한 옷차림을 한 사람 표현하기)

Qizil ko'ylak **kiygan** qiz bizning fakultetimizda o'qiydi.	빨간 셔츠를 입은 여성은 우리 단과대학에서 공부한다.

2.1. Misollarni o'qing. 예문을 읽으세요.

1) Ko'k ko'ylak kiygan bola - Bobur.
2) Qizil yubka kiygan qiz - do'stimning sevgilisi.
3) Yashil galstuk taqqan odam men bilan birga ishlaydi.
4) Qora ko'zoynak taqqan ayolni taniysizmi?

3 | "____" degan ("____"라는)

Kecha men "Osmondagi bolalar" **degan filmni** ko'rdim.	어제 나는 "Osmondagi bolalar"라는 영화를 보았다.

3.1. Misollarni o'qing. 예문을 읽으세요.

1) Kecha men "Osmondagi bolalar" degan filmni ko'rdim. Juda qiziqarli ekan.
2) A Bu nima degan ovqat?
   B Bu – "norin" degan ovqat. Juda mazali-a?
3) Siz "O'tkan kunlar" degan romanni bilasizmi?
4) Menga "Toshkent–Samarqand" degan qo'shiq juda yoqadi.

4 | V-gani (-kani, -qani) bormoq/kelmoq/ketmoq (...하기 위해, ...하러)

Men o'zbek tilini o'rgan**gani** O'zbekistonga bormoqchiman.	나는 우즈베크어를 배우러 우즈베키스탄에 갈 것이다.
=	=
Men o'zbek tilini o'rgan**ish uchun** O'zbekistonga bormoqchiman.	나는 우즈베크어를 배우기 위해 우즈베키스탄에 갈 것이다.

동사 어간에 -gani를 붙이면 '~하기 위해', '~하러'라는 목적을 의미한다. 이 대신에 '동명사 uchun' 형태로 사용해도 의미상 동일하다.

4.1. Misollarni o'qing. 예문을 읽으세요.

1) Singlim moda tarixini o'rgangani Fransiyaga bormoqchi.
2) Men Chorsuga bozor qilgani keldim.
3) Biz kecha ertalab gulzorga gul tergani bordik.
4) Ular atlas sotib olish uchun Marg'ilonga ketdilar.
5) Teleminoraga chiqqani Namsan tog'iga boramiz.

"A" mashqlar guruhi (연습문제 A)

1. Namunaga qarab bajaring. 예문처럼 완성하세요.

Namuna

(O'zbekistondan sotib oldim) ko'ylak
→ *O'zbekistondan sotib olgan ko'ylak*

1) (otam sovg'a qildi) soat

→

2) (Koreyada ishlab chiqarildi) mashina

→

3) (ertaga keladi) mehmon

→

4) (bozorda sotilyapti) mevalar

→

5) (har kuni yeydi) ovqat

→

2. Berilgan ifodalardan foydalanib, gaplarni yakunlang. 주어진 표현을 활용하여 문장을 완성하세요.

Namuna

O'g'ri bu –

→ *O'g'ri bu – narsa o'g'irlaydigan odam.*

rost gapirmoq tishni davolamoq	kasal bo'lmoq ~~narsa o'g'irlamoq~~	cholg'u asbobini chalmoq non yopmoq

1) Novvoy bu –

→

2) Musiqachi bu –

→

3) Bemor bu –

→

4) Tish doktori bu –

→

5) Yolg'onchi bu –

→

3. Namunaga qarab bajaring. 예문처럼 완성하세요.

Namuna

Erkin aka

→ *– Erkin aka kim?*

– Telefonda gaplashayotgan kishi – Erkin aka.

1) Malika

→

2) Anvar aka

→

3) Sardor

→

4) Sevara

→

4. Namunaga qarab bajaring. 예문처럼 완성하세요.

Namuna

atlas koʻylak (Shirin)

→ *Atlas koʻylak kiygan qiz – Shirin.*

1) yashil yubka (Iroda)

→

2) koʻzoynak (Seyun)

→

3) doʻppi (Hasan aka)

→

4) qizil galstuk (Sangmin)

→

5. Namunaga qarab bajaring. 예문처럼 완성하세요.

Namuna

Kitobni olib keldingizmi? (kecha men sizga berdim)

→ – *Kitobni olib keldingizmi?*

– *Qaysi kitobni?*

– *Kecha men sizga bergan kitobni-da.**

* 문장 끝의 "~ -da"는 처격 조사인 -da가 아니라, 문장 끝에 위치하여 " ~했잖아요, ~있잖아요."라는 의미를 만들어 준다. 즉, 이 문장에서는 "어제 내가 당신에게 준 책 있잖아요." 라는 뜻이 된다.

1) Do'stingiz bilan uchrashdingizmi? (kecha Amerikadan keldi)

→

2) So'zlarni yodladingizmi? (kecha darsda o'rgandik)

→

3) Rasmlaringizni ko'rsatasizmi? (boya oldingiz)

→

4) Suhbatga tayyormisiz? (ertaga bo'ladi)

→

6. **Namunaga qarab bajaring.** 예문처럼 완성하세요.

Namuna

men / kecha / "Oltin devor"spektakl / ko'rmoq

→ *Men kecha "Oltin devor" degan spektaklni ko'rdim.*

1) hozir / uka / "Oq kema" / kitob / o'qimoq

→

2) kecha / biz / birinchi marta / "halim" / ovqat / yemoq

→

3) ertaga / men / kursdoshlar / bilan / "To'ylar muborak" / film / tomosha qilmoq

→

4) o'tgan hafta / bizning kursimiz / Sarvar / talaba / kelmoq

→

7. Namunaga qarab bajaring. 예문처럼 완성하세요.

Namuna

Kecha biz kafega bordik.

→ *Kecha biz qahva ichgani kafega bordik.*

1) 2) 3) 4) 5)

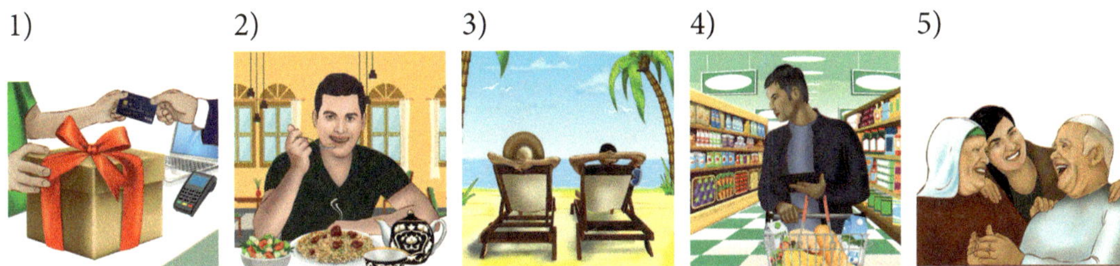

1) Sangmin savdo markaziga bormoqchi.

→

2) Men Osh markaziga ketyapman.

→

3) Havo issiq bo'lsa, dengizga boramiz.

→

4) Otam supermarketga keldilar.

→

5) Men kecha qishloqqa bordim.

→

8. **Namunaga qarab bajaring.** 예문처럼 완성하세요.

Namuna

dars qilmoq (kutubxona)

→ – *Dars qilgani qayerga bormoqchisiz?*

– *Dars qilgani kutubxonaga bormoqchiman.*

1) dam olmoq (Chimyon tog'i)

→

2) esdalik sovg'a sotib olmoq (Chorsu bozori)

→

3) kino ko'rmoq ("Bahor" kinoteatri)

→

4) lag'mon yemoq ("Anor" oshxonasi)

→

9. Namunaga qarab bajaring. 예문처럼 완성하세요.

Namuna

kutubxona (ijaraga kitob olmoq)

→ – *Kutubxonaga nima uchun bordingiz?*

– *Ijaraga kitob olish uchun bordim.*

1) novvoyxona (issiq non sotib olmoq)

→

2) Kirish, chiqish va fuqarolik boʻlimi (roʻyxatga turmoq)

→

3) Toshkent ("Nihol" koʻrik-tanlovida qatnashmoq)

→

4) stadion (musobaqani tomosha qilmoq)

→

10. **Namunaga qarab bajaring. Gapning mazmuniga qarab, qavsning ichidagi gapni oʻzgartiring.** 예문처럼 완성하세요. 문장의 의미에 맞게 괄호 안의 문장을 바꿔 쓰세요.

Namuna

konsert koʻrmoq * kim * bormoq (Xolam Buxorodan keldi.)

→ – *Konsert koʻrgani kim bilan bormoqchisiz?*

– *Konsert koʻrgani Buxorodan kelgan xolam bilan bormoqchiman.*

1) savdo markazi * nima * sotib olmoq * bormoq (Muzlatkich Koreyada ishlab chiqarildi.)

→

2) "Oʻzbekiston" mehmonxonasi * kim * uchrashmoq (Mutaxassis Amerikadan keldi.)

→

3) buva va buvini koʻrmoq * nimada * bormoq (Yangi mashina sotib oldim.)

→

4) golf oʻynamoq * qayerga *bormoq (Yangi golf maydoni ochildi.)

→

"B" mashqlar guruhi (연습문제 B)

1. Dialogni do'stingiz bilan mashq qiling. 친구와 함께 대화를 연습하세요.

A Kecha yozgan xatim qayerda?
B Stolning ustida.
A Rahmat.

1)	2)	3)	4)
kecha	ertaga	otamdan	dugonangizga
yozdim	topshiramiz	oldim	berasiz
xat	hisobot	pul	sovg'a

2. Dialogni do'stingiz bilan mashq qiling. 친구와 함께 대화를 연습하세요.

A Anavi kishi kim?
B Qaysi kishi?
A Havorang ko'ylak kiygan kishi.
B Aa-a... U kishimi? U kishi – Baxtiyor aka.
O'zbekiston milliy universitetida o'qituvchi bo'lib ishlaydi.

1)	2)	3)	4)
havorang	ko'zoynak	atlas	ko'k
ko'ylak	janob Kim	ko'ylak	kiyim
Baxtiyor aka	"Asaka"	Umida opa	doktor
O'zbekiston	degan	"G'uncha"	Komilov
milliy	zavodda	degan	"Nur"
universitetida	muhandis	bolalar	degan
o'qituvchi		bog'chasida	klinikada
		tarbiyachi	bosh
			shifokor

3. **Dialogni do'stingiz bilan mashq qiling.** 친구와 함께 대화를 연습하세요.

A Navro'z kuni nima qildingiz?

B Buvim va buvamni ko'rgani qishloqqa bordim.

A Yaxshi borib keldingizmi?

B Xudoga shukr, yaxshi borib keldim. Maza qildim.

1) Navro'z kuni
buvi va buvani
ko'rmoq
qishloq

2) dam olish kunlari
chang'i uchmoq
Chimyon tog'i

3) o'tgan hafta
Registon maydonini
ko'rmoq
Samarqand

4) kecha
musobaqada qatnashmoq
Toshkent

Audiomashqlar (듣기활동)

1. Tinglang va savollarga javob bering. 잘 듣고 질문에 대답하세요.

1) ____________________

2) ____________________

3) ____________________

4) ____________________

5) ____________________

2. Tinglang va to'g'ri javobga O belgisini, noto'g'ri javobga X belgisini qo'ying.

잘 듣고 정답에 **O** 표시를, 오답에 **X** 표시를 하세요.

1) ( )   2) ( )

O'qish (읽기활동)

Matnni o'qing. Berilgan gap to'g'ri bo'lsa, O belgisini, noto'g'ri bo'lsa, X belgisini qo'ying. 지문을 읽고, 주어진 문장이 옳으면 **O** 표시를, 틀리면 **X** 표시를 하세요.

O'tgan hafta men do'stlarim bilan dam olgani "Rohat" ko'liga bordim. U yerda maza qilib dam oldik. Men sizga o'sha kuni olgan rasmlarimdan ko'rsatmoqchiman. Mana qarang. Mana bu qizil futbolka kiygan qiz – mening eng yaqin dugonam Laziza. U sharbat ichib o'tiribdi. Mana bu ko'k ko'ylak kiygan yigitni taniysizmi? U bizning kursdoshimiz Alisher. U hozir gitara chalib "Yurak" degan ashulani aytyapti. Men esa unga jo'r bo'lyapman.

Mana bu qora ko'zoynak taqqan yigit esa Alisherning do'sti Sardor. U Lazizani sevadi, shuning uchun u ham keldi. Sardor bilan kabob pishirayotgan yigitning ismi – Mansur. Mana bu shlyapa kiygan qizni, menimcha, siz tanimaysiz. U bizning kursimizga yangi kelgan talaba. Juda ham chiroyli-a? U fransuz tiliga qiziqadi. Kelasi yozda fransuz tilini o'rganish uchun Parijga bormoqchi. Ko'lda suzayotgan yigitni ko'ryapsizmi? U Koreyadan kelgan talaba Sangmin. Sangmin – juda yaxshi sportchi.

Xullas, o'tgan hafta do'stlarim bilan birga maza qilib dam oldim. Kelasi shanba kuni hammamiz yaqinda ochilgan "Humo arena" muz saroyiga konki uchgani bormoqchimiz. Siz ham biz bilan borsangiz, yaxshi bo'lar edi.

1) Sharbat ichib o'tirgan qiz – Laziza. (   )

2) Qora ko'zoynak taqqan yigit – Alisher. (   )

3) Alisher Lazizani sevadi. (   )

4) Mansur va Sardor kabob pishirishyapti. (   )

5) Shlyapa kiygan qiz – Fransiyadan kelgan talaba. (   )

6) Kelasi shanba kuni do'stlar konki uchishadi. (   )

Qo'shimcha ma'lumotlar

KIYIM-KECHAK
의류

ko'ylak

erkaklar ko'ylagi

futbolka

kostyum-shim

forma

shim

jinsi shim

yubka

sviter

jemper

pijama

sharf

ro'mol

do'ppi

shapka

kepka

palto

kurtka

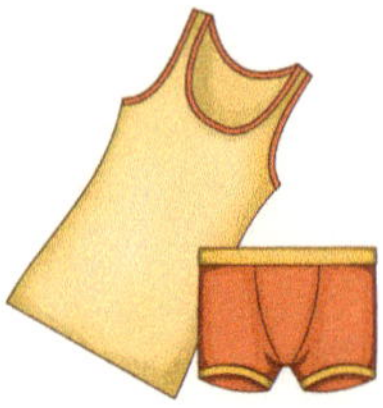

ichki kiyim

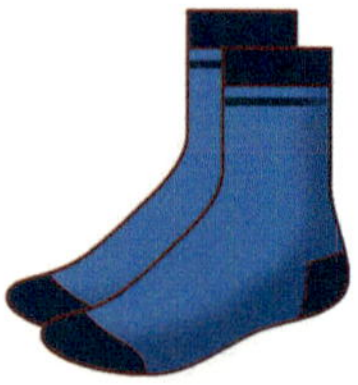

paypoq

kolgotka

galstuk

kamar / belbog‘

marjon

← zanjir

zirak→

← uzuk

taqinchoqlar

tufli

etik

krossovka

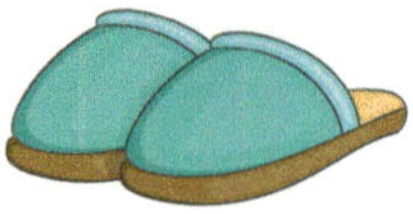

shippak

NUSXALAR

패턴

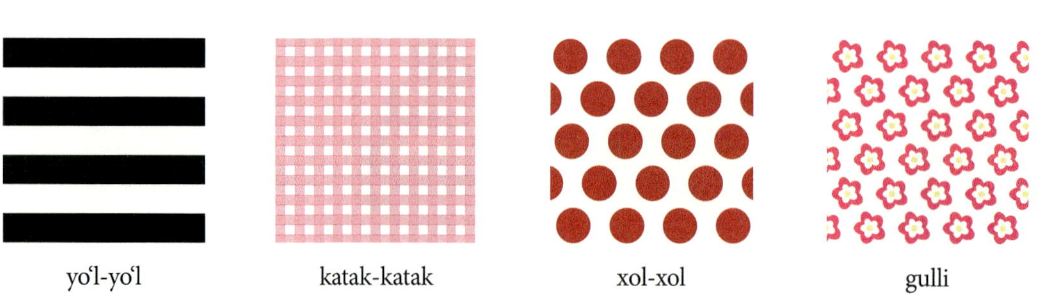

yo‘l-yo‘l

katak-katak

xol-xol

gulli

문화로 보는 우즈베키스탄

DO'PPI

Do'ppi – o'zbek xalqining milliy bosh kiyimi. O'zbeklar do'ppini oriyat ramzi deb biladilar, o'zbekchilikning bosh belgisi sifatida tushunadilar.

Do'ppi erkaklar va ayollarga mo'ljallangani bilan farq qiladi. Erkaklar do'ppisi odatda to'q rangli matodan tikiladi, ayollarning do'ppisi esa och rangli matolardan tikilib, turli gullar va munchoqlar bilan bezatiladi. Yoshi katta ayollar do'ppi kiymaydilar. Bundan tashqari, har bir hududning o'ziga xos do'ppisi bor. Bu do'ppilar o'zining naqshi, guli, rangi va bezaklari bilan bir-biridan farq qiladi. Chust, Andijon, Marg'ilon, Qo'qon, Toshkent, Buxoro, Shahrisabz do'ppilari dunyoga mashhur.

Do'ppidagi har bir naqsh va gulning o'z ma'nosi bor. Masalan, Farg'ona vodiysida tikiladigan erkaklar do'ppisidagi qalampirgul – poklik, salomatlik ramzi. Aytishlaricha, do'ppining to'rt tomoniga tushirilgan aynan shu naqsh do'ppi egasining salomatligini asrar emish. Do'ppining kizak qismiga tushirilgan yarim aylana shaklidagi bezaklar esa ahillik, oiladagi qut-baraka ramzi hisoblanadi.

Bundan tashqari, qadimda uyga kelgan mehmonga do'ppi sovg'a qilish urf bo'lgan.

Sovg'a berilayotganda "Aziz boshingiz omon bo'lsin!" deb aytilishi bejiz emas. Do'ppi inson salomatligi uchun ham juda foydalidir. Do'ppi boshni qishda sovuqdan, yozda jazirama oftobning nurlaridan saqlaydi.

Do'ppi는 우즈베크 민족의 전통 모자이다. 우즈베크인은 do'ppi를 영광의 상징으로 여기며, 우즈베크인을 상징하는 가장 첫 번째 표식으로 여긴다.

Do'ppi는 남성용과 여성용이 구별된다. 남성들의 do'ppi는 보통 어두운 색의 천으로 만든다. 반면 여성들의 do'ppi는 밝은 색의 직물을 사용하며 다양한 꽃과 구슬로 장식한다. 나이가 든 여성들은 do'ppi를 쓰지 않는다. 이 밖에도 각 지역만의 독특한 do'ppi가 있다. 이 do'ppi들은 각각의 무늬, 꽃, 색 및 장식으로 서로 구별된다. Chust, Andijon, Marg'ilon, Qo'qon, Toshkent, Buxoro, Shahrisabz 의 do'ppi는 세계적으로도 유명하다.

Do'ppi에 있는 무늬와 꽃은 저마다의 의미가 있다. 예를 들어, Farg'ona 지역의 남성용 do'ppi에는 순결과 건강의 상징으로 고추가 그려져 있다. 사람들은 do'ppi의 4면에 그려진 이 무늬는 do'ppi 주인의 건강을 지켜준다고 믿는다. Do'ppi의 옆 부분에 반원 모양 장식은 화합과 가족의 축복을 상징한다.

이 밖에도 옛날에는 집에 온 손님에게 do'ppi를 선물하는 풍습이 있었다. 선물을 주면서 상대에게 "건강하세요."라는 기원을 전했다. Do'ppi는 사람의 건강에도 매우 유용하다. Do'ppi는 겨울에는 추위로부터, 여름에는 뜨거운 태양 빛으로부터 머리를 보호해준다.

QAYDLAR UCHUN

9-DARS

YOMG'IR YOG'SA HAM, FUTBOL O'YNAYMIZ

우리는 비가 와도 축구할 것입니다

Darsning maqsadi (학습목표)

- Bir harakatning bajarilishiga ikkinchi harakat yoki holatning to'siq bo'la olmasligini ifodalash
  어떤 행동을 하는 데 있어서 다른 변수가 방해가 되지 않음을 설명하기
- *uchun* ko'makchisi orqali maqsadni ifodalash
  후치사 *uchun*를 사용하여 목적을 표현하기
- Maslahat berish 조언하기

Kirish savollari (도입질문)

1. Odamning puli ko'p bo'lmasa ham, baxtli bo'lishi mumkinmi?
   사람에게 돈이 많지 않더라도 행복할 수 있을까요?
2. O'zbek tilini o'rganish qiyin bo'lsa ham, o'rganishni davom ettirmoqchimisiz?
   우즈베크어를 배우는 것이 어려움에도 불구하고 배우는 것을 계속할 건가요?
3. Siz qattiq charchasangiz ham, uydagi hamma ishlarni qilib, keyin uxlaysizmi?
   무척 피곤하더라도 집에 있는 모든 일들을 끝내고 나서 주무시나요?

Yangi so'zlar (새로운 단어)

borsh (~ ichmoq)	보르쉬(러시아 스프)(~먹다)
imkoniyat	가능성
hamyon	지갑
javon	찬장, 책장
jenshen	인삼
jenshen ekstrakti	인삼 추출액
limonli choy	레몬차
C vitamini	비타민 C
maqol	속담
malina (~li choy)	라즈베리 (~ 티)
maosh (=oylik)	월급
marra	결승선
narx	가격
novvot	너벗 (우즈벡 사탕)
umr	삶
yaqinlar	친한 사람들
shamol (~ esmoq)	바람이 불다
axtarmoq (=qidirmoq)	찾다
bajarmoq (uy vazifasini ~)	(과제) 하다, (일) 수행하다
bitirmoq (-ni ~)	끝내다
buyurtma bermoq (-ga ~)	주문하다

ishlatmoq (-ni ~)	사용하다
maslahatlashmoq (bilan ~)	상의, 상담하다
paraplanda uchmoq	패러글라이딩하다
parashyutda uchmoq	낙하산을 타다
pul topmoq	돈을 벌다
qalin kiyinmoq	두껍게 입다
suhbatlashmoq (bilan ~)	이야기하다
tejamoq	절약하다, 아끼다
tirishmoq	노력하다
to'ymoq	배부르다
umr ko'rmoq	살다
unutmoq	잊다, 까먹다
uyqu kelmoq	잠이 오다
uyquga to'ymoq	충분히 자다
uzoq umr ko'rmoq	장수하다
xafa bo'lmoq (-dan ~)	슬프다
yoqilmoq	(불, 전기 등) 켜지다
o'zgartirmoq	바꾸다
tirband	붐비는
yaxshilab	잘
ish bilan	업무로, 출장 차
yetarlicha	충분히

bir bor	한 번
baribir	그럼에도, 어쨌든
sira	아예
o'z	자기, 자신
o'zim	나 자신
Charchagan ko'rinasiz?	피곤해 보이시네요?
Xafa ko'rinasiz?	슬퍼 보이세요?
Tinchlikmi?	무슨 일이에요?
Qornim to'ydi.	배불러요.
Qornim to'ymadi.	배 안 불러요.
Eshitganmisiz?	들은 적이 있어요?
Yaxshilab o'ylab ko'rishingiz kerak.	잘 생각해 보세요

Navoiy shahri	나보이 도시
O'zbeklarda "O'z uyim – o'lan to'shagim" degan maqol bor.	우즈벡인들에게 "내 집이란 - 내가 죽을 자리"라는 속담이 있다.

Grammatika (문법)

1 V-sa ham, ~ (...하더라도)
V-sa-da, ~ (...함에도 불구하고)

Ertaga havo yomon bo'lsa ham, biz futbol o'ynaymiz.	내일 날씨가 나쁘더라도 우리는 축구를 할 것이다.

Kim	qanday bo'lsa nima qilsa nima qilgan bo'lsa			ham, ~ -da, ~
Men	kasal bo'l + Xitoyga borma + charchagan bo'l +	sa +	m	ham, ~ -da, ~
Sen			ng	
Siz			ngiz	
U				
Biz			k	
Sizlar			ngiz (laring)	
Ular			(lar)	

가정법 '-sa ham(da)'는 '~하더라도' 혹은 '~함에도 불구하고'라는 의미를 나타낸다. 현재 또는 과거 시제 표현은 다음의 형태로 가능하다.

현재 시제의 경우,
1) '형용사 + bo'lmoq'의 경우는 -sam, -sang, -sa, -sak, -sangiz, -salar로
2) 동사는 '동사 어간 + -sam, -sang, -sa, -sak, -sangiz, -salar'를 붙이면 된다.

과거 시제는 '동사 어간-gan bo'lsam, bo'lsang, bo'lsa, bo'lsak, bo'lsangiz, bo'lsalar,'의 형태로 표현한다. 예를 들어, "나는 어제 몹시 피곤했음에도 불구하고 잠을 잘 수 없었다."는 "Men kecha qattiq charchagan bo'lsam ham, uxlay olmadim."라고 표현할 수 있다.

1.1. Misollarni o'qing. 예문을 읽으세요.

1) Siz kasal bo'lsangiz ham, ishga keldingizmi?
2) Havo bulutli bo'lsa-da, yomg'ir yog'madi.
3) Mana bu ko'ylak menga juda yoqdi. Qimmat bo'lsa ham, uni sotib olaman.
4) Havo yomon bo'lsa-da, biz hayvonot bog'iga bordik.
5) Sizlar gapirmasangiz ham, men gapiraman.
6) Qor yog'gan bo'lsa-da, havo iliq edi.
7) Tug'ilgan kunimni unutsang ham, men sendan xafa bo'lmayman.
8) Men kecha qattiq charchagan bo'lsam ham, uxlay olmadim.
9) Lola darsga qatnasha olmagan bo 'lsa ham, uy vazifalarini bajarib keldi.

2 | Qancha V-sam ham, (baribir) ~ (아무리 ...하더라도 (역시나, 결국)

Qancha ovqat ye**sam ham**, to'ymayapman.	아무리 많이 먹어도 배가 부르지 않는다.
Qancha tez yugur**sam-da**, marraga birinchi yetib kela olmadim.	아무리 빨리 뛰어도 결승선에 1등으로 도착하지 못했다.

'아무리 ~ 해도 ~ 하지 않다', '~ 하지 못한다'로 의미상 주로 부정형으로 사용된다. ham 대신 da를 사용 가능하며, baribir는 생략 가능하다.

2.1. Misollarni o'qing. 예문을 읽으세요.

1) Pasportimni qancha axtarsam ham, topa olmayapman.
2) Bu matnni qancha o'qisam ham, baribir, tushuna olmayapman.
3) Qancha kutsam ham, hech kim kelmadi.
4) Erta turgan bo'lsam-da, kechqurun sira uyqum kelmadi.
5) Akam qancha tirishsa-da, oza olmayapti.

3 | V-(i)sh uchun (...하기 위해) V-maslik uchun (...하지 않기 위해)

Sog'lom bo'**lish uchun** sport bilan shug'ullanish kerak.	건강하기 위해 운동을 해야 한다.

동사를 동명사화할 때, 긍정형으로 동명사화는 '동사 어간 + (i)sh', 부정형으로는 '동사 어간 + maslik'을 붙인다. 여기에 후치사 uchun이 오면 각각 '~하기 위해', '~하지 않기 위해'가 된다.

3.1. **Misollarni o'qing.** 예문을 읽으세요.

1) Sog'lom bo'lish uchun ko'proq meva va sabzavotlarni yeng.
2) O'zbek tilida yaxshi gapirish uchun o'zbeklar bilan ko'proq suhbatlashish kerak.
3) Telefonda balansingizni tekshirish uchun #102* ni terishingiz kerak.
4) Yaxshi baho olish uchun astoydil o'qidim.
5) Boy bo'lish uchun nima qilish kerak?
6) Kasal bo'lmaslik uchun yetarlicha uxlashingiz kerak.

4 | V-(i)b ko'rmoq (...해 보다, 시도해 보다)

Mana bu choyni ich**ib ko'ring.**	여기 이 차를 마셔 보세요.

동사가 2개 나란히 올 때, 첫 번째 동사 어간에 -(i)b를 붙이고 ko'rmoq을 쓰면 첫 번째 동사를 '시도해 보다', '경험해 보다'라는 의미를 만들어 줄 수 있다. yeb ko'rmoq(먹어 보다), o'ylab ko'rmoq (생각해 보다), maslahatlashib ko'rmoq(상담해 보다) 등과 같은 표현이 가능하다.

4.1. Misollarni o'qing. 예문을 읽으세요.

1) Men mana bu ko'ylakni kiyib ko'rmoqchiman.
2) O'zbekistonga borsangiz, albatta, palov yeb ko'ring.
3) **A** Qancha sport bilan shug'ullansam ham, ozmayapman.
   B Unda shifokor bilan maslahatlashib ko'ring.
4) **A** Men ishdan bo'shab, o'zim biznes ochmoqchiman.
   B Menimcha, yaxshilab o'ylab ko'rishingiz kerak.

5 | V-sangiz-chi? (...해 보지요?, ...해 보는 건 어떨까요?)

A	Shamollab qoldim, shekilli. Burnim oqyapti.	**A**	감기에 걸린 것 같아요 콧물이 흐르네요.
B	Limonli choy ichib ko'r**sangiz-chi**?	**B**	레몬차를 드셔 보시지요?

'V-sangiz-chi?(~해 보지요?)'는 상대방에게 어떤 일이나 행동을 권하거나, 추천할 때 사용할 수 있다.

5.1. Misollarni o'qing. 예문을 읽으세요.

1) **A** Bu xatni o'qiy olmayapman.
   B Mening ko'zoynagimni taqib ko'rsangiz-chi?
2) **A** 3 kundan beri mening mazam yo'q. Boshim og'riyapti.
   B Shifoxonaga borib ko'rsangiz-chi?
3) **A** Men bu oshxonadagi ovqatlarni bilmayman.
   B Men ham.
   A Unda mana bu "halim" degan ovqatni buyursak-chi?

"A" mashqlar guruhi (연습문제 A)

1. Namunaga qarab bajaring. 예문처럼 완성하세요.

Namuna

qattiq gapirmoq * u yaxshi eshitmaydi

→ *Qattiq gapirsam ham, u yaxshi eshitmaydi.*

1) yangi soʻzlarni yaxshi yodlamoq * tez esimdan chiqadi

→ ______________________

2) lugʻatga qarab oʻqimoq * tushuna olmayapman

→ ______________________

3) tugmachani bosmoq * kompyuter yoqilmayapti

→ ______________________

4) charchagan boʻlmoq * uyqum kelmayapti

→ ______________________

5) ukam imtihonga yaxshi tayyorlanmoq * yiqildi

→ ______________________

6) yoʻllar tirband boʻlmoq * ishga vaqtida yetib keldik

→ ______________________

2. Namunaga qarab bajaring. Kerakli joyda shart maylining bo'lishsiz shaklidan foydalaning. 예문처럼 완성하세요. 필요한 곳에 가정법 부정형을 사용하세요.

1-namuna

bu mashina arzon * sotib olmayman

→ *Bu mashina arzon bo'lsa ham, sotib olmayman.*

2-namuna

band * ertaga gaplashamiz

→ *Band bo'lsangiz, ertaga gaplashamiz.*

1) uyqu kelmoq * hisobotni tugatishim kerak

→

2) yomg'ir yog'moq * hech qayerga bormaymiz

→

3) raqsga yaxshi tusha olmoq * do'stimning to'yida raqsga tushdim

→

4) kasal bo'lmoq * shifoxonaga boraman

→

5) uyqu dorisini ichmoq * uxlay olmayapman

→

3. Namunaga qarab bajaring. 예문처럼 완성하세요.

1-namuna

Bu mashina sizga yoqsa, sotib olasizmi?

→ *Yo'q, yoqsa ham, sotib olmayman.*

2-namuna

Bu paltoning narxi qimmat bo'lsa ham, sotib olasizmi?

→ *Yo'q, qimmat bo'lsa, sotib olmayman.*

1) Bo'sh vaqtingiz bo'lsa, kinoga borasizmi?

→

2) Imkoniyatingiz bo'lsa, chet elda yashagingiz keladimi?

→

3) Maoshi kam bo'lsa ham, ishga kirasizmi?

→

4) Mazangiz yo'q bo'lsa ham, darsga borasizmi?

→

4. Quyidagi gaplarni to'ldiring. 아래 문장의 빈칸을 채우세요.

1) ________________________, ukam imtihondan yaxshi o'tdi.

2) ________________________, hech narsa yeya olmadim.

3) ________________________, ular juda ham baxtli.

4) ________________________, Anna paltosini kiymadi.

5. **Namunaga qarab bajaring.** 예문처럼 완성하세요.

Namuna

Charchagan ko'rinasiz? (uxlamoq * uyquga to'ymoq)

→ *Qancha uxlasam ham, uyquga to'ymadim.*

1) Bu matnni yana bir bor eshitib ko'ring. Endi tushundingizmi? (eshitmoq * tushunmoq)

→

2) Qorningiz to'ydimi? (yemoq * to'ymoq)

→

3) Do'stingiz imtihondan o'tdimi? (tayyorlanmoq * imtihondan o'tmoq)

→

4) Malikaga qo'ng'iroq qildilaringmi? (qo'ng'iroq qilmoq * javob bermoq)

→

6. Namunaga qarab bajaring. 예문처럼 완성하세요.

Namuna

uy vazifasini bajarmoq

→ *Qancha harakat qilsam ham, baribir, uy vazifasini bajara olmayapman.*

1) ozmoq

2) tushunmoq

3) pul to'plamoq

4) tuzalmoq

1) → ______

2) → ______

3) → ______

4) → ______

7. Namunaga qarab bajaring. Kerakli joyda shart maylining bo'lishsiz shaklidan foydalaning. 예문처럼 완성하세요. 필요한 곳에 가정법 부정형을 사용하세요.

Namuna

shifoxonaga yotdim

→ *Men davolanish uchun shifoxonaga yotdim.*

1) bankka boraman

2) pul to'playapman

3) Ispaniyaga bormoqchiman

4) qalin kiyindim

1) →

2) →

3) →

4) →

8. Namunaga qarab bajaring. Kerakli joyda harakat nomining bo'lishsizlik shaklidan foydalaning. 예문처럼 완성하세요. 필요하다면 동명사의 부정형 형태를 활용하세요.

Namuna

sog'lom bo'lmoq * sport bilan shug'ullanmoq

→ *Sog'lom bo'lish uchun sport bilan shug'ullanish kerak.*

1) aqlli bo'lmoq * ko'p kitob o'qimoq

→

2) telefonda balansni tekshirmoq * #102* ni termoq

→

3) imtihondan o'tmoq * astoydil o'qimoq

→

4) ishga kirmoq * ingliz tilini yaxshi bilmoq

→

5) uzoq umr ko'rmoq * ko'p kulmoq

→

6) kasal bo'lmoq * vaqtida ovqatlanmoq va yaxshi uxlamoq

→

9. Namunaga qarab bajaring. 예문처럼 완성하세요.

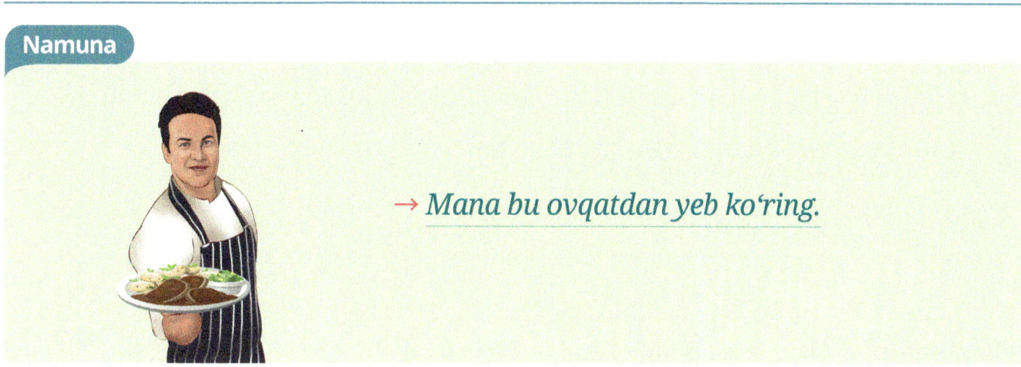

1) → ______________________

2) → ______________________

3) → ______________________

4) → ______________________

10. Namunaga qarab bajaring. 예문처럼 완성하세요.

Namuna

sport bilan shug'ullanmoq * semirib ketmoq / shifokor bilan maslahatlashmoq

→ – *Qancha sport bilan shug'ullansam ham, semirib ketyapman.*

– *Shifokor bilan maslahatlashsangiz-chi?*

1) ko'p ishlamoq * kam pul olmoq / ishni o'zgartirmoq

→

2) qahva ichmoq * uyqu kelmoq / salqin dush qabul qilmoq

→

3) o'qimoq * tushuna olmoq / o'qituvchidan so'ramoq

→

4) ko'p pul topmoq * bir oyga yetmoq / pulni tejab ishlatmoq

→

"B" mashqlar guruhi (연습문제 B)

1. Dialogni do'stingiz bilan mashq qiling. 친구와 함께 대화를 연습하세요.

A Kelasi hafta futbol o'ynaymiz-a? Yomg'ir yog'sa ham, o'ynaymizmi?

B Yo'q, yomg'ir yog'sa, o'ynamaymiz.

A Tushunarli. Yomg'ir yog'masa, yaxshi bo'lar edi.

1) futbol o'ynamoq yomg'ir yog'moq

2) tog'ga chiqamiz qor yog'moq

3) paraplanda uchamiz shamol esmoq

4) dengizga boramiz havo sovuq bo'lmoq

2. Dialogni do'stingiz bilan mashq qiling. 친구와 함께 대화를 연습하세요.

A Xafa ko'rinasiz? Tinchlikmi?

B O'tgan hafta sotib olgan hamyonimni topa olmayapman.

A Uyingizni yaxshilab qaradingizmi?

B Ha, albatta. Hamma joyni qaradim. Lekin qancha qidirsam ham, baribir, topa olmayapman.

1) o'tgan hafta sotib oldim / hamyon uy

2) onam sovg'a qildi /uzuk javon

3) kecha oldim / oylik sumka

4) kecha siz berdingiz / daftar stolingizning usti

3. Dialogni do'stingiz bilan mashq qiling. 친구와 함께 대화를 연습하세요.

A Sizga nima bo'ldi? Charchagan ko'rinasiz?

B Shu kunlarda qattiq charchadim.

A Ta'tilga chiqsangiz-chi?

B Ilojim yo'q. Ishxonada hozir ish juda ko'p.

A Unda jenshen ekstraktini ichib ko'ring.
Sog'liq uchun juda foydali.

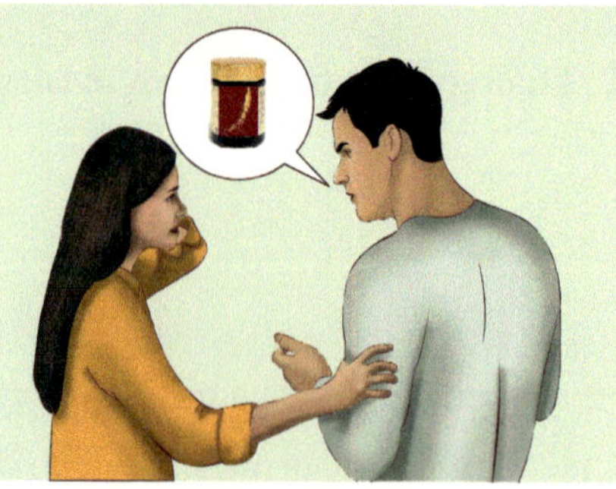

1) shu kunlarda
qattiq
charchamoq
ta'tilga chiqmoq
ishxonada ish
juda ko'p
jenshen
ekstrakti

2) shamollab
qolmoq
uyda dam olmoq
ertaga imtihon
bor
C vitamini

3) qorni og'rimoq
shifoxonaga
bormoq
bugun muhim
uchrashuv bor
novvot choy

Audiomashqlar (듣기활동)

1. Tinglang va savollarga javob bering. 잘 듣고 질문에 대답하세요.

1) ______________________________

2) ______________________________

3) ______________________________

4) ______________________________

2. Tinglang va to'g'ri javobga O belgisini, noto'g'ri javobga X belgisini qo'ying.
잘 듣고 정답에 **O** 표시를, 오답에 **X** 표시를 하세요.

1) ( ) 2) ( ) 3) ( )

O'qish (읽기활동)

Matnni o'qing. Berilgan gap to'g'ri bo'lsa, O belgisini, noto'g'ri bo'lsa, X belgisini qo'ying. 지문을 읽고, 주어진 문장이 옳으면 **O** 표시를, 틀리면 **X** 표시를 하세요.

Mening ismim – Sardor. Men katta kompaniyada menejer bo'lib ishlayman. Uch kundan beri men ish bilan Navoiy shahridaman. Men bu shaharga oldin kelmagan bo'lsam ham, u haqida do'stlarimdan ko'p eshitgan edim. Bugun ham kuni bo'yi ko'p ishlab, kechqurun mehmonxonaga qaytdim. Qattiq charchagan bo'lsam ham, Lazizaga telefon qildim. Lekin qancha telefon qilsam ham, Laziza javob bermadi. U uxlayapti, shekilli. Chunki hozir yarim tun. Men Lazizani juda sog'indim. Ertaga tezroq ishlarimni bitirib, Toshkentga qaytmoqchiman. Navoiy juda chiroyli shahar bo'lsa ham, menga Toshkent ko'proq yoqadi. Chunki hamma yaqinlarim o'sha yerda. O'zbeklarda "O'z uyim – o'lan to'shagim" degan maqol bor. Eshitganmisiz? Eh-h... Tezroq uyga qaytsam, yaxshi bo'lar edi.

1) Sardor Navoiy shahrida yashaydi. ( )

2) Navoiy shahrida Sardorning do'stlari ko'p. ( )

3) Bugun u juda qattiq charchadi. ( )

4) Sardor Laziza bilan telefonda gaplashdi. ( )

5) Sardorning Toshkentga tezroq qaytgisi kelyapti. ( )

문화로 보는 우즈베키스탄

O'zbekiston

Novvot

Novvot – o'zbek xalqi sevib iste'mol qiladigan shirinlik turi. Novvot ko'rinishidan rangsiz yoki sarg'ish tusli yirik kristallarni eslatadi. Novvot tabiiy mahsulot bo'lib, uzum sharbati va shakardan tayyorlanadi. Odatda novvot choyga solib ichiladi. Novvot shunchaki shirinlik bo'libgina qolmay, o'zining shifobaxsh xususiyatlari bilan ham dovrug' taratgan. Mahalliy aholi qorin og'riganda, sovqotganda, kamqonlik, quvvatsizlik, jigar, asab kasalliklari kuzatilganida novvot choy iste'mol qilishni tavsiya etadi. Novvotni O'zbekiston bozorlaridan, do'konlaridan sotib olish mumkin.

Novvot은 우즈베크 민족이 즐겨 먹는 단 음식 중 하나이다. Novvot의 모습은 무색 또는 연한 황색을 띤 큰 크리스탈을 연상하게 된다. Novvot는 천연 재료로 만든 것으로, 포도 주스나 설탕으로 만든다. 보통 novvot은 차에 넣어 마신다. Novvot은 그저 단순한 단맛을 가진 음식일 뿐만 아니라 이것이 가진 치유력으로도 유명하다. 우즈베크인들은 배가 아플 때, 추위에 떨었을 때, 빈혈, 무기력증, 신장 혹은 신경질환이 있을 때 novvot 차 마시기를 권한다. Novvot는 우즈베키스탄 내 시장과 상점에서 구입할 수 있다.

QAYDLAR UCHUN

QAYDLAR UCHUN

10-DARS MEN XIVAGA BORGANMAN

나는 히바에 간 적이 있다

Darsning maqsadi (학습목표)

- Hayotiy tajribasi haqida gapirish 삶의 경험에 대해 이야기하기
- *-gina, xolos* yuklamalaridan to'g'ri foydalana bilish
  *-gina, xolos*를 적절하게 활용하기
- Suhbat, fikr obyektini ifodalash (*haqida* ko'makchisi)
  대화, 생각에 대하여 *haqida* 사용하여 표현하기
- Bo'lishsizlik olmoshlarini to'g'ri ishlata bilish 부정명사 활용하기

Kirish savollari (도입질문)

1. O'zbek to'ylariga borganmisiz?
   우즈베크인들의 잔치에 가본 적 있나요?
2. Mashhur kishilar bilan uchrashganmisiz?
   유명한 사람과 만나본 적 있나요?
3. Do'stlaringiz bilan nima haqida suhbatlashishni yaxshi ko'rasiz?
   당신의 친구와 함께 무엇에 대해 대화하는 것을 좋아하나요?
4. O'zbek do'stlaringizga yurtingiz haqida nimalarni gapirib berasiz?
   우즈베크인 친구에게 당신의 나라에 대해 무엇을 이야기해줄 건가요?

Yangi so'zlar (새로운 단어)

ayron	아이런(우유로 만든 발효 음료)
boshlovchi	사회자, 선도자
dasturxon	식탁
ekologiya	생태, 환경
kelin-kuyov	신랑과 신부
kosmetika	화장품
maqola	기사
muhabbat	사랑
nikoh	결혼
nikoh to'yi	결혼식
noz-ne'mat	음식, 먹을 것
parhez (~ qilmoq)	다이어트, 식이요법
pishiriq	우즈벡식 튀긴 과자
salat	샐러드
qarz	빚
qurut	쿠르트 (우유를 발효시킨 과자)
raqqosa	무용가, 무희, 댄서
siyosat	정치
stipendiya	장학금

suyunchi	기쁜 소식을 전할 때 받는 돈
tilak	소원
xonanda (=qo'shiqchi)	가수
berilmoq	주어지다 (bermoq 수동태)
gapirilmoq	말해지다 (gapirmoq의 수동태)
kredit olmoq	대출을 받다
qarzga pul berib turmoq	돈을 빌려주다
qarzga pul olmoq (-dan ~)	돈을 빌리다
qo'yilmoq	넣어지다
sevgi izhor qilmoq (-ga ~)	고백하다
soatbay ishlamoq	아르바이트로 일하다
suhbatdan o'tmoq	면접을 보다
tabriklamoq (-ni N bilan ~)	축하하다
tilak (~ aytmoq)	소원(~ 빌다)
xarid qilmoq	구매하다
xush ko'rmoq (-ni ~)	좋아하다, 잘 받다

hech kim	아무도, 어느 누구도
hech narsa	아무것도, 그 어떤 것도
hech qachon	결코, 그 언제도, 한 번도
hech qayerga	아무 데도, 그 어느 곳으로도
hech qayerda	아무 데도, 그 어느 곳에도
bir marta ham	단 한 번도
bir martagina	딱 한 번만
xolos	뿐이다
birinchi kelishim	(나의) 첫 방문 (=처음 온 거예요.)
maxsus	특별한
ertadan	내일부터
qisqacha	짧게

kamida	적어도
-dan ortiq	~보다 많은
Qani , ~	어서 ,~
Qornim och.	배가 고파.
O‘zimni zo‘rg‘a ushlab turibman.	겨우 참고 있어요.
Mana bu – boshqa gap.	이것은 다른 이야기이다.
Nima qilsam ekan-a?	어떻게 하면 될까요?
To‘g‘ri aytasiz.	네 맞는 말씀이세요.
Xizr buva	소원을 이뤄주는 할아버지

Grammatika (문법)

1 V-ganman (tajriba) (...한 적이 있다(경험))

Men Buxoroga borganman.	나는 부하라에 간 적이 있습니다.
Men ot minib ko'rganman.	나는 말을 타본 적이 있어요..

동사 어간에 -gan이 온 후 인칭어미를 붙여서 서술어로 쓰일 경우 '~한 적이 있다'라는 경험의 의미가 포함된다.

1.1. **Misollarni o'qing.** 예문을 읽으세요.

1) A Buxoroda bo'lganmisiz?
   B Ha, ikki marta bo'lganman.
2) A Registon maydonini ko'rganmisiz?
   B Ha, ko'rganman.
3) A Halim yeb ko'rganmisiz?
   B Yo'q, yeb ko'rmaganman.
4) A O'zbeklarning nikoh to'ylariga borganmisiz?
   B B: Ha, ko'p borganman.
5) A Hech stipendiya olganmisiz?
   B Ha, albatta, olganman. O'zbekiston universitetlarida har oy talabalarga stipendiya beriladi. A'lo baholarga o'qisangiz, eng katta stipendiyani olasiz.

2 | N-gina (명사/형용사에 붙여) 오직, 다만)
~, xolos (오직, 다만 (문장 끝에서))

두 용법이 서로 비슷하나 사용하는 규칙이 다름에 유의하자. -gina의 경우 명사, 형용사에 붙여서 사용하며, 예문은 다음과 같다.
예) Men Jeju oroliga bir martagina borganman. 나는 제주도에 딱 한 번 가봤다.

xolos는 -gina와 의미는 같으나 완결된 문장 끝에 첨언하여 사용한다.
예) Men Jeju oroliga bir marta borganman, xolos. 나는 제주도에 오직 한 번 가봤을 뿐이다.

2.1. **Misollarni o'qing.** 예문을 읽으세요.

1) Men Toshkent metrosiga ikki martagina tushganman.
2) Iltimos, meni bir martagina kechiring.
3) Menda 10 000 so'mgina qoldi.
4) Ziyofatga uch kishi keldi, xolos.
5) Qornim juda och. Ertalab qahva ichdim, xolos.

3 | haqida/to'g'risida (..에 대하여, ...에 관하여)

Men siz **haqingizda** ko'p eshitganman. 나는 당신에 대해서 많이 들어봤습니다.

Kim	haqida?		
Men	haqi + to'g'ri+	m +	da
Sen		ng +	
Siz		ngiz +	
U		-	
Biz		miz +	
Sizlar		ngiz +	
Ular		-	

haq에 소유형어미를 붙여서 haqimda(나에 대하여), haqingda(너에 대하여), haqida(그/그녀/그것에 대하여), haqimizda(우리에 대하여), haqingizda(당신에 대하여), haqida(그들에 대하여) 등으로 언어, 사고 활동(eshitmoq, o'ylamoq, gapirmoq, bilmoq 등)의 대상을 표현할 수 있다. haq 대신에 to'g'ri 를 사용하여 소유형 어미를 붙여도 동일한 의미로 표현 가능하다.

3.1. **Misollarni o'qing**. 예문을 읽으세요.

1) Ota-onam doim men haqimda o'ylaydilar.
2) Siz Chisumisiz? Men siz haqingizda ko'p eshitganman.
3) Siz Xizr Buva haqida hech eshitganmisiz?
4) Kecha Malika biz to'g'rimizda gapirdi.
5) Sizlar haqingizda men hech narsa bilmayman.
6) Shu kunlarda ekologiya to'g'risida ko'p gapirilyapti.
7) Bu maqola siyosat to'g'risida.
8) Men muhabbat to'g'risidagi filmlarni sevib tomosha qilaman.

4 | Bo'lishsizlik olmoshlarining qo'llanishi (부정 대명사)

Xonada **hech kim yo'q**.	방에 아무도 없다.
Men **hech qachon** parashyutda uch**ma**ganman.	나는 단 한 번도 낙하산을 타본 적이 없다.

우즈베크어에서 '단 한 번도 ~하지 않았다', '그 누구도 ~하지 않았다'와 같은 전체부정을 나타내는 방법으로는 hech에 대명사나 의문사를 붙이고 부정표현의 서술어를 사용한다.
hech 다음에 kim(누구), narsa(무엇), qachon(언제), qayer(어디) 등이 올 수 있다.

4.1. Misollarni o'qing. 예문을 읽으세요.

1) Men bu yerda hech kimni tanimayman.
2) Darsxonada hech kim yo'q.
3) Iltimos, bu haqida hech kimga aytmang.
4) U hech narsa yemadi.
5) Men hech narsani tushunmayapman.
6) Biz uni hech qachon ko'rmaganmiz.

"A" mashqlar guruhi (연습문제 A)

1. Namunaga qarab bajaring. 예문처럼 완성하세요.

1-namuna

lag'mon yemoq

lag'mon yemoq

→ *Men lag'mon yeb ko'rganman.*

2-namuna

tort pishirmoq

tort pishirmoq

→ *Men tort pishirib ko'rmaganman.*

1)

mashina haydamoq

2)

parashyutda uchmoq

3)

soatbay ishlamoq

4)

qurut yemoq

1) →

2) →

3) →

4) →

2. Namunaga qarab bajaring. 예문처럼 완성하세요.

Namuna

o'zbekcha ashula eshitmoq (ha)

→ – *O'zbekcha ashula eshitganmisiz?*

– *Ha, eshitganman.*

1) o'zbeklarning uyiga mehmonga bormoq (ha, ko'p)

→

2) Alisher Navoiy teatriga bormoq (yo'q, hech qachon)

→

3) sevgi izhor qilmoq (ha)

→

4) Toshkent metrosiga tushmoq (yo'q, bir marta ham)

→

5) Biror kishiga qarzga pul berib turmoq (ha)

→

6) Biror kishidan qarzga pul olmoq (yo'q, bir so'm ham)

→

7) Bankdan kredit olmoq (ha, bir martagina)

→

8) Hech suyunchi olmoq (yo'q, hech qachon)

→

3. Namunaga qarab bajaring. 예문처럼 완성하세요.

Namuna

Pulingiz bormi? (10 000 so'm)

→ *10 000 so'm pulim bor, xolos.*

1) Qahva ichgani vaqtingiz bormi? (15 minut vaqt)

→

2) Charchagan ko'rinasiz. Kechasi yaxshi uxladingizmi? (2 soat)

→

3) Ruschada ham yaxshi gapira olasizmi? ("Spasibo" so'zini bilmoq)

→

4) Qaysi xorijiy mamlakatlarda bo'lgansiz? (Xitoy)

→

5) Samarqandga ko'p borganmisiz? (ikki marta)

→

6) Parashyutda uchib ko'rganmisiz? (bir marta)

→

4. Namunaga qarab bajaring. 예문처럼 완성하세요.

Namuna

Men / kecha / sen / haqida / oʻylamoq

→ – *Men kecha sen haqingda oʻyladim.*

– *Kim haqida? Men haqimdami?*

– *Ha, sen haqingda.*

1) u / doim / men / haqida / oʻylamoq

→

2) ular / oʻtgan hafta / biz / toʻgʻrida / gapirmoq

→

3) men / siz / haqida / koʻp eshitmoq

→

4) talabalar / siz / toʻgʻrida / soʻramoq

→

5. Namunaga qarab bajaring. 예문처럼 완성하세요.

Namuna

Qayerda ishlaysiz?

→ *Hech qayerda ishlamayman.*

1) Toshkentda kimni taniysiz?

→

2) Nima yegingiz kelyapti?

→

3) Londonga qachon borgansiz?

→

4) Bu pul kimniki?

→

5) Bozordan nima xarid qildingiz?

→

"B" mashqlar guruhi (연습문제 B)

1. Dialogni do'stingiz bilan mashq qiling. 친구와 함께 대화를 연습하세요.

A Samarqandga borganmisiz?
B Ha, bir martagina borganman.
A Qanday ekan? Sizga yoqdimi?
B Juda chiroyli ekan. Menga juda yoqdi. Yana bormoqchiman.

1) Samarqandga
bormoq
chiroyli

2) palov yemoq
shirin

3) golf o'ynamoq
qiyin, lekin
qiziqarli

2. Dialogni do'stingiz bilan mashq qiling. 친구와 함께 대화를 연습하세요.

A Qo'y go'shti yeganmisiz?
B Ha, yeganman.
A Koreyada ham qo'y go'shti yeganmisiz?
B Yo'q, O'zbekistonga borganimda birinchi marta yeb ko'rganman.

1) qo'y go'shti
yemoq
O'zbekiston

2) paraplanda
uchmoq
Chimyon

3) somsa
pishirmoq
o'zbek do'stimning
uyi

3. Bu fikrlarga qo'shilasizmi yoki yo'qmi? Fikringizni ayting. 다음 의견에 동의하나요, 아닌가요? 당신의 의견을 말하세요.

1) Ayollar siyosat, futbol va mashinalar to'g'risida gapirishni xush ko'radilar.

2) Erkaklar kosmetika va moda haqida gapirishni xush ko'radilar.

3) Odamlar faqat pul va qimmatbaho mashina haqida orzu qiladilar.

4) Ayollar faqat turmush o'rtog'i va bolalari to'g'risida o'ylashi kerak.

4. **Dialogni do'stingiz bilan o'qing.** 친구와 함께 대화를 읽으세요.

A Salom, yigitlar. Nima haqida gaplashyapsizlar?

B Nima haqida emas, kim haqida.

A Kim haqida?

B Sen haqingda-**da***. Nimaga yangi topgan ishing haqida bizga hech narsa aytmading?

A Men bu haqida sizlarga ish aniq bo'lganda aytmoqchi edim-**da***.

B Tushunarli. Qachon aniq bo'ladi? Qachondan ish boshlaysan?

A Hali hech narsani bilmayman. Ikki oydan keyin aniq bo'ladi. Suhbatdan ham o'tishim kerak **hali****.

B Tushunarli. Unda senga omad tilaymiz.

A Rahmat.

* -da: 대화체 문장 끝에 위치하여 "~ bilasiz-ku!"(알잖아요, 아시잖아요), 혹은 "bilmaysizmi?" (몰라요?, 모르셨어요?) 와 같은 의미를 부여한다. 위 문장에서는 "너에 대해서거든~", "너에 대해서 이야기하고 있었거든~" 으로 해석할 수 있다.

** Suhbatdan ham o'tishim kerak hali. : 아직 면접도 봐야 한다.

5. Dialogni do'stingiz bilan o'qing. 친구와 함께 대화를 읽으세요.

A To'y qiziqarli o'tyapti-a? Kelin-kuyovga qarang. Qanday chiroyli-a?

B Ha, o'zbek to'ylari ajoyib ekan. Mehmonlar ham juda ko'p. Stolda turli-tuman noz-ne'matlar…

A Siz o'zbeklarning to'yida oldin ham bo'lganmisiz?

B Yo'q, bo'lmaganman. Birinchi kelishim.

A Nega hech narsa yemayapsiz? Oling.

B Shu kunlarda ozish uchun parhez qilyapman-da. Lekin to'y ovqatlaridan yeb ko'rgim kelyapti. O'zimni zo'rg'a ushlab turibman.

A Albatta, yeb ko'rishingiz kerak. Mana bu tortga qarang. Juda mazali ko'rinadi-a? Hech bo'lmasa, mana shu tortdan yeng.

B Ha, rostdan... Mm-m… Nima qilsam ekan-a? Eh-h... Mayli, parhezni ertadan boshlayman unda. Qani, siz ham oling!

A Mana bu – boshqa gap. Oling.

* 우즈베키스탄 문화에서 식사 시 음식을 권할 때, "Oling, oling." 이란 표현을 자주 사용한다. 한국어로는 "드세요."라는 뜻이다.

Audiomashqlar (듣기활동)

1. Tinglang va savollarga javob bering. 잘 듣고 질문에 대답하세요.

1)

2)

3)

4)

2. Tinglang va to'g'ri javobga O belgisini, noto'g'ri javobga X belgisini qo'ying.
잘 듣고 정답에 **O** 표시를, 오답에 **X** 표시를 하세요.

1) (   )　　2) (   )　　3) (   )　　4) (   )

O'qish (읽기활동)

Matnni o'qing. Berilgan gap to'g'ri bo'lsa, O belgisini, noto'g'ri bo'lsa, X belgisini qo'ying. 지문을 읽고, 주어진 문장이 옳으면 **O** 표시를, 틀리면 **X** 표시를 하세요.

Siz o'zbeklarning nikoh to'yida bo'lganmisiz? Yo'qmi? Unda men sizga o'zbek nikoh to'ylari haqida qisqacha gapirib beraman. O'zbeklar nikoh to'yiga 300 dan ortiq mehmon taklif qiladilar. Odatda to'y maxsus to'yxonalarda yoki xonadonda o'tkaziladi. O'zbeklar dasturxonga turli noz-ne'matlar: non, somsa, salatlar, mevalar, shirinliklar, pishiriqlarni birga qo'yadilar. Mehmonlarga kamida 3–4 xil issiq ovqat beriladi. O'zbeklar to'ylariga boshlovchi, musiqachi, xonandalarni va raqqosalarni ham taklif qiladilar. Mehmonlar kelin-kuyovni tabriklab, yaxshi tilaklar aytadilar.

O'zbek to'ylarida hamma maza qilib raqsga tushadi. To'y taxminan 3–4 soat davom etadi. Juda qiziqarli o'tadi. Siz ham, albatta, o'zbeklarning to'yiga borib ko'ring.

1) O'zbeklarning nikoh to'ylariga 300 dan ortiq mehmon keladi. (   )

2) To'yda mehmonlar ovqat yemaydi. (   )

3) O'zbeklarning nikoh to'ylarida xonandalar ashula aytadilar. (   )

4) To'yda faqat raqqosalar raqsga tushadilar. (   )

5) Mehmonlar kelin-kuyovni tabriklaydilar. (   )

6) To'y taxminan soat 3–4 larda boshlanadi. (   )

Qo'shimcha ma'lumotlar

HAYVONLAR, HASHAROTLAR VA BOSHQA JONIVORLAR

UY HAYVONLARI VA PARRANDALAR

가축과 가금류

it (kuchuk)

mushuk

mol

qo'y

echki

ot

tuya

tovuq

o'rdak

g'oz

to'ti

YOVVOYI HAYVONLAR

야생동물

Qo'shimcha ma'lumotlar

DENGIZ JONIVORLARI VA BOSHQALAR
바다 생물과 기타

baliq

kit

akula

delfin

sakkizoyoq

krevetka

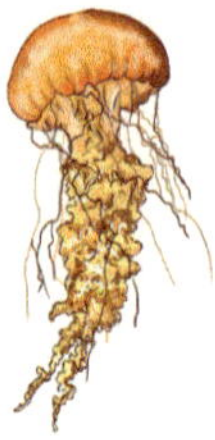

meduza

baqa

toshbaqa

ilon

sichqon

HASHAROTLAR
곤충

kapalak

pashsha

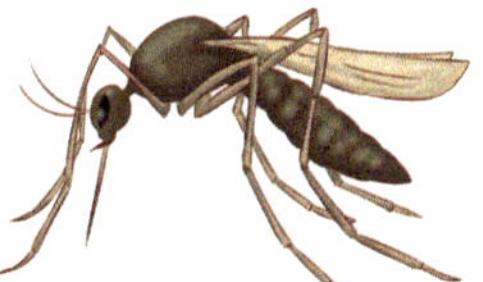
chivin

ari

chumoli

oʻrgimchak

문화로 보는 우즈베키스탄

O'zbekiston

TO'YONA, HAYITLIK, SUYUNCHI

To'yona. Biror xonadonda to'y marosimi rejalashtirilayotgan paytdan boshlab xonadon egalarining yaqin qarindoshlari, birodarlari to'y marosimlarini o'tkazishga qanday yordamlari tegishi mumkinligi haqida so'rab-surishtiradilar va bo'ladigan sarf-harajatlarga yordam berish maqsadida to'yona berishni boshlaydilar. To'yona odatda kelin-kuyovning o'ziga emas, to'y qilayotgan ota-onaga – to'yboshiga beriladi. To'yona miqdori maxsus belgilanmagan. To'yona bermoqchi bo'lgan kishi o'z sharoitidan kelib chiqib, to'yona, kelin-kuyov ro'zg'orida asqatadigan jihoz yoki buyumni hadya qiladi.

To'yona (축의금). 한 가정에서는 결혼을 계획하는 순간부터 결혼 당사자 가족의 가까운 친척, 친구들은 결혼을 진행하는 데 어떤 도움이 필요한지를 물어보고, 향후 발생할 결혼 비용에 도움을 주기 위한 목적으로 축의금을 주기 시작한다.

축의금은 신랑-신부가 아니라 이들의 부모님에게 드린다. 축의금의 액수는 특별히 정해져 있지 않다. 축의금을 주는 사람 자신의 형편에 맞게 축의금과 신혼 생활에 쓸모 있는 세간 또는 물건을 선물한다.

Hayitlik. Hayit (diniy bayram) munosabati bilan katta yoshdagilar bolalarga pul beradilar. Bu pul "hayitlik" deyiladi. Bolalar olgan hayitliklarini yig'ib, o'zlariga biron-bir shirinlik yoki o'yinchoq sotib oladilar. Ushbu odat koreys madaniyatidagi "Sebaedon" an'anasiga o'xshab ketadi.

Hayitlik. Hayit(이슬람 명절)가 되면 어른들은 아이들에게 용돈을 준다. 이 돈을 "hayitlik"이라고 한다. 아이들은 hayitlik 받은 것을 모아 군것질 혹은 장난감을 산다. 이 관습은 한국의 "세뱃돈" 전통과 비슷하다.

Suyunchi. Suyunchi – biror quvonchli voqea toʻgʻrisida xushxabar keltiruvchiga beriladigan sovgʻa. Masalan, oilada farzand dunyoga kelsa, bu xushxabarni birinchi boʻlib qarindoshlariga yetkazgan kishiga suyunchi beriladi. Shuning uchun hamma xushxabarni birinchi boʻlib yetkazishga harakat qiladi. Suyunchi har xil shaklda (pul, shirinlik, kiyim-kechak, doʻppi, qoʻy va h.k.) berilishi mumkin. Xushxabarni yetkazayotgan odam gapini "Suyunchi bering!" deb boshlaydi. Eshituvchi esa "Suyunchi sizdan aylansin, ayting!" deydi. Hozirgi kunda suyunchi berish urfdan chiqayotgan boʻlsa-da, yaxshi xabarni "Suyunchi bering" deb boshlash odat tusiga kirgan.

Suyunchi. Suyunchi는 기쁜 소식을 전해주는 이에게 주어지는 선물이다. 예를 들어, 아이가 태어나면 이 반가운 소식을 친척들에게 처음 전달한 사람에게 suyinchi가 주어진다. 그래서 모두가 좋은 소식을 가장 먼저 전달하기 위해 노력한다. Suyunchi는 다양한 형태 (돈, 단 음식, 옷, 우즈벡 전통모자 doʻppi, 양 등)로 주어진다. 좋은 소식이 전달하는 사람은 "Suyunchi bering. (Suyunchi 주세요.)"라는 말로 시작한다. 듣는 사람은 "Suyunchi sizdan aylansin, ayting.(Suyunchi를 기꺼이 줄께요.)"라고 응답한다. 오늘날 suyinchi 선물을 주는 풍습이 점차 사라지고 있지만, 좋은 소식을 전할 때 사람들은 "Suyinchi bering" 라고 시작한다.

XIZR BUVANI KO‘RGANMISIZ?

Xizr buva – islom rivoyatlaridagi shaxs, taqvodor inson. Xizr buva hayot bulog‘idan “obi hayot” ichgan va Alloh tomonidan unga abadiy hayot ato etilgan. O‘ng qo‘lidagi bosh barmog‘i suyaksiz bo‘lishi, nogahonda yo‘liqib, bir zumda ko‘zdan g‘oyib bo‘lishi Xizr buvaga xos xislat sanaladi. Rivoyatlarga ko‘ra, Xizr orollarda yashaydi, osmonda uchadi, dunyo bo‘ylab kezib yuradi, har yili haj qiladi, juma kunlari Makka, Madina va Quddus shaharlaridagi masjidlarda namoz o‘qiydi. Qariya, suvoriy yoki yo‘lovchi ko‘rinishida paydo bo‘ladi. Aytishlaricha, Xizr buva ko‘ngli pok odamlargagina ko‘rinadi. Uni maxsus duolar bilan chaqirsa, yordamga keladi. O‘zbeklar Xizr buvaning xislatlariga qattiq ishonadilar, qadrlaydilar va uni uchratgan odamni omadli hisoblaydilar. Har bir musulmon, shu jumladan, o‘zbeklar ham, Xizr buva bilan uchrashishni orzu qiladi. Siz ham astoydil ixlos qilsangiz, Xizr buvani uchratishingiz mumkin. Mabodo uchratsangiz, darhol uning suyaksiz bosh barmog‘idan ushlab, niyatingizni aytib qoling.

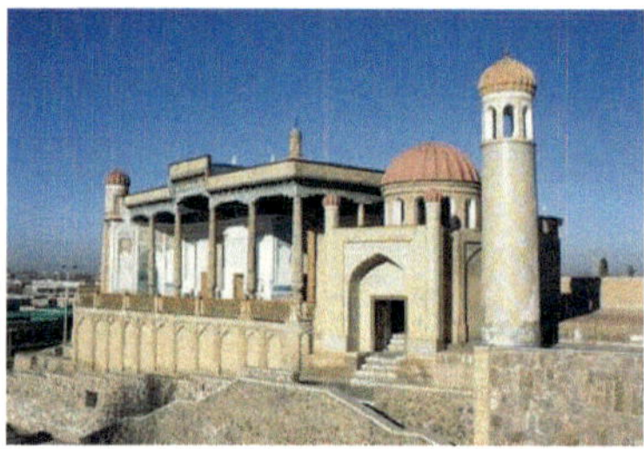
Xizr buva masjidi

Xizr buva는 이슬람 설화에 나오는 신심이 깊은 사람이다. Xizr buva는 생명의 샘에서 “생명수”를 마셨으며, 신은 그에게 영원한 삶을 주었다. 그의 오른손 엄지 손가락에는 뼈가 없고, 갑자기 나타났다가 눈 깜빡할 새 사라지는 것이 Xizr buva의 가장 특별한 능력으로 알려져 있다. 설화에 따르면, Xizr buva는 여러 섬들에서 살고, 하늘을 날아다니며, 전 세계를 여행하기도 하고, 매년 순례를 다녀오며, 금요일마다 메카(Makka), 마디나(Madina) 및 쿳두스(Quddus)에 있는 사원에서 기도한다고 한다.
Xizr buva는 노인의 모습이거나 혹은 말을 탄 채, 또는 여행자의 모습으로 나타난다. 사람들은 Xizr buva는 마음이 순수한 사람에게만 보인다고 알고 있다. 그를 특별한 염원을 담아 간절한 기도로 부르면 당신을 도와주러 올 것이다. 우즈베크 사람들은 Xizr buva의 능력을 의심하지 않고 믿고 소중히 여긴다. 그리고 그를 만난 사람은 운이 좋다고 생각한다. 우즈베크인들을 비롯한 모든 무슬림은 Xizr buva와 만나는 것을 꿈꾼다. 당신도 진심으로 믿는다면, Xizr buva를 만날 수 있다. 혹시라도 당신이 Xizr buva를 만나면 바로 뼈가 없는 그의 엄지 손가락을 잡고 소원을 빌길 바란다.

QAYDLAR UCHUN

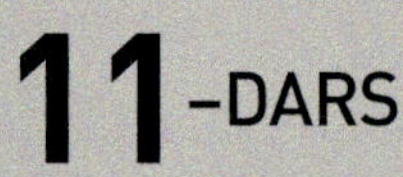

11-DARS SIZ NIMA DEB O'YLAYSIZ?

당신은 어떻게 생각하세요?

Darsning maqsadi (학습목표)

- O'z fikrini bildirish, biror ish yuzasidan xabari borligini aytish
  자신의 생각을 밝히기, 어떤 사건에 대한 소식 전하기
- O'zgalarning gapini o'zgarishsiz nutqqa kiritish
  다른 사람의 말을 바꾸지 않고 그대로 인용하기
- Bayram bilan tabriklash va tilaklar bildirish
  명절 축하 인사, 소원 말하기

Kirish savollari (도입질문)

1. Sizga hozir biz yashayotgan davr yoqadimi? Agar yoqsa, uning siz yoqtirgan tomonlarini aytib bera olasizmi?
   당신은 지금 우리가 살고 있는 시대가 마음에 드나요? 만일 그렇다면 어떤 면이 마음에 드는지 말해줄 수 있나요?
2. O'zbek tilini o'rganishdan oldin O'zbekiston haqida nimalar eshitgansiz?
   우즈베크어를 배우기 전에 우즈베키스탄에 대해 무엇을 들은 적이 있나요?
3. Buyuk Amir Temur: "Kuch – adolatdadir", – deb aytgan. Siz bu fikrga qo'shilasizmi?
   아무르 티무르는 "힘은 정의다"라고 말했습니다. 당신은 이 의견에 동의하시나요?

Yangi so'zlar (새로운 단어)

baxt	행복
boshliq	우두머리, (조직, 기관의) 장
bo'lim boshlig'i	(부서의) 장
ega	주인, 소유자
ish tajribasi	업무 경험
jamoa	공동체, 팀
milliy terma jamoa	국가 대표 팀
omad	운
sifat	질, 양질
sovrin (~olmoq)	선물을 받다
so'rovnoma (~ o'tkazmoq)	설문조사 (~진행하다)
uzoq umr	장수
yig'ilish	회의
biznes ochmoq	사업을 시작하다
internetda o'tirmoq	인터넷을 사용하다
ishdan bo'shamoq	퇴사하다
hayron bo'lmoq	놀라다
ko'chmoq	이사하다
quchoqlamoq	껴안다, 품에 안다

tilamoq (-ga N ~)	바라다
o'rin egallamoq	자리를 잡다
chaqirmoq	부르다
ertasiga	다음 날
ozoda	깨끗한, 정돈된
sifatli	양질의, 좋은
birdek	똑같이
ikkala	둘의, 양쪽의, 쌍방의
~, deb eshitgan edim	~ 라고 들었다.
Ketdik!	가자!
Omadingizni bersin!	행운이 있기를!
Shunda ~	그러자 ~ , 그 때 ~
Bo'lmagan gap.	말이 안 돼.
O'zim ham hayron bo'ldim.	나도 놀랐어.

Grammatika (문법)

1 ~, deb o'ylamoq (...라고 생각하다)
~, deb eshitmoq (...라고 듣다)

1) Koreyada ishlab chiqarilgan kompyuterlar juda yaxshi, **deb o'ylayman**.	1) 한국에서 생산한 컴퓨터는 아주 좋다고 생각합니다.
2) Ertaga havo yomon bo'ladi, **deb eshitdim**.	2) 내일 날씨가 나쁠 것이라 들었다.
3) Ishga kir**dingiz, deb eshitdim**. = Siz**ni** ishga kir**di, deb eshitdim**.	3) 당신이 직장에 들어갔다고 들었다.

누군가의 말을 전할 경우 사용하는 표현으로 완결된 문장 뒤에 '~deb o'ylamoq', '~deb eshitmoq' 을 붙여준다. 특히, 3)에서 '당신이 직장에 들어갔다고 들었다.'라는 문장은 우즈베크어에서 2가지 표현으로 가능한데, 첫 번째는 전해들은 문장의 주어를 생략하고 동사에 인칭어미로 누가 무엇을 했는지를 표현해주거나, 둘째, 전해들은 문장의 주격을 목적격으로 전환하고 동사를 3인칭화시켜 주는 것이다. 두 번째 표현은 한국인에게 다소 생소하니 해당 문법을 꼼꼼하게 기억하자.

1.1. Misollarni o'qing. 예문을 읽으세요.

1) Bu restoran juda qimmat, deb o'ylayman.
2) A Nima deb o'ylaysiz, oila muhimmi, ishmi?
   B Ikkalasi ham birdek muhim, deb o'ylayman.
3) Bugun Malika ziyofatga kelmaydi, deb eshitdim. = Bugun Malikani ziyofatga kelmaydi, deb eshitdim.
4) Yangi uyga ko'chyapsiz, deb eshitdim. = Sizni yangi uyga ko'chyapti, deb eshitdim.

2 Ko'chirma gapli qo'shma gap (직접 인용문)

1) Men otamga: "Mashina haydashni o'rganmoqchiman", - **deb aytdim**.

=

Men otamga: "Mashina haydashni o'rganmoqchiman", - **dedim**.

2) Do'stim mendan: "O'zbekistonga qachon qaytasiz?" - **deb so'radi**.

3) Men do'stimga: "O'zbekistonga sentyabrda boraman", - **deb javob berdim**.

1) 나는 아버지에게: "자동차 운전을 배우고 싶어요", - 라고 말했다.

=

나는 아버지에게: "자동차 운전을 배우고 싶어요", - 라고 했다.

2) 내 친구는 나에게: "우즈베키스탄에 언제 돌아올 건가요?" - 라고 물었다.

3) 나는 내 친구에게: "우즈베키스탄에 9월에 갈게요.", - 라고 대답했다.

우즈베크어에서 인용문은 따옴표를 사용하여 표시하며, 위 예문의 형태를 따른다. '~ 라고 말했다'를 표현할 때, demoq, aytmoq을 쓸 수 있는데, demoq의 경우 deb을 별도로 쓰지 않는다.

2.1. Misollarni o'qing. 예문을 읽으세요.

1) Sangmin: "O'zbek tili juda qiziqarli" - deb aytdi. Men ham shunday deb o'ylayman.
2) Seyun: "Men Samarqandga bormaganman", - dedi.
3) Iroda mendan: "Qayerda yashagingiz keladi?" - deb so'radi.
4) Men Irodaga: "Tinch mahallada yashagim keladi", - deb javob berdim.
5) U sizga nima dedi?

3 | Tabrik va tilak (명절 축하하기)

tabriklamoq 동사는 명절이나 축일을 맞이한 사람들에게 축하 인사를 건넬 때 자주 쓰는 동사이다. 형태는 '축하할 사람-ni(목적격 조사) 명절, 생일, 기념일(bayram, tug'ilgan kun) bilan'이라는 후치사와 함께 사용한다.

예) Sizni Navro'z bayrami **bilan** tabriklayman!

3.1. Misollarni o'qing. 예문을 읽으세요.

1) Yangi yil bilan tabriklayman! = Yangi yilingiz bilan!	2) Tug'ilgan kuningiz bilan tabriklaymiz! = Tug'ilgan kuningiz bilan!

3) A: Sizni chin ko'ngildan Yangi yil bilan tabriklayman. B: Sizni ham. A: Sizga uzoq umr, sog'liq, baxt va omad tilayman. A: Rahmat. Sizga ham.	4) Feruza opa, sizni Ustoz va murabbiylar kuni bilan tabriklaymiz. Sizga sog'liq va baxt tilaymiz.	5) O'quvchilarim meni bayram bilan tabriklashdi.

"A" mashqlar guruhi (연습문제 A)

1. Namunaga qarab bajaring. 예문처럼 완성하세요.

Iroda - yaxshi talaba.

→ *Iroda yaxshi talaba, deb oʻylayman.*

1) Ertaga havo yaxshi boʻladi.

→ ______________________________

2) Bu ishni Sangmin qila oladi.

→ ______________________________

3) Ish kunlari ertalab yoʻllar tirband boʻladi.

→ ______________________________

4) Spirtli ichimliklarni koʻp ichish sogʻliqqa ziyon.

→ ______________________________

2. **Namunaga qarab bajaring.** 예문처럼 완성하세요.

Namuna

Bu divan qulaymi? (ha)

→ *Ha, bu divan qulay, deb oʻylayman.*

1) Ertaga yigʻilish boʻladimi? (yoʻq)

→

2) Qoʻqon katta shaharmi? (yoʻq, uncha)

→

3) Sara yaxshi oʻqituvchimi? (ha, juda)

→

4) Oʻzbekistonda ishlab chiqariladigan mashinalar qanday? (juda yaxshi)

→

5) Oʻzbekistonda eng chiroyli shahar qaysi? (Samarqand)

→

3. Namunaga qarab bajaring. 예문처럼 완성하세요.

Namuna

O'zbekistonda ishlab chiqarilayotgan mashinalar (sifati juda yaxshi)

→ – *O'zbekistonda ishlab chiqarilayotgan mashinalar haqida nima deb o'ylaysiz?*

– *Sifati juda yaxshi, deb o'ylayman.*

1) o'zbeklar (juda oqko'ngil)

→

2) o'zbek milliy taomlari (juda shirin, lekin yog'liroq*)

→

3) o'zbek milliy musiqasi (juda yoqimli)

→

4) O'zbekistondagi hayot (juda qulay va osoyishta)

→

5) Toshkent shahri (juda ozoda va chiroyli)

→

* 형용사에 '-roq'을 붙여 비교급으로 만들어 주면, '약간, 조금'이라는 뜻을 추가할 수 있다. 여기서 "yog'liroq"은 "약간 더 기름지다"라는 뜻이 된다.

4. Namunaga qarab bajaring. 예문처럼 완성하세요.

Namuna

Ishdan bo'shayapsiz.

→ *Ishdan bo'shayapsiz, deb eshitdim. (Sizni ishdan bo'shayapti, deb eshitdim.)*

1) Samarqand – juda chiroyli shahar.

→ ______

2) Bo'lim boshlig'i bo'ldingiz.

→ ______

3) O'zbek qizlari juda chiroyli.

→ ______

4) Sizlar O'zbekiston tarixini yaxshi bilasizlar.

→ ______

5) Mazangiz yo'q.

→ ______

6) Musobaqada qatnashib, 1-o'rinni egalladingiz.

→ ______

5. Namunaga qarab bajaring. 예문처럼 완성하세요.

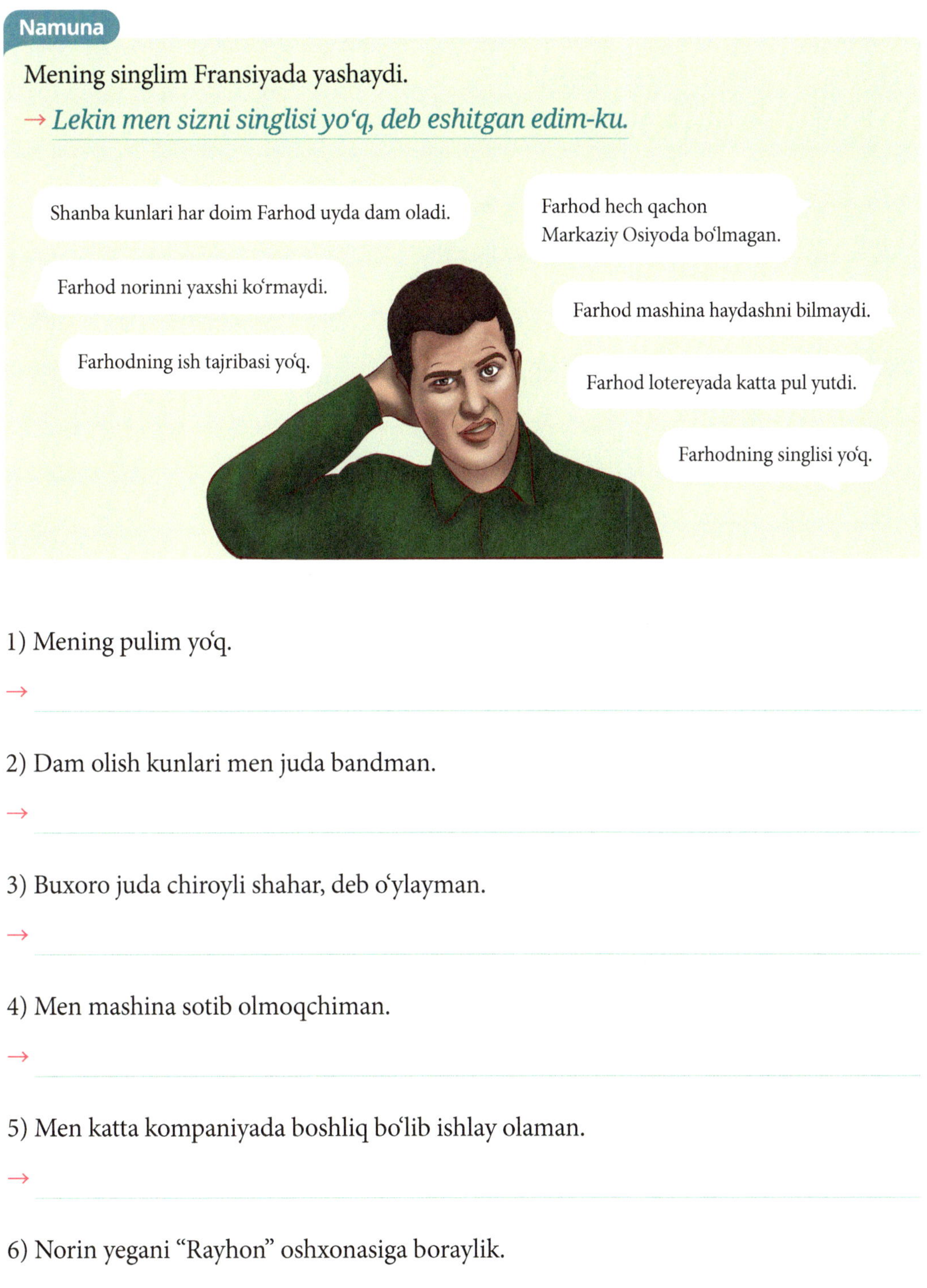

1) Mening pulim yo'q.

→

2) Dam olish kunlari men juda bandman.

→

3) Buxoro juda chiroyli shahar, deb o'ylayman.

→

4) Men mashina sotib olmoqchiman.

→

5) Men katta kompaniyada boshliq bo'lib ishlay olaman.

→

6) Norin yegani "Rayhon" oshxonasiga boraylik.

→

6. **Namunaga qarab bajaring.** 예문처럼 완성하세요.

Namuna

Malika: "Mening pitsa yegim kelyapti".

→ *Malika: "Mening pitsa yegim kelyapti", – deb aytdi.*

1) Tom: "Bugun havo juda yaxshi".

→

2) Sangmin: "Yakshanba kuni men Chimyon tog'iga boraman".

→

3) Feruza opa: "Bugun kechqurun men bo'shman".

→

4) Do'stim: "Qayerga borgingiz kelyapti?"

→

5) Men Sangmindan: "Palovni yaxshi ko'rasizmi?"

→

6) Sangmin menga: "Ha, men palovni juda yaxshi ko'raman".

→

7) Siz: "Ertaga ko'rishaylik".

→

7. Namunaga qarab bajaring. 예문처럼 완성하세요.

Namuna

Yangi yil

→ *Yangi yil bayrami bilan tabriklayman. Sizga uzoq umr, sog'liq, baxt va omad tilayman.*

1)

tug'ilgan kun

2)

Navro'z

3)

sovrin

4)

1-o'rin

1) →

2) →

3) →

4) →

"B" mashqlar guruhi (연습문제 B)

1. Dialogni do'stingiz bilan mashq qiling. 친구와 함께 대화를 연습하세요.

A Siz smartfon haqida nima deb o'ylaysiz?

B Juda qulay, lekin smartfonga ko'p qarash ko'zga ziyon, deb o'ylayman.

A Sara, siz ham shunday deb o'ylaysizmi?

C Ha, men ham shunday deb o'ylayman.

1) smartfon
juda qulay / smartfonga ko'p qarash ko'zga ziyon

2) hozirgi yoshlar
internetda ko'p o'tirmoq / kitob o'qimaslik

3) kompyuter o'yinlari
juda qiziqarli / bolalar ko'chada do'stlari bilan o'ynashi ham kerak

2. Dialogni do'stingiz bilan mashq qiling. 친구와 함께 대화를 연습하세요.

A Iroda uch kundan beri shifoxonada yotibdi, deb eshitdim.

B Yo'g'-e? Bilmagan ekanman.

A Chisu: "Iroda jumagacha kasalxonada bo'ladi", - deb aytdi.

1) Iroda uch kundan beri shifoxonada yotibdi.
Iroda jumagacha kasalxonada bo'ladi.

2) Anna O'zbekistondagi firmaga ishga kirdi.
Anna kelasi hafta O'zbekistonga ketadi.

3) Sangmin musobaqada 1-o'rinni egalladi.
Sangmin bu musobaqaga bir yil astoydil tayyorlandi.

3. Dialogni do'stingiz bilan mashq qiling. 친구와 함께 대화를 연습하세요.

A Sizni ishdan bo'shayapti, deb eshitdim.

B Ha, biznesimni ochmoqchiman.

A Shunaqami? Omadingizni bersin!

1) ishdan bo'shamoq
biznes ochmoq

2) Rossiyaga ketmoq
baletni o'rgangani bormoq

3) kompyuterni sotmoq
yangi chiqqan kompyuterni sotib olmoq

4. Dialogni do'stingiz bilan mashq qiling. 친구와 함께 대화를 연습하세요.

A Hozir vaqtingiz bormi?

B Ha, bor. Nima edi?

A Yuring, birga kino ko'rgani boramiz!

B Ketdik! Qayerga boramiz?

A "Next Cinema" kinoteatri so'rovnoma o'tkazilganda 1-o'rinni egalladi, deb eshitdim. Shu kinoteatrga borib ko'raylik!

B Yaxshi fikr! Ketdik!

1) kino ko'rmoq
"Next Cinema" kinoteatri so'rovnoma o'tkazilganda 1-o'rinni egalladi.
kinoteatr

2) ovqatlanmoq
"Sim-sim" oshxonasida aksiya bo'lyapti.
oshxona

3) bozor qilmoq
Chorsu bozorida hamma narsa arzon.
bozor

Audiomashqlar (듣기활동)

1. Tinglang va savollarga javob bering. 잘 듣고 질문에 대답하세요.

1) ______

2) ______

3) ______

4) ______

2. Tinglang va to'g'ri javobga O belgisini, noto'g'ri javobga X belgisini qo'ying.
잘 듣고 정답에 **O** 표시를, 오답에 **X** 표시를 하세요.

1) (　　　)　　2) (　　　)　　3) (　　　)

O'qish (읽기활동)

Matnni o'qing. Rasmlarni matn mazmuniga binoan raqamlab chiqing. 지문을 읽고 아래 그림에 순서를 매겨보세요.

Bolalar bilan kuchuk olmoqchi edik. O'g'lim: "Menga katta kuchuk yoqadi", – dedi. O'sha kuni mening do'stim Farhod aka degan tanishining manzilini berdi.

Ertasiga o'g'lim bilan Farhod akani qidirib, bir qishloqqa bordik.

– Kuchugingizni sotyapsiz, deb eshitdik.

– Ha, sotyapman.

– Biz uni ko'rmoqchi edik.

– Marhamat.

Uning kuchugi juda chiroyli ekan.

– Oti nima?

– Olapar.

– Yoshi nechada?

– Ikkida.

– Necha pul turadi?

– Bir yuz ellik ming so'm.

Biz kuchukning egasiga pulni berib, kuchukni olib, uyga qaytdik.

Uyga yetib borganimizda o'g'lim Olaparga go'shtli somsa berdi. Lekin Olapar buni yemadi. Men unga suv berdim. U suvni ham ichmadi. Olapar ikki kun hech narsa yemadi. Shunda rafiqam: "Olapar biznikida yashay olmaydi. Uni egasiga qaytarishimiz kerak, deb o'ylayman", – dedi. Ertasiga biz yana Farhod akaning uyiga bordik. Olapar juda xursand edi. Farhod aka esa Olaparni quchoqlab: "Mana pulingiz. Do'stni sotish mumkin emas", – dedi.

– Ha, – javob berdi o'g'lim, – do'stni sotish ham, sotib olish ham mumkin emas.

1) 2) 3) 4) 5)

( ) ( ) ( ) ( ) ( )

Qo'shimcha ma'lumotlar

LAVOZIMLAR
직책, 직위

davlat	→	Prezident 대통령 Bosh vazir 총리
viloyat	→	viloyat hokimi 주지사
shahar	→	shahar hokimi 시장
tuman	→	tuman hokimi 구청장
universitet	→	rektor 총장 rektor muovini 부총장
fakultet	→	dekan 학장
kafedra	→	kafedra mudiri 학부장, 학과장
maktab	→	direktor 교장
bolalar bog'chasi	→	bog'cha mudiri 어린이집 원장
zavod, fabrika, kompaniya	→	direktor 사장, 회장
bo'lim	→	bo'lim boshlig'i 팀장, 과장
shifoxona	→	bosh shifokor 병원장

문화로 보는 우즈베키스탄

NOVVOYXONA

논 만드는 곳 (빵집)

Wikipedia ⓒ Ji-Elle

Siz A1 «Oʻzbek tili» darsligidan oʻzbek xalqi nonni sevib isteʼmol qilishi va ardoqlashini bilasiz. Oʻzbeklar nonushtani ham, tushlik va kechki ovqatni ham non bilan yeydilar. Shu bois non oʻzbeklar hayotida zaruriy ozuqa hisoblanadi. Kunda doʻkonlarga bir necha marta novvoyxonalardan issiq non keltiriladi.

Har bir mahallaning oʻz novvoyxonasi bor. U yerda erta sahardan nonning yoqimli hidi anqib turadi. Tandirdan yangi uzilgan nonning mazasi oʻzgacha! Odatda odamlar mahalladagi novvoyxonaga borib, nonushta uchun issiq non sotib oladilar va issiq nonni qaymoqqa botirib yoki ustiga sariyogʻ surib tanovul qiladilar.

Novvoyxonalarda odatda erkaklar ishlaydi. Nonni tez va sifatli pishirish uchun har bir novvoy oʻz vazifasini bajaradi: biri xamirdan zuvala oladi, ikkinchisi zuvalani doira shakliga keltirib, oʻrtasiga gul shaklida chekich uradi, uchinchisi esa qaynoq tandirning ichiga shoʻngʻib, nonni tandir devorlariga yopishtiradi. Qarabsizki, 10–15 minutda issiqqina non tayyor! Oʻzbekistonga borsangiz, albatta, novvoyxonadan issiq non olib, yeb koʻring. Hech shubhasiz, sizga juda yoqadi, deb oʻylayman.

당신은 A1 교재를 통해 우즈베크 민족이 non을 즐겨 먹고 소중히 여긴다는 것을 알고 있다. 우즈베크인들은 아침에도, 점심과 저녁에도 non과 함께 식사한다. 그래서 논은 우즈베크인의 삶에서 없어서는 안 될 양식이라 여겨진다. 하루에도 몇 번씩 논 만드는 novvoyxona에서 갓 구운 non이 상점으로 옮겨진다.

각 마을마다 novvoyxona가 있다. 그곳에서는 이른 새벽부터 맛있는 non 굽는 냄새가 난다. 탄드르(논을 굽는 화덕)에서 갓 구워 나온 non의 맛은 그야말로 특별하다! 보통 사람들은 마을의 novvoyxona에 가서 아침용 따뜻한 non을 사서 크림에 찍어 먹거나 버터를 발라 먹는다.

Novvoyxona에서는 보통 남성들이 일한다. 빠르고 질 좋은 non을 만들기 위하여 각자 자신의 업무를 수행한다. 한 사람은 밀가루로 반죽을 만들고, 두 번째 사람은 반죽을 원형 모양으로 만들어서 가운데에 꽃모양의 도장을 찍는다. 세 번째 사람은 뜨거운 탄드르 안에 몸을 기울여 안쪽 벽에 non을 붙인다. 자, 10-15분이면 벌써 따끈한 non이 완성된 걸 볼 수 있을 것이다. 만약 당신이 우즈베키스탄에 간다면, 반드시 novvoyxona에서 만든 따끈한 non을 사먹어 보시길. 분명히 당신은 non을 좋아할 것이다.

QAYDLAR UCHUN

QAYDLAR UCHUN

ILOVA 부록

JAVOB NAMUNALARI (audiomashqlar matni bilan)
정답(오디오 지문 포함)

1-DARS

"A" mashqlar guruhi (연습문제 A)

1. 1) A: Nima qilyapsiz?

B: *(Namuna)* Avtobus kutyapman.

2) A: Nima qilyapsiz?

B: *(Namuna)* Qahva ichyapman.

3) A: Nima qilyapsiz?

B: *(Namuna)* Baliq ovlayapman.

4) A: Nima qilyapsiz?

B: *(Namuna)* Kresloda oʻtiribman.

2. 1) *(Namuna)* Iroda yuguryapti.

2) *(Namuna)* Laziza rasmga tushyapti.

3) *(Namuna)* Shirin gul(ni) hidlayapti.

4) *(Namuna)* Oybek axlatni tashlayapti.

5) *(Namuna)* Chisu va Sangmin velosiped minyapti.

6) *(Namuna)* Umid muzqaymoq sotyapti.

7) *(Namuna)* Men muzqaymoq sotib olyapman.

3. 1) Ular birga dam olishyapti.

2) Ular birga bogʻda sayr qilishyapti.

3) Ular birga televizor koʻrishyapti.

4) Ular birga ashula aytishyapti.

5) Ular universitetda birga ishlashadi.

6) Ular koʻrgazmaga birga borishadi.

4. 1) *(Namuna)* Opam jurnal oʻqiyapti.

2) *(Namuna)* Umida dugonasi bilan telefonda gaplashyapti.

3) *(Namuna)* Otam choy ichyapti.

4) *(Namuna)* Yulduz oshxonada ovqatlanyapti.

5) *(Namuna)* Alisher qushga qarayapti.

6) *(Namuna)* Iroda kutubxonada dars tayyorlayapti.

7) *(Namuna)* Ukam kinoteatrga ketyapti.

8) *(Namuna)* Sangmin bilan raqsga tushyapman.

5. 1) ① Sardor dam olyapti.

② Sardor divanda oʻtirgani yoʻq.

③ Sardor gazeta oʻqimayapti.

④ Sardor televizor koʻrmayapti.

2) ① Malika polda oʻtiribdi.

② Malika kitob oʻqiyapti.

③ Malika choy ichmayapti.

④ Malika gaplashmayapti.

3) ① Lara divanda oʻtirgani yoʻq.

② Lara raqsga tushmayapti.

③ Lara turibdi.

④ Lara qahva ichyapti.

4) ① Seyun stulda oʻtiribdi.

② Seyun pianino chalyapti.

③ Seyun raqsga tushmayapti.

④ Seyun ashula aytmayapti.

6. 1) To'p qutining yonida (turibdi).

2) To'p qutining tog'risida (turibdi).

3) To'p qutining tagida (turibdi).

4) To'p qutining orqasida (turibdi).

5) To'p qutining ustida (turibdi).

6) To'p qutilarning orasida (turibdi).

7. 1) U shifoxonaga ketyapti.

2) Men mehribonlik uyiga ketyapman.

3) U maktabga ketyapti.

4) Men universitetga ketyapman.

5) Ular zavodga ketyapti (ketishyapti).

6) Biz firmaga ketyapmiz.

8. 1) (Siz) qayerga ketyapsiz?

2) Bobur qayerdan kelyapti?

3) Sizlar qayerdan qaytyapsizlar?

4) Bolalar qayerga ketishyapti?

5) Akangiz qayerdan kelyapti?

9. 1) Ha, men maktabga o'qituvchimizning oldiga ketyapman.

2) Ha, ular universitetga professorning oldiga ketishyapti.

3) Ha, Anvar aka do'konga tanishining oldiga ketyapti.

4) Ha, biz sportzalga Sangminning oldiga ketyapmiz.

"B" mashqlar guruhi (연습문제 B)

Audiomashqlar (듣기활동)

1.

듣기 지문

1) Hozir nima qilyapsiz ?
2) Hozir onangiz nima qilyapti?
3) Nima ichyapsiz?
4) Hozir qor yog‘yaptimi?
5) Hozir divanda yotibsizmi?

정답

1) *(Namuna)* Hozir men dars tayyorlayapman.

2) *(Namuna)* Hozir onam ovqat pishiryapti.

3) *(Namuna)* Choy ichyapman.

4) *(Namuna)* Yo‘q, hozir qor yog‘mayapti.

5) *(Namuna)* Yo‘q, divanda yotganim yo‘q. Stulda o‘tiribman.

2.

듣기 지문

1) *Ayol:* Yomg‘ir yog‘yapti. Taksi ushlaymizmi?
Erkak: Mening mashinam bor. Yuring, birga ketamiz.
Ayol: Rostdanmi? Muncha yaxshi!
□ Ayol va erkak mashinada birga ketishadi.

2) *Ayol:* Onangiz uydami?
Erkak: Ha, uyda. Hozir onam televizor ko‘ryapti. Har kuni kechki soat 6 da onam

sevimli serialini tomosha qiladi.

Ayol: Singillaringiz ham uydami?

Erkak: Yo'q, ular tashqarida rolik uchishyapti.

□ Yigitning singillari hozir uyda emas.

3) *Ayol:* Sangmin, qayerga ketyapsiz?

Erkak: "Rayhon" kafesiga ketyapman. Bugun u yerda bir kishi bilan uchrashaman. Siz qayerga ketyapsiz, Iroda?

Ayol: Men do'stim bilan kinoteatrga ketyapman.

Erkak: Kecha men ham kinoteatrda qiziqarli film ko'rdim.

□ Iroda Sangmin bilan kinoteatrga ketyapti.

정답

1) O

2) O

3) X

3.

듣기 지문

1) *Ayol:* Kitobim qayerda?

Erkak: Sumkangizning ichida.

2) *Ayol:* Sumkam qayerda?

Erkak: Sumkangiz stolning tagida.

3) *Ayol:* Kuchugimiz qayerda?

Erkak: Mashinaning ichida o'tiribdi.

4) *Ayol:* Mashina qayerda?

Erkak: Uyning oldida turibdi.

정답

1) ☐ ☑

2) ☑ ☐

3) ☑ ☐

4) ☐ ☑

O'qish (읽기 활동)

1) X

2) X

3) O

4) O

5) X

6) O

7) X

2-DARS

"A" mashqlar guruhi (연습문제 A)

1. 1) 1 soat dam olib, dars qiling.

2) Alisher Navoiy bekatidan poyezga chiqib, Xalqlar do'stligi bekatida tushamiz.

3) Universitetga borib, imtihon topshirasiz.

4) Somsa sotib olib, uyda yeyman.

2. 1) *(Namuna)* Kiyinib, ota-onam bilan xayrlashib, keyin universitetga ketaman.

2) *(Namuna)* Universitetdan chiqib, uyga borib, keyin oilam bilan kechki ovqatni yeyman.

3) *(Namuna)* Darslarimni tayyorlab, dush qabul qilib, keyin uxlayman.

3. 1) *(Namuna)* Ukam ashula aytib, dush qabul qiladi.

2) *(Namuna)* Ular muzqaymoq yeb, gaplashyapti.

3) *(Namuna)* Siz telefonda gaplashib, ovqat pishiryapsiz.

4) *(Namuna)* Men musiqa tinglab, dars tayyorlayapman.

4. 1) *(Namuna)* Xivaga sayohatga borgim kelyapti.

2) *(Namuna)* Futbol o'ynagim kelyapti.

3) *(Namuna)* Raqsga tushgim kelyapti.

4) *(Namuna)* Dugonam bilan kafega borib, qahva ichgim kelyapti.

5. 1) *(Namuna)* Dugonamning Parijga sayohatga borgisi kelyapti.

2) *(Namuna)* Bizning kino ko'rgimiz kelyapti.

3) *(Namuna)* Singlimning qahva ichgisi kelyapti.

4) *(Namuna)* Bolalarning ashula aytgisi kelyapti.

6. 1) – Nimani o'rgangingiz kelyapti?

– Golf o'ynashni o'rgangim kelyapti.

2) – Kim bilan uchrashgingiz kelyapti?

– Prezident bilan uchrashgim kelyapti.

3) – Nima yegingiz kelyapti?

– Hech narsa yegim kelmayapti.

4) – Qayerga sayohatga borgingiz kelyapti?

– Yevropaga sayohatga borgim kelyapti.

5) – Kim bo'lgingiz kelyapti?

– Mashhur odam bo'lgim kelyapti.

6) – Qayerda dam olgingiz kelyapti?

– Uyda dam olgim kelyapti.

7) – Qayerda yashagingiz kelyapti?

– Mars sayyorasida yashagim kelyapti.

7. 1) *(Namuna)* Irodaning turgisi kelmayapti.

2) *(Namuna)* Ularning mashina sotib olgisi kelyapti.

3) *(Namuna)* Kuchukning yurgisi kelmayapti.

4) *(Namuna)* Bolaning ovqat yegisi kelmayapti.

8. 1) *(Namuna)* (Mening) Gollivudga borgim keladi.

2) *(Namuna)* (Mening) milliarder bo'lgim keladi.

3) *(Namuna)* (Mening) katta uyda yashagim keladi.

4) *(Namuna)* (Mening) qimmatbaho kiyimlar kiygim keladi.

5) *(Namuna)* (Mening) chiroyli mashina sotib olgim keladi.

6) *(Namuna)* (Mening) boy odamga turmushga chiqqim kelmaydi.

9. 1) Menga simkarta kerak.

2) Sizga pianino kerak.

3) Anvar akaga piyola kerak.

4) Bizga printer kerak.

5) Bizga mashina kerak.

6) Ularga pul kerak.

7) Seyunga palto kerak.

"B" mashqlar guruhi (연습문제 B)

Audiomashqlar (듣기활동)

1.

듣기 지문

1) Odatda ertalab turib, nima qilasiz?

2) Men odatda musiqa eshitib, dars qilaman. Siz-chi?

3) Hozir nima qilgingiz kelyapti?

4) Kimni ko'rgingiz kelyapti?

5) Hozir sizga nima kerak?

정답

1) *(Namuna)* Odatda, ertalab turib, sport bilan shug'ullanaman.

2) *(Namuna)* Men ham musiqa tinglab, dars qilaman.

3) *(Namuna)* Dam olgim kelyapti.

4) *(Namuna)* Onamni ko'rgim kelyapti.

5) *(Namuna)* Menga yangi kompyuter kerak.

2.

듣기 지문

1) *Ayol:* Odatda universitetga qanday borasiz?

Erkak: Navoiy metro bekatigacha avtobusda kelib, metroga tushaman. Keyin biroz piyoda yuraman.

Ayol: Tushunarli.

□ Yigit universitetga avtobusda keladi.

2) *Erkak:* Kecha nima qildingiz?

Ayol: Chorsu bozoriga bordim. Menga palto va ko'ylak kerak edi. Lekin palto juda qimmat ekan, shuning uchun sotib olmadim.

Erkak: Ko'ylak sotib oldingizmi?

Ayol: Ha, ko'ylak juda chiroyli ekan. Shuning uchun bu ko'ylakni sotib olib, kechqurun do'stimning to'yiga kiyib bordim.

□ Ayol yangi ko'ylagini kiyib, to'yga bordi.

3) *Ayol:* Universitetga qanday kelasiz?

Erkak: Odatda avtobusda Alisher Navoiy bekatigacha kelib, metroga tushaman.

Beruniy bekatida tushib, universitetgacha biroz piyoda yuraman.

Ayol: Voy, qiyin ekan. Men esa yotoqxonada turaman. Shuning uchun universitetga har kuni piyoda kelaman.

Erkak: Juda qulay ekan. Mening ham yotoqxonada turgim kelyapti.

▯ Ayolning universitetga yaqin joyda yashagisi kelyapti.

정답

1) X

2) O

3) X

3.

듣기 지문

Erkak: Ta'tilda nima qilgingiz kelyapti?

Ayol: Turkchani o'rgangim kelyapti.

Erkak: Shunaqami? Sport bilan shug'ullanmaysizmi?

Ayol: Sport bilan shug'ullanishni uncha yoqtirmayman.

Erkak: Sayohatga borasizmi?

Ayol: Ha, Jeju oroliga sayohatga borgim kelyapti.

Erkak: Dam olish kunlari tog'ga chiqamizmi?

Ayol: Shu kunlarda juda charchadim. Shuning uchun uyda dam olgim kelyapti.

정답

1)

(   )

2)

(   )

3)

(✓)

4)

(✓)

O‘qish (읽기 활동)

1) X

2) O

3) O

4) X

5) O

3-DARS

"A" mashqlar guruhi (연습문제 A)

1. 1) – Qayeringiz og'riyapti.

– (Mening) qo'lim og'riyapti.

2) – Sangminning qayeri og'riyapti?

– (Uning) ko'zi og'riyapti.

3) – Feruza opaning qayeri og'riyapti?

– Feruza opaning beli og'riyapti.

4) – Qayeringiz og'riyapti?

– (Mening) tishim og'riyapti.

2. 1) *(Namuna)* Sabzavotlar yeyish sog'liqqa foydali.

2) *(Namuna)* Spirtli ichimliklar ichish sog'liqqa zarar (ziyon).

3) *(Namuna)* Suzish sog'liqqa foydali.

4) *(Namuna)* Fastfudni ko'p yeyish sog'liqqa ziyon (zarar).

3. 1) *(Namuna)* Nodira gazli ichimliklarni ko'p ichadi. Bu sog'liq uchun zarar.

2) *(Namuna)* Otam kompyuterda ko'p ishlaydi. Bu sog'liq uchun zarar.

3) *(Namuna)* Biz ko'p kulamiz. Bu sog'liq uchun foydali.

4) *(Namuna)* Dugonam suvni ko'p ichadi. Bu sog'liq uchun foydali.

3. 1) Onam ertaga shifoxonaga borishi kerak.

2) (Siz) aeroportda pasportingizni ko'rsatishingiz kerak.

3) (Men) har kuni soat 5 da turishim kerak.

4) (Sizlar) kitobni 15-martgacha qaytarishingiz kerak.

5) (Men) kecha hisobotni topshirishim kerak edi.

6) Ular uyini ta'mirlashlari kerak.

5. 1) Erta turishingiz kerak emas.

2) Meni kutishi kerak emas.

3) Ko'p ishlashi kerak emas.

4) Bu dorini ichishingiz kerak emas.

6. 1) – (Men) bir kunda necha mahal dori ichishim kerak?

–3 mahal ichishingiz kerak.

2) – (Biz) hisobotni qachongacha topshirishimiz kerak?

– 10-dekabrgacha topshirishingiz kerak.

3) – (Siz) kurs ishini necha bet yozishingiz kerak?

– 12~13 bet yozishim kerak.

4) – (Men) necha kun shifoxonada yotishim kerak?

– Bir hafta yotishingiz kerak.

5) – (Sizlar) nechta yangi so'z yodlashingiz kerak?

– 40 ta yangi so'z yodlashimiz kerak.

7. 1) *(Namuna)* Ming bor uzr, juma kuni uyga ertaroq borishim kerak.

2) *(Namuna)* Ming bor uzr, ertaga imtihonga tayyorlanishim kerak.

3) *(Namuna)* Ming bor uzr, shanba kuni buvimni ko'rgani kasalxonaga borishim kerak.

4) *(Namuna)* Ming bor uzr, seshanba kuni kechqurun soatbay ishlashim kerak.

5) *(Namuna)* Ming bor uzr, ertaga kechqurun otamga yordam berishim kerak.

8. 1) *(Namuna)* Men (esa) oshxonada soatbay ishlashim kerak.

2) *(Namuna)* Men (esa) shifoxonaga borishim kerak.

3) *(Namuna)* Men (esa) imtihonga tayyorlanishim kerak.

4) *(Namuna)* Men (esa) bugun kunduzi soatbay ishlashim kerak.

5) *(Namuna)* Men (esa) ertaga ertalab darsga borishim kerak.

6) *(Namuna)* Men (esa) juma kuni kurs ishini yozishim kerak.

7) *(Namuna)* Men (esa) bugun kechqurun uy tozalashim kerak.

9. 1) – Kirish mumkinmi?

– Ha, kirish mumkin.

2) – Spirtli ichimliklar ichish mumkinmi?

– Yo'q, (spirtli ichimliklar) ichish mumkin emas.

3) – Qo'ng'iroq qilish mumkinmi?

– Yo'q, qo'ng'iroq qilish mumkin emas.

4) – Konditsionerni yoqish mumkinmi?

– Ha, (konditsionerni) yoqish mumkin.

"B" mashqlar guruhi (연습문제 B)

Audiomashqlar (듣기활동)

1.

듣기 지문

1) Hozir o'zingizni qanday his qilyapsiz?
2) Sizningcha, sog'lom bo'lish uchun nima qilish kerak?
3) Kecha nima qilishingiz kerak edi?
4) Yurtingizda bolalar necha yoshdan maktabga borishlari kerak?
5) Muzeyda rasmga olish mumkinmi?

정답

1) *(Namuna)* Hozir o'zimni yaxshi his qilyapman.

2) *(Namuna)* Menimcha, sog'lom bo'lish uchun sport bilan shug'ullanish kerak.

3) *(Namuna)* Kecha dars qilishim kerak edi.

4) *(Namuna)* Yurtimda bolalar 7 yoshdan maktabga borishlari kerak.

5) *(Namuna)* Yo'q, muzeyda rasmga olish mumkin emas.

2.

듣기 지문

1) *Ayol:* Kechirasiz, shu yerga mashina qo'yish mumkinmi?
Erkak: Bu yerga mashina qo'yish mumkin emas. Anavi yerga qo'ying.
Ayol: Xo'p. Rahmat.
□ Bu yerga mashinangizni qo'ymang.

2) *Erkak:* Bu dorini 3 kun davomida ertalab va kechqurun ovqatdan keyin iching.
Ayol: Kunduzi ichish kerak emasmi?
Erkak: Yo'q, kunduzi ichishingiz kerak emas.
Ayol: Tushundim. Rahmat, doktor.
□ Bemor bir kunda 3 mahal dori ichishi kerak.

3) *Erkak:* Bugun kechqurun birga ovqatlanib, kinoga boraylik.
Ayol: Uzr. Bugun uyga ertaroq borishim kerak.
Erkak: Esiz…
Ayol: Iltimos, xafa bo'lmang. Kelasi safar, albatta, boraman.
□ Erkak va ayol bugun kechqurun birga kinoteatrga borishadi.

정답

1) O

2) X

3) X

3.

듣기 지문

1) Kecha havo juda issiq edi. Shuning uchun ko'p muzqaymoq yedim. Endi qornim qattiq og'riyapti.
2) Men o'tgan shanba kuni futbol o'ynadim. Yiqilib, oyog'imni sindirib oldim. Endi oyog'im qattiq og'riyapti.
3) Men yakshanba kuni basseynga bordim. Havo sovuq edi, lekin men basseynda uzoq vaqt suzdim. Shuning uchun shamollab qoldim, shekilli. Qattiq yo'talyapman. Boshim ham og'riyapti.

정답

1) c

2) b

3) a

4.

듣기 지문

1) *Ayol:* Kechirasiz.
Erkak: Labbay.
Ayol: Bu yerga palto bilan kirish mumkin emas.
Erkak: Uzr. Bilmagan edim.

2) *Erkak:* Kechirasiz.
Ayol: Labbay.
Erkak: Bu yerda gaplashish mumkin emas.
Ayol: Uzr. Bilmagan edim.

3) *Ayol:* Kechirasiz.
Erkak: Labbay.

Ayol: Imtihonda lug'atdan foydalanish mumkin emas.

Erkak: Aaa. Rostdanmi? Uzr. Bilmagan edim.

정답

1) c

2) d

3) a

O'qish (읽기 활동)

1) X

2) O

3) X

4) O

5) X

4-DARS

"A" mashqlar guruhi (연습문제 A)

1. 1) Men o'zbek milliy taomlarini pishira olaman.

2) Men futbol o'ynay olaman.

3) Men mashina hayday olaman.

4) Men raqsga tusha olaman.

2. 1) – Siz skripka chala olasizmi?

– Ha, men skripka chala olaman.

2) – Siz achchiq ovqat yeya olasizmi?

– Yo'q, men achchiq ovqat yeya olmayman.

3) – Siz suza olasizmi?

– Yo'q, men suza olmayman.

4) – Siz mashina hayday olasizmi?

– Ha, men mashina hayday olaman.

3. 1) – Necha metr yugura olasiz?

– 200 metrcha yugura olaman.

2) – Qaysi ovqatni pishira olasiz?

– Sho'rvani pishira olaman.

3) – Qaysi o'zbekcha ashulani ayta olasiz?

– "Yurak" ashulasini ayta olaman.

4. 1) bora olmayman

2) yordam bera olaman

3) qila olmadim

4) gapira olasizmi / eshita olmadim

5) uxlay olmadim

6) topa olmadim (topa olmayapman)

5. 1) *(Namuna)* Kecha Bobur oyog'ini sundirib oldi, shuning uchun darsga kela olmadi.

2) *(Namuna)* Kecha pomidor yegim keldi. Lekin do'konda yaxshi pomidor yo'q ekan. Shunga kecha pomidor yeya olmadim.

3) *(Namuna)* Mening fotoapparatim yo'q edi. Shuning uchun rasmga ola olmadim.

6. 1) *(Namuna)* Yo'q, bilet yo'q edi, shuning uchun ko'ra olmadim.

2) *(Namuna)* Yo'q, juda qimmat ekan, shuning uchun sotib ola olmayman.

3) *(Namuna)* Yo'q, kecha hisobotni topshirishim kerak edi, shuning uchun dam ola olmadim.

4) *(Namuna)* Yo'q, havo yomon edi, shuning uchun futbol o'ynay olmadik.

7. 1) – Qog'ozdan gul yasashni bilasizmi?

– *(Namuna)* Ha, bilaman.

2) – Konkida uchishni bilasizmi?

– *(Namuna)* Yo'q, bilmayman.

3) – Mashina tuzatishni bilasizmi?

– *(Namuna)* Yo'q, bilmayman.

4) – "Excel" da ishlashni bilasizmi?

– *(Namuna)* Ha, bilaman.

8. 1) Ovqat pishirishni hali uncha yaxshi bilmayman. Endi o'rganyapman.

2) Ha, akam rasmga olishga usta.

3) Tennis o'ynashni hali uncha yaxshi bilmayman. Endi o'rganyapman.

4) Ko'ngil ko'tarishni hali uncha yaxshi bilmayman. Endi o'rganyapman.

5) Ha, do'stim mashina haydashga usta.

6) Ota-onam o'zbekcha gapirishni hali uncha yaxshi bilishmaydi. Endi o'rganishyapti.

7) Ha, kuchugim raqsga tushishga usta.

9. 1) – Sangmin nimaga qiziqadi?

– *(Namuna)* Kompyuter o'yinlarini o'ynashga qiziqadi.

2) – Iroda nimaga qiziqadi?

– *(Namuna)* Kino ko'rishga qiziqadi.

3) – Siz nimaga qiziqasiz?

– *(Namuna)* Chet tillarini (=til) o'rganishga qiziqaman.

4) – Sizlar nimaga qiziqasizlar?

– *(Namuna)* Raqs tushishga qiziqamiz.

"B" mashqlar guruhi (연습문제 B)

Audiomashqlar (듣기활동)

1.

듣기 지문

1) Nimalarga qiziqasiz?
2) Necha metrga yugura olasiz?
3) Katta mashinani hayday olasizmi?
4) Raqsga tushishni bilasizmi?
5) Yaqin doʻstingizning sevimli mashgʻuloti nima?
6) Siz nima qilishga ustasiz?

정답

1) *(Namuna)* Gullarga qiziqaman.

2) *(Namuna)* 400 metrga yugura olaman.

3) *(Namuna)* Yoʻq, hayday olmayman.

4) *(Namuna)* Raqsga tushishni bilmayman.

5) *(Namuna)* Doʻstimning sevimli mashgʻuloti – kompyuter oʻyinlarini oʻynash.

6) *(Namuna)* Men skripka chalishga ustaman.

2.

듣기 지문

1) *Ayol:* Alisher, nimalarga qiziqasiz?
Erkak: Men odatda musiqa eshitaman.

Ayol: Siz pianino ham chala olasizmi?

Erkak: Yo'q, afsusku, chala olmayman.

▯ Yigit pianino chalishga qiziqadi.

2) *Erkak:* Anna, odatda bo'sh vaqtingizda nima qilasiz?

Ayol: Men san'at ko'rgazmalariga borib, rasmlarni ko'raman.

Erkak: Siz rasmni yaxshi chizasizmi?

Ayol: Yo'q, afsuski, men rasm chizishni yaxshi bilmayman. Menga faqat rasmlarni tomosha qilish yoqadi.

▯ Ayol bo'sh vaqtida ko'rgazmaga rasm ko'rgani boradi.

3) *Ayol:* Pedro, sevimli mashg'ulotingiz bormi?

Erkak: Rasmga olishga qiziqaman.

Ayol: Odatda nimalarni rasmga olasiz?

Erkak: Chiroyli tabiat manzalarini rasmga olishni yaxshi ko'raman.

▯ Yigitning sevimli mashg'uloti - tabiat manzaralarini chizish.

정답

1) X

2) O

3) X

O'qish (읽기 활동)

1) X

2) O

3) X

4) X

5) O

"A" mashqlar guruhi (연습문제 A)

1. 1) *(Namuna)* Iroda shanba kuni uy tozalamoqchi.

2) *(Namuna)* Sangmin do'sti bilan qachon uchrashmoqchi?

3) *(Namuna)* Men kelasi yil uylanmoqchiman/turmushga chiqmoqchiman

4) Biz qishki ta'tilda fransuz tilini o'rganmoqchimiz.

2. 1) Do'stlarim O'zbekistonga kelasi oyda kelishmoqchi (kelmoqchilar)

2) (Siz) Samarqandga qachon bormoqchisiz?

3) (Men) sizning hisobingizga 400 000 so'm pul o'tkazmoqchiman.

4) (Biz) Samarqandda diqqatga sazovor joylarni ziyorat qilmoqchimiz.

5) Bu stolni qayerga qo'ymoqchisiz?

6) (Men) yozgi ta'tilda haydovchilik guvohnomasini olmoqchiman.

3. 1) *(Namuna)* Feruza opa kecha yangi sumka sotib olmoqchi edi, lekin sumka juda qimmat ekan (edi).

2) *(Namuna)* Sangmin o'tgan yakshanba kuni futbol o'ynamoqchi edi, lekin oyog'ini qayirib oldi.

3) *(Namuna)* Akam o'tgan oyda ishdan bo'shamoqchi edi, lekin fikri o'zgardi.

4) *(Namuna)* (Men) o'tgan kuni oshxonada lag'mon yemoqchi edim, lekin lag'mon yo'q edi.

4. 1) – Bu xatni nima qilmoqchisiz?

– *(Namuna)* Bu xatni do'stimga yubormoqchiman.

2) – Bu go'shtni nima qilmoqchisiz?

– *(Namuna)* Bu go'shtdan sho'rva pishirmoqchiman.

3) – Bu qutini nima qilmoqchisiz?

– *(Namuna)* Bu qutiga kitoblarimni solmoqchiman.

4) – Bu olmani nima qilmoqchisiz?

– *(Namuna)* Bu olmani yemoqchiman.

5) – Bu shlyapani nima qilmoqchisiz?

– *(Namuna)* Bu shlyapani kiymoqchiman.

5. 1) *(Namuna)* Onamga sovg'a sotib olmoqchi edim.

2) *(Namuna)* Ingliz tili kursiga yozilmoqchi edim.

3) *(Namuna)* Germaniyaga jo'natma yubormoqchi edim.

4) *(Namuna)* Hisobraqam ochmoqchi edim.

6. 1) – Uyga ketasizmi?

– Yo'q. Yana biroz ishlamoqchi edim.

2) – Majlisni hozir boshlaysizmi?

– Yo'q, 10 minutdan keyin boshlamoqchi edim.

3) – Do'konga ertalab borasizmi?

– Yo'q, kunduzi bormoqchi edim.

4) – Naqd pul bilan to'laysizmi?

– Yo'q, kartochka bilan to'lamoqchi edim.

7. 1) Tezkor pochta orqali yubormoqchiman.

2) Turkiya orqali bordim.

3) Internet orqali o'qiyman.

4) Do'stim orqali berib yuboraman.

5) Bank pul o'tkazmasi orqali to'lamoqchiman.

"B" mashqlar guruhi (연습문제 B)

Audiomashqlar (듣기활동)

1.

듣기 지문

1) Bugun darsdan keyin nima qilmoqchisiz?
2) Yozgi ta'tilda sayohatga qayerga bormoqchisiz?
3) Kecha nima qilmoqchi edingiz? Qila oldingizmi?
4) Bolaligingizda kim bo'lmoqchi edingiz?

정답

1) *(Namuna)* Kutubxonaga bormoqchiman.

2) *(Namuna)* O'zbekistonga bormoqchiman.

3) *(Namuna)* Kecha dam olmoqchi edim. Dam ola olmadim, chunki ishlarim ko'p edi.

4) *(Namuna)* Bolaligimda shifokor bo'lmoqchi edim.

2.

듣기 지문

Erkak: Ta'tilda nima qilmoqchisiz?

Ayol: Haydovchilik guvohnomasini olmoqchiman.

Erkak: Rostdanmi? Biror sport bilan ham shug'ullanmoqchimisiz?

Ayol: Suzishga qatnamoqchiman.

Erkak: Sayohatga ham borasizmi?

Ayol: Moskvaga sayohatga bormoqchi edim, lekin bora olmayman. Samolyot chiptasi juda qimmat ekan.

Erkak: Tushunarli. Unda yana nima qilmoqchisiz?

Ayol: Xitoy tili kurslariga yozilmoqchiman.

정답

1) ☑ 2) ☐ 3) ☑ 4) ☑ 5) ☐

3.

듣기 지문

Erkak: Assalomu alaykum. "Buxoro" restoranimi?

Ayol: Vaalaykum assalom. Xo'sh, xizmat?

Erkak: Bugun kechqurunga joy band qilmoqchi edim.

Ayol: Xo'p bo'ladi. Soat nechaga?

Erkak: Kechki soat 6 ga.

Ayol: Necha kishi kelasizlar?

Erkak: 5 kishi.

Ayol: Derazaning oldidagi stolni sizlar uchun band qildim.

Erkak: Katta rahmat.

정답

1) O

2) X

3) X

O'qish (읽기 활동)

1) X

2) O

3) X

4) O

5) X

6-DARS

"A" mashqlar guruhi (연습문제 A)

1. 1) *(Namuna)* Kattalarni ko'rganda salom berish kerak.

2) *(Namuna)* Mashina haydayotganda telefonda gaplashish mumkin emas.

3) *(Namuna)* Tomoq og'riganda muzqaymoq yeyish mumkin emas.

4) *(Namuna)* Xonaga kirganda poyabzalni yechish kerak.

2. 1) Bo'sh qolganimda televizor ko'raman.

2) Kasal bo'lganimda uyda dam olaman.

3) Boshim og'riganida mana bu dorini ichaman.

4) Uyni sog'inganimda ota-onamga qo'ng'iroq qilaman.

5) Dush qabul qilganimda ashula aytaman.

6) Xafa bo'lganimda ko'p shirinlik yeyman.

3. 1) Soat to'rt.

2) Soat olti yarim.

3) Soat yettidan o'n besh minut o'tdi.

4) Soat yigirma beshta kam o'n.

5) Soat o'n beshta kam to'rt.

4. 1) *(Namuna)* Opam kecha (soat) o'n beshta kam to'rtda menga qo'ng'iroq qildi.

2) *(Namuna)* Biz bugun (soat) o'n ikki yarimda birga ovqatlanamiz.

3) *(Namuna)* Alisher va Lola kelasi hafta seshanba kuni (soat) oltidan yigirma minut o'tganda metroning oldida uchrashmoqchi.

4) *(Namuna)* Siz o'tgan hafta shanba kuni (soat) o'n beshta kam o'n ikkida uydan chiqib ketdingiz.

5) *(Namuna)* Men har kuni (soat) yigirmata kam to'qqizda universitetga yetib kelaman.

5. 1) Idishlarni yuvganingizdan keyin televizor ko'ring.

2) Tom kollejni bitirganidan keyin 2 yil bankda ishladi.

3) 15 minut kitob o'qiganimdan keyin uxlab qoldim.

4) Metro bekatiga yetib kelganingizdan keyin menga qo'ng'iroq qiling.

5) Qahva ichganimizdan keyin tashqariga chiqib sayr qilaylik.

6. 1) *(Namuna)* Mehmonga borishdan oldin qo'ng'iroq qilish kerak.

2) *(Namuna)* Basseynda suzishdan oldin dush qabul qilish kerak.

3) *(Namuna)* Uxlashdan oldin sut ichish kerak.

4) *(Namuna)* Uyga kirishdan oldin poyabzalni yechish kerak.

5) *(Namuna)* Uydan chiqishdan oldin derazani yopish kerak.

7. 1) Ishga ketishdan oldin ko'raman.

2) Navro'zdan oldin qaytmoqchiman.

3) Bir necha kun oldin keldi.

4) Yurtimga qaytishdan oldin sotib oldim.

5) Samolyotga chiqishdan oldin qo'ng'iroq qilamiz.

"B" mashqlar guruhi (연습문제 B)

Audiomashqlar (듣기활동)

1.

듣기 지문

1) Odatda xursand boʻlganingizda nima qilasiz?

2) Dars tugagandan keyin nima qilmoqchisiz?

3) Kechki ovqatni yegandan keyin odatda nima qilasiz?

4) Har kuni uxlashdan oldin nima qilasiz?

정답

1. *(Namuna)* Odatda xursand boʻlganimda ashula aytaman.

2. *(Namuna)* Dars tugagandan keyin doʻstlarim bilan oshxonaga bormoqchiman.

3. *(Namuna)* Kechki ovqatni yegandan keyin odatda kitob oʻqiyman.

4. *(Namuna)* Har kuni uxlashdan oldin dush qabul qilaman.

2.

듣기 지문

1) *Ayol:* Anvar aka, bu nima?

Erkak: Limonli choy. Shamollaganimda har doim limonli choy ichaman.

Ayol: Limonli choy? Foydasi bormi?

Erkak: Ha, albatta. Sogʻliq uchun juda foydali. Limon C vitaminiga juda boy.

□ Anvar aka shamollaganda limonli choy ichadi.

2) *Erkak:* Ertaga soat nechada uchrashamiz?

Ayol: Ertaga soat 3 gacha oʻzbek tili darsim bor. Dars tugagandan keyin boʻshman.

Erkak: Yaxshi. Unda soat 4 larda uchrashaylik.

Ayol: Kelishdik.

□ Ertaga qiz darsdan keyin yigit bilan uchrashadi.

3) *Ayol:* Bu hujjatlarni hozir yuborasizmi?

Erkak: Sal turib yuboraman. Yuborishdan oldin boshliq imzo qo'yishi kerak.

Ayol: Aa-a… Tushunarli.

□ Erkak hujjatlarni yuborgandan keyin boshliq imzo qo'ya oladi.

정답

1) O

2) O

3) X

O'qish (읽기 활동)

1) O

2) X

3) X

4) X

5) O

6) X

7-DARS

"A" mashqlar guruhi (연습문제 A)

1. 1) Bu dorini ichsangiz, yaxshi bo'lib qolasiz.

2) Sovqotsangiz, isitkichni yoqing.

3) Isib ketsangiz, konditsionerni yoqing.

4) Band bo'lmasangiz, sizga qo'ng'iroq qilaman.

5) Avtobus kelmasa, taksi ushlaymiz.

6) Istasangiz, sizga yangi smartfon olib beraman.

2. 1) (Agar) Yomg'ir yog'sa, (men) uyda o'tiraman.

2) (Agar) Havo sovuq bo'lsa, (sizlar) hech qayerga bora olmaysizlar.

3) (Agar) Qor yog'sa, bolalar qorbobo yasaydilar.

4) (Agar) Ziyofatga bormasam, do'stlarim xafa bo'ladi.

5) (Agar) Astoydil o'qisangiz, imtihondan a'lo baho olasiz.

6) (Agar) Imtihondan yiqilsam, juda xafa bo'laman.

3. 1) *(Namuna)* – Havo yaxshi bo'lsa, nima qilasiz?

– Golf o'ynayman.

2) *(Namuna)* – Pulingiz ko'p bo'lsa, nima qilasiz?

– Dunyo bo'ylab sayohat qilaman.

3) *(Namuna)* – Naqd pulingiz bo'lmasa, nima qilasiz?

– Bankomatdan yechib olaman.

4) *(Namuna)* – Havo juda issiq bo'lsa, nima qilasiz?

– Dengizga boraman.

5) *(Namuna)* – Do'stingiz bilan uchrashsangiz, nima qilasizlar?

– Kinoteatrga borib, kino ko'ramiz.

4. 1) Mana bu tugmachani bossangiz, pul chiqadi.

2) Kodni tersangiz, eshik ochiladi.

3) Mana buni burasangiz, suv tushadi.

4) Reklama kuponini olib kelsangiz, 10 foiz chegirma beramiz.

5. 1) – Kechirasiz, metro qayerda?

– *(Namuna)* Chorrahadan chapga qayrilsangiz, o‘sha yerda metro bekati bor.

2) – Kechirasiz, bank qayerda?

– *(Namuna)* 200 metrcha to‘g‘riga yursangiz, o‘ng tomonda bank bor.

3) – Kechirasiz, pochta qayerda?

– *(Namuna)* To‘g‘riga yurib, o‘ngga qayrilsangiz, o‘sha yerda pochta bor.

4) – Kechirasiz, kutubxona qayerda?

– *(Namuna)* 100 metrcha to‘g‘riga yursangiz, o‘sha yerda kutubxona bor.

6. 1) *(Namuna)* Har kuni sport bilan shug‘ullansangiz, sog‘lom bo‘lasiz.

2) *(Namuna)* Xato qilsam, jahlim chiqadi.

3) *(Namuna)* Ertaga ishga bormasam, siz bilan uchrashaman.

4) *(Namuna)* Vaqtingiz bo‘lsa, ziyofatga borasizmi?

5) *(Namuna)* Mashina sotib olsangiz, qayerga boramiz?

6) *(Namuna)* Derazani ochsam, qarshi emasmisiz?

7. 1) *(Namuna)* Otam yangi mashina sotib olsa, yaxshi bo‘lar edi.

2) *(Namuna)* Singlim mukofot olsa, yaxshi bo‘lar edi.

3) *(Namuna)* O‘g‘lim astoydil o‘qisa, yaxshi bo‘lar edi.

4) *(Namuna)* (Men) lotereyada katta pul yutsam, yaxshi bo‘lar edi.

5) *(Namuna)* (Siz) imtihondan yaxshi baho olsangiz, yaxshi bo‘lar edi.

8. 1) U astoydil o‘qisa, yaxshi bo‘lar edi.

2) (Men) sevgan qizim bilan doim birga bo‘lsam, yaxshi bo‘lar edi.

3) “Yalla” guruhining konsertiga borsak, yaxshi bo‘lar edi.

4) (Mening) bo‘yim balandroq bo‘lsa, yaxshi bo‘lar edi.

5) Kompyuterim buzilmasa, yaxshi bo‘lar edi.

6) (Siz,) hech bo'lmasa, 3 kiloga ozsangiz, yaxshi bo'lar edi.

9. 1) *(Namuna)* Ertaga (men) do'stim uchun sovg'a sotib olmoqchiman.

2) *(Namuna)* Dam olish kunlarida turmush o'rtog'im men uchun tort pishirmoqchi (pishiradi).

3) *(Namuna)* (Biz) kecha o'qituvchimiz uchun xat yozdik.

4) *(Namuna)* O'tgan kuni (men) o'zim uchun yangi qora ko'zoynak sotib oldim.

"B" mashqlar guruhi (연습문제 B)

Audiomashqlar (듣기활동)

1.

듣기 지문

1) Dam olish kunlari havo yaxshi bo'lsa, nima qilasiz?
2) O'zbek tilini yaxshi o'rgansangiz, nima qilasiz?
3) Pulingiz ko'p bo'lsa, nima qilasiz?
4) Do'stingiz darsga kelmasa, nima qilasiz?
5) O'zbekistonga borsangiz, nima qilmoqchisiz?

정답

1) *(Namuna)* Dam olish kunlari havo yaxshi bo'lsa, sayr qilaman.

2) *(Namuna)* O'zbek tilini yaxshi o'rgansam, tarjimon bo'laman.

3) *(Namuna)* Pulim ko'p bo'lsa, sayohat qilaman.

4) *(Namuna)* Do'stim darsga kelmasa, unga telefon qilaman.

5) *(Namuna)* O'zbekistonga borsam, Samarqandni ziyorat qilmoqchiman.

2.

듣기 지문

1) *Ayol:* Sangmin, ta'tilga chiqsangiz, nima qilmoqchisiz?

Erkak: Tort pishirishni o'rganmoqchiman.

Siz-chi, Iroda?

Ayol: Men Yevropaga sayohatga bormoqchiman.

□ Iroda ta'tilga chiqsa, sayohatga boradi.

2) *Erkak:* Anna, shanba kuni kechqurun bo'sh bo'lsangiz, kinoga boraylik.

Ayol: Hozir aniq ayta olmayman. Ishdan ertaroq chiqsam, sizga xabar beraman.

Erkak: Mayli. Javobingizni kutaman. Borsangiz, yaxshi bo'lar edi.

□ Anna shanba kuni ishlamaydi.

3) *Erkak:* Kechirasiz, menga yordam bera olasizmi? Men bankomatdan pul olmoqchi edim. Hammasini qildim, lekin pul chiqmayapti.

Ayol: Mana bu yashil tugmachani bossangiz, pulingiz chiqadi.

Erkak: Aa-a... Tushunarli. Yordamingiz uchun katta rahmat.

□ Erkak yashil tugmachani bosganidan keyin pul chiqadi.

정답

1) O

2) X

3) O

O'qish (읽기 활동)

1) X

2) O

3) O

4) X

5) X

8-DARS

"A" mashqlar guruhi (연습문제 A)

1. 1) otam sovg'a qilgan soat

2) Koreyada ishlab chiqarilgan mashina

3) ertaga keladigan mehmon

4) bozorda sotilayotgan mevalar

5) har kuni yeydigan ovqat

2. 1) Novvoy bu – non yopadigan odam.

2) Musiqachi bu - cholg'u asbobini chaladigan odam.

3) Bemor bu – kasal bo'lgan odam.

4) Tish doktori bu – tishni davolaydigan odam.

5) Yolg'onchi bu – rost gapirmaydigan odam.

3. 1) – Malika kim?

(Namuna) – Qahva ichayotgan qiz – Malika.

2) – Anvar aka kim?

(Namuna) – Gazeta o'qiyotgan kishi – Anvar aka.

3) – Sardor kim?

(Namuna) – Deraza yonida turgan kishi – Sardor.

4) – Sevara kim?

(Namuna) – Kompyuterda ishlayotgan qiz – Sevara.

4. 1) Yashil yubka kiygan qiz – Iroda.

2) Koʻzoynak taqqan yigit – Seyun.

3) Doʻppi kiygan kishi – Hasan aka.

4) Qizil galstuk taqqan yigit – Sangmin.

5. 1) – Doʻstingiz bilan uchrashdingizmi?

– Qaysi doʻstim bilan?

– Kecha Amerikadan kelgan doʻstingiz bilan-da.

2) – Soʻzlarni yodladingizmi?

– Qaysi soʻzlarni?

– Kecha darsda oʻrgangan soʻzlarni-da.

3) – Rasmlaringizni koʻrsatasizmi?

– Qaysi rasmlar(im)ni?

– Boya olgan rasmlaringizni-da.

4) – Suhbatga tayyormisiz?

– Qaysi suhbatga?

– Ertaga boʻladigan suhbatga-da.

6. 1) Hozir ukam "Oq kema" degan kitobni oʻqiyapti.

2) Kecha biz birinchi marta "halim" degan ovqatni yedik.

3) Ertaga men kursdoshlarim bilan "Toʻylar muborak" degan filmni tomosha qilaman (tomosha qilmoqchiman).

4) Oʻtgan hafta bizning kursimizga Sarvar degan yangi talaba keldi.

7. 1) *(Namuna)* Sangmin sovgʻa sotib olgani savdo markaziga bormoqchi.

2) *(Namuna)* Men osh yegani Osh markaziga ketyapman.

3) *(Namuna)* Havo issiq boʻlsa, dam olgani dengizga boramiz.

4) *(Namuna)* Otam bozor qilgani supermarketga keldilar.

5) *(Namuna)* Men kecha buvam va buvimni ko'rgani qishloqqa bordim.

8. 1) – Dam olgani qayerga bormoqchisiz?

– Dam olgani Chimyon tog'iga bormoqchiman.

2) – Esdalik sovg'a sotib olgani qayerga bormoqchisiz?

– Esdalik sovg'a sotib olgani Chorsu bozoriga bormoqchiman.

3) – Kino ko'rgani qayerga bormoqchisiz?

– Kino ko'rgani "Bahor" kinoteatriga bormoqchiman.

4) – Lag'mon yegani qayerga bormoqchisiz?

– Lag'mon yegani "Anor" oshxonasiga bormoqchiman.

9. 1) – Novvoyxonaga nima uchun bordingiz?

– Issiq non sotib olish uchun bordim.

2) – Kirish, chiqish va fuqarolik bo'limiga nima uchun bordingiz?

– Ro'yxatga turish uchun bordim.

3) – Toshkentga nima uchun bordingiz?

– "Nihol" ko'rik-tanlovida qatnashish uchun bordim.

4) – Stadionga nima uchun bordingiz?

– Musobaqani tomosha qilish uchun bordim.

10. 1) – Savdo markaziga nima sotib olgani bormoqchisiz?

– (Savdo markaziga) Koreyada ishlab chiqarilgan muzlatkichni sotib olgani bormoqchiman.

2) – "O'zbekiston" mehmonxonasiga kim bilan uchrashgani bormoqchisiz?

– ("Ozbekiston" mehmonxonasiga) Amerikadan kelgan mutaxassis bilan uchrashgani bormoqchiman.

3) – Buvangiz va buvingizni ko'rgani nimada bormoqchisiz?

– (Buvam va buvimni ko'rgani) yangi sotib olgan mashinamda bormoqchiman.

4) – Golf o'ynagani qayerga bormoqchisiz?

– (Golf o'ynagani) yangi ochilgan golf maydoniga bormoqchiman.

"B" mashqlar guruhi (연습문제 B)

Audiomashqlar (듣기활동)

1.

듣기 지문

1) Yozgi ta'tilda dam olgani qayerga borgingiz keladi?
2) Siz kiyim sotib olgani odatda qaysi do'konga borasiz?
3) Oilangizda raqsga tushishni yaxshi ko'radigan odam bormi?
4) Oilangizda ko'zoynak taqadigan odam bormi?
5) Siz yaxshi ko'radigan rang qaysi?

정답

1) *(Namuna)* Yozgi ta'tilda dam olgani Yevropaga borgim keladi.

2) *(Namuna)* Men kiyim sotib olgani odatda "Next" savdo markaziga boraman.

3) *(Namuna)* Oilamda hamma raqsga tushishni yaxshi ko'radi.

4) *(Namuna)* Oilamda ko'zoynak taqadigan odam bor. Mening otam.

5) *(Namuna)* Men yaxshi ko'radigan rang – oq.

2.

듣기 지문

1) *Erkak:* Shirin palov yegim kelyapti.

Ayol: Mening ham qornim och. Shu atrofda "Kamolon" degan oshxona bor. U yerda oshni zo'r pishirishadi-da.

Erkak: Rostdanmi? Unda ketdik!

Ayol: Ketdik!

□ Erkak va ayol palov yegani "Kamolon" oshxonasiga borishadi.

2) *Ayol:* Sangmin, bu qanday kompyuter?

Erkak: Koreyada ishlab chiqarilgan kompyuter. Juda yaxshi. O'tgan hafta sotib oldim.

Ayol: Shunaqami? Men ham Koreyada ishlab chiqarilgan kompyuter sotib olmoqchi edim.

□ Sangmin Koreyada ishlab chiqarilgan kompyuterini sotmoqchi.

정답

1) O

2) X

O'qish (읽기 활동)

1) O

2) X

3) X

4) O

5) X

6) O

9-DARS

"A" mashqlar guruhi (연습문제 A)

1. 1) Yangi so'zlarni yodlasam ham, tez esimdan chiqadi.

2) Lug'atga qarab o'qisam ham, tushuna olmayapman.

3) Tugmachani bossam ham, kompyuter yoqilmayapti.

4) Charchagan bo'lsam ham, uyqum kelmayapti.

5) Ukam imtihonga yaxshi tayyorlansa ham, yiqildi.

6) Yo'llar tirband bo'lsa ham, ishga vaqtida yetib keldik.

2. 1) Uyqum kelsa ham, hisobotni tugatishim kerak.

2) Yomg'ir yog'sa, hech qayerga bormaymiz.

3) Raqsga yaxshi tusha olmasam ham, do'stimning to'yida raqsga tushdim.

4) Kasal bo'lsam, shifoxonaga boraman.

5) Uyqu dorisini ichsam ham, uxlay olmayapman.

3. 1) *(Namuna)* Yo'q, bo'sh vaqtim bo'lsa ham, kinoga bormayman.

2) *(Namuna)* Yo'q, imkoniyatim bo'lsa ham, chet elda yashagim kelmaydi.

3) *(Namuna)* Yo'q, maoshi kam bo'lsa, ishga kirmayman.

4) *(Namuna)* Yo'q, mazam yo'q bo'lsa, darsga bormayman.

4. 1) *(Namuna)* Qiyin bo'lsa ham, ukam imtihondan yaxshi o'tdi.

2) *(Namuna)* Qornim och bo'lsa ham, hech narsa yeya olmadim.

3) *(Namuna)* Pullari kam bo'lsa ham, ular juda ham baxtli.

4) *(Namuna)* Havo sovuq bo'lsa ham, Anna paltosini kiymadi.

5. 1) Qancha eshitsam ham, tushunmayapman.

2) Qancha yesam ham, to'ymayapman.

3) Qancha tayyorlansa ham, imtihondan o'ta olmadi (o'tmadi).

4) Qancha qo'ng'iroq qilsak ham, javob bermadi (bermayapti).

6. 1) *(Namuna)* Qancha mashq qilsam ham, baribir, oza olmayapman.

2) *(Namuna)* Qancha o'qisam ham, baribir, tushuna olmayapman.

3) *(Namuna)* Qancha ishlasam ham, baribir, pul to'play olmayapman.

4) *(Namuna)* Qancha dori ichsam ham, baribir, tuzala olmayapman.

7. 1) *(Namuna)* (Men) hisobraqam ochish uchun bankka boraman.

2) *(Namuna)* (Men) uylanish uchun pul to'playapman.

3) *(Namuna)* (Men) ispan tilini o'rganish uchun Ispaniyaga bormoqchiman.

4) *(Namuna)* (Men) sovqotmaslik uchun qalin kiyindim.

8. 1) Aqlli bo'lish uchun ko'p kitob o'qish kerak.

2) Telefonda balansni tekshirish uchun * #102* ni terish kerak.

3) Imtihondan o'tish uchun astoydil o'qish kerak.

4) Ishga kirish uchun ingliz tilini yaxshi bilish kerak.

5) Uzoq umr ko'rish uchun ko'p kulish kerak.

6) Kasal bo'lmaslik uchun vaqtida ovqatlanish va yaxshi uxlash kerak.

9. 1) (Namuna) Yoga bilan shug'ullanib ko'ring.

2) (Namuna) Mana bu choydan ichib ko'ring.

3) (Namuna) Xivaga borib ko'ring.

4) (Namuna) Bu ko'ylakni kiyib ko'ring.

10. 1) – Qancha ko'p ishlasam ham, kam pul olyapman.

– Ishingizni o'zgartirsangiz-chi?

2) – Qancha qahva ichsam ham, uyqum kelyapti.

– Salqin dush qabul qilsangiz-chi?

3) – Qancha o'qisam ham, tushuna olmayapman.

– O'qituvchingizdan so'rasangiz-chi?

4) – Qancha ko'p pul topsam ham, bir oyga yetmayapti.

– Pulni tejab ishlatsangiz-chi?

"B" mashqlar guruhi (연습문제 B)

Audiomashqlar (듣기활동)

1.

듣기 지문

1) Ertaga dam olish kuni bo'lsa ham, erta turasizmi?
2) Odatda sizga yoqqan narsa qimmat bo'lsa ham, sotib olasizmi?
3) Ertaga havo juda sovuq bo'lsa ham, darsga kelasizmi?
4) Siz odatda charchasangiz ham, uy vazifasini qilib, keyin uxlaysizmi?

정답

1. *(Namuna)* Yo'q, dam olish kuni bo'lsa, erta turmayman.

2. *(Namuna)* Yo'q, menga yoqqan narsa qimmat bo'lsa, sotib olmayman.

3. *(Namuna)* Ha, ertaga havo juda sovuq bo'lsa ham, darsga boraman.

4. *(Namuna)* Ha, charchasam ham, uy vazifasini qilib uxlayman.

2.

듣기 지문

1) *Erkak:* Sangmin, yaxshi bo'lib qoldingizmi?

Ayol: Yo'q. Qancha dori ichsam ham, hali ham tomog'im og'riyapti.

Erkak: Malinali choy ichib koʻrsangiz-chi. Shamollaganda juda foydali.

Ayol: Rahmat. Albatta, ichib koʻraman.

□ Sangmin hozir oʻzini ancha yaxshi his qilyapti.

2) *Erkak:* Nima yeymiz?

Ayol: Men rus milliy taomlarini yaxshi bilmayman.

Erkak: Unda "borsh" degan shoʻrvani ichib koʻrsak-chi?

Ayol: Yaxshi fikr! Unda borsh buyuraylik.

□ Erkak va ayol borshga buyurtma beradilar.

정답

1) X

2) O

3) O

O'qish (읽기 활동)

1) X

2) X

3) O

4) X

5) O

10-DARS

"A" mashqlar guruhi (연습문제 A)

1. 1) Men mashina haydab koʻrganman.

2) Men parashyutda uchib ko'rmaganman.

3) Men soatbay ishlab ko'rganman.

4) Men qurut yeb ko'rmaganman.

2. 1) – O'zbeklarning uyiga mehmonga borganmisiz?

– Ha, ko'p borganman.

2) – Alisher Navoiy teatriga borganmisiz?

– Yo'q, hech qachon bormaganman.

3) – Sevgi izhor qilganmisiz?

– Ha, qilganman.

4) – Toshkent metrosiga tushganmisiz?

– Yo'q, bir marta ham tushmaganman.

5) – Biror kishiga qarzga pul berib turganmisiz?

– Ha, berib turganman.

6) – Biror kishidan qarzga pul olganmisiz?

– Yo'q, bir so'm ham olmaganman.

7) – Bankdan kredit olganmisiz?

– Ha, bir martagina olganman.

8) – Hech suyunchi olganmisiz?

– Yo'q, hech qachon olmaganman.

3. 1) 15 minut vaqtim bor, xolos.

2) 2 soat uxladim, xolos.

3) "Spasibo" so'zini bilaman, xolos.

4) Xitoyda bo'lganman, xolos.

5) Ikki marta borganman, xolos.

6) Bir marta uchib ko'rganman, xolos.

4. 1) – U doim men haqimda o'ylaydi.

– Kim haqida? Siz haqingizdami?

– Ha, men haqimda.

2) – Ular o'tgan hafta biz to'g'rimizda gapirdilar.

– Kim to'g'risida? Biz to'g'rimizdami?

– Ha, biz to'g'rimizda.

3) – Men siz haqingizda ko'p eshitganman.

– Kim haqida? Men haqimdami?

– Ha, siz haqingizda.

4) – Talabalar siz to'g'ringizda ko'p so'raydi.

– Kim to'g'risida? Men to'g'rimdami?

– Ha, siz to'g'ringizda.

5. 1) Hech kimni tanimayman.

2) Hech narsa yegim kelmayapti.

3) Hech qachon bormaganman.

4) Hech kimniki emas.

5) Hech narsa xarid qilmadim.

"B" mashqlar guruhi (연습문제 B)

Audiomashqlar (듣기활동)

1.

듣기 지문

1) Samarqandga borganmisiz?

2) Ot minib ko'rganmisiz?

3) Nima yoki kim haqida ko'p o'ylaysiz?

4) Do'stlaringiz bilan odatda nima haqida suhbatlashasiz?

정답

1. *(Namuna)* Ha, bir marta borganman.

2. *(Namuna)* Ha, minib ko'rganman.

3. *(Namuna)* (Men) kelajak haqida ko'p o'ylayman.

4. *(Namuna)* Do'stlarim bilan odatda hayot haqida suhbatlashamiz.

2.

듣기 지문

1) *Erkak:* Sara, siz Parijda va Madridda bo'lgansiz-a?

Ayol: Parijda bo'lganman. Lekin Madridga hali bormaganman.

Erkak: Parij qanday ekan?

Ayol: Juda chiroyli ekan.

□ Ayol Parij va Madridda bo'lgan.

2) *Ayol:* Sangmin, Chimyon tog'iga chiqqanmisiz?

Erkak: Ha, lekin bir martagina chiqqanman, xolos.

Ayol: U yerda chang'i ham uchib ko'rganmisiz?

Erkak: Ha, men qishda borganman, shuning uchun maza qilib chang'i uchganman.

□ Sangmin qishda Chimyon tog'ida chang'i uchgan.

3) *Erkak:* Siz Xizr buva haqida eshitganmisiz?

Ayol: Xizr buva? Birinchi marta eshitishim. Nima edi?

Erkak: Hech narsa. Men sizga u haqida gapirib bermoqchiman.

□ Ayol Xizr buva haqida hech narsa bilmaydi.

4) *Erkak:* Tashqariga qarang. Yomg'ir yog'adi, shekilli.

Ayol: To'g'ri aytasiz! Esiz… Bugun hayvonot bog'iga bormoqchi edik-a...

Erkak: Xafa bo'lmang. Bugun kinoga boraylik. Hayvonot bog'iga kelasi hafta boramiz.

Ayol: Ha, mayli. Shunday qilaylik.

▯ Hozir yomg'ir yog'yapti.

정답

1) X

2) O

3) O

4) X

O'qish (읽기 활동)

1) O

2) X

3) O

4) X

5) O

6) X

11-DARS

"A" mashqlar guruhi (연습문제 A)

1. 1) Ertaga havo yaxshi bo'ladi, deb o'ylayman.

2) Bu ishni Sangmin qila oladi, deb o'ylayman.

3) Ish kunlari ertalab yo'llar tirband bo'ladi, deb o'ylayman.

4) Spirtli ichimliklarni ko'p ichish sog'liqqa ziyon, deb o'ylayman.

2. 1) Yo'q, ertaga yig'ilish bo'lmaydi, deb o'ylayman.

2) Yo'q, Qo'qon uncha katta shahar emas, deb o'ylayman.

3) Ha, Sara juda yaxshi o'qituvchi, deb o'ylayman.

4) O'zbekistonda ishlab chiqarilgan mashinalar juda yaxshi, deb o'ylayman.

5) O'zbekistondagi eng chiroyli shahar – Samarqand (shahri), deb o'ylayman.

3. 1) – O'zbeklar haqida nima deb o'ylaysiz?

– Juda oqko'ngil, deb o'ylayman.

2) – O'zbek milliy taomlari haqida nima deb o'ylaysiz?

– Juda shirin, lekin yog'liroq, deb o'ylayman.

3) – O'zbek milliy musiqasi haqida nima deb o'ylaysiz?

– Juda yoqimli, deb o'ylayman.

4) – O'zbekistondagi hayot haqida nima deb o'ylaysiz?

– Juda qulay va osoyishta, deb o'ylayman.

5) – Toshkent shahri haqida nima deb o'ylaysiz?

– Juda ozoda va chiroyli, deb o'ylayman.

4. 1) Samarqand juda chiroyli shahar, deb eshitdim.

(Samarqandni juda chiroyli shahar, deb eshitdim.)

2) Bo'lim boshlig'i bo'ldingiz, deb eshitdim.

(Sizni bo'lim boshlig'i bo'ldi, deb eshitdim.)

3) O'zbek qizlari juda chiroyli, deb eshitdim.

(O'zbek qizlarini juda chiroyli, deb eshitdim.)

4) O'zbekiston tarixini yaxshi bilasizlar, deb eshitdim.

(Sizlarni O'zbekiston tarixini yaxshi bilishadi, deb eshitdim.)

5) Mazangiz yo'q, deb eshitdim.

(Sizni mazasi yo'q, deb eshitdim.)

6) Musobaqada qatnashib, 1-o'rinni egalladingiz deb eshitdim.

(Sizni musobaqada qatnashib, 1-o'rinni egalladi, deb eshitdim.)

5. 1) Lekin men sizni lotereyada katta pul yutdi, deb eshitgan edim-ku.

2) Lekin men sizni shanba kuni har doim uyda dam oladi, deb eshitgan edim-ku.

3) Lekin men sizni hech qachon Markaziy Osiyoda bo'lmagan, deb eshitgan edim-ku.

4) Lekin men sizni mashina haydashni bilmaydi, deb eshitgan edim-ku.

5) Lekin men sizni ish tajribasi yo'q, deb eshitgan edim-ku.

6) Lekin men sizni norinni yaxshi ko'rmaydi, deb eshitgan edim-ku.

6. 1) Tom: "Bugun havo juda yaxshi", - deb aytdi.

2) Sangmin: "Yakshanba kuni men Chimyon tog'iga boraman", – deb aytdi.

3) Feruza opa: "Bugun kechqurun men bo'shman", - deb aytdi.

4) Do'stim: "Qayerga borgingiz kelyapti?" - deb so'radi.

5) Men Sangmindan: "Palovni yaxshi ko'rasizmi?"- deb so'radim.

6) Sangmin menga: "Ha, men palovni juda yaxshi ko'raman" , - deb javob berdi.

7) Siz: "Ertaga ko rishaylik" , - deb aytdingiz.

7. 1) Tug'ilgan kuningiz bilan tabriklayman. Sizga uzoq umr, sog'liq, baxt va omad tilayman.

2) Navro'z bayrami bilan tabriklayman. Sizga uzoq umr, sog'liq, baxt va omad tilayman.

3) Sovrin olganingiz bilan tabriklayman. Sizga uzoq umr, sog'liq, baxt va omad tilayman.

4) 1-o'rinni egallaganingiz bilan tabriklayman. Sizga uzoq umr, sog'liq, baxt va omad tilayman.

"B" mashqlar guruhi (연습문제 B)

Audiomashqlar (듣기활동)

1.

듣기 지문

1) Ertaga havo qanday bo'ladi deb o'ylaysiz?
2) O'zbek tili haqida nima deb o'ylaysiz?
3) Toshkent shahri haqida nimalarni eshitgansiz?
4) Kecha do'stingiz sizga nima dedi?

정답

1) *(Namuna)* Ertaga havo issiq bo'ladi, deb o'ylayman.

2) *(Namuna)* O'zbek tili juda qiziqarli, deb o'ylayman.

3) *(Namuna)* Toshkent shahri juda chiroyli, deb eshitganman.

4) *(Namuna)* Kecha do'stim: "Birga kinoga boraylik", – dedi.

2.

듣기 지문

1) *Erkak:* Kechirasiz, boshliq bilan uchrashmoqchi edim.
Ayol: Hozir yig'ilishdalar.
Erkak: Qachon bo'shaydilar?
Ayol: Tez bo'shaydilar, deb o'ylayman.
Erkak: Tushunarli. Unda men shu yerda kutib turaman.
□ Boshliq hozir erkak bilan uchrasha olmaydi.

2) *Ayol:* Bugun O'zbekiston va Koreya milliy terma jamoalari futbol o'ynaydi, deb eshitdim.

Erkak: Ha, to'g'ri. Bu o'yinni, albatta, ko'rishimiz kerak.

Ayol: Kim yutadi deb o'ylaysiz?

Erkak: Hisob 1:1 bo'ladi, deb o'ylayman.

□ Erkak: "Futbol o'yinida Koreya yutadi", – deb aytdi.

3) *Ayol:* Uylandingiz, deb eshitdim.

Erkak: Yo'g'-e? Bo'lmagan gap. Kimdan eshitdingiz?

Ayol: Bir tanishimdan eshitdim-da. U menga: "Seyun yaqinda uylandi", – deb aytdi.

Erkak: Ha-ha-ha... Menimcha, u – boshqa Seyun. Men uylansam, sizni, albatta, to'yimga chaqiraman-ku.

Ayol: O'zim ham hayron bo'ldim.

□ Erkak yaqinda uylandi.

정답

1) O

2) X

3) X

O'qish (읽기 활동)

1) ④ - 2) ③ - 3) ② - 4) ⑤ - 5) ①

So'zlik (A2) 본문 어휘

ahvol	상태
ajrashmoq	~ 이혼하다
aksiya	행사, 이벤트
akula	상어
allergiya (-ga ~)	알레르기
almashtirmoq (-ni -ga ~)	교환하다
ammo	그러나, 그런데
ari	벌
asab	신경
asal	꿀
atlas	아틀라스(우즈벡 고유의 무늬 있는 면직물)
aviachipta	비행기표
axlat (~ni tashlamoq)	쓰레기 (~ 버리다)
axtarmoq	찾다
ayiq	곰
ayniqsa	특히
ayron	아이런 (우유로 만든 발효 음료)
a'lo	우수한
bajarmoq (uy vazifasini ~)	(과제) 하다, (일) 수행하다
balansni tekshirmoq	(통장) 잔액을 확인하다
balet	발레
baliq	생선, 물고기
baliq ovlamoq	낚시를 하다
bank pul o'tkazmasi	은행 이체, 송금
bankomat	ATM 기기

baqa	개구리
baribir	그럼에도, 어쨌든
barmoq	손가락
baxt	행복
bel	허리
bemor	환자
bepul	무료
berib yubormoq	보내 주다
berilmoq	주어지다 (bermoq 수동태)
bechora	불쌍한, 딱한
bilak	손목
biologiya	생물학
bir bor	한 번
bir marta ham	단 한 번도
bir martagina	딱 한 번만
bir necha kun	며칠
birdek	똑같이
birinchi kelishim	(나의) 첫 방문 (=처음 온 거예요.)
birinchi yordam	응급 처치
biror	어느, 아무
biror kun	어느 날
bitirmoq (-ni ~)	끝내다
biznes ochmoq	사업을 시작하다
bolalar bog'chasi	어린이 집, 유치원
bolaligimda	(내가) 어렸을 때
borib kelmoq (-ga ~)	갔다 오다

bosmoq	누르다
borsh	보르쉬(러시아 스프)
boy (-ga ~)	가득한, 많은
boya	최근, 얼마 전, 좀 전에
bozor qilmoq	장 보다
bogʻcha mudiri	어린이집 원장
bosh	머리
bosh vazir	총리
bosh shifokor	병원장
boshlangʻich maktab	초등학교
boshliq	우두머리, (조직, 기관의) 장
boshlovchi	사회자, 선도자
boshogʻriq	두통
boshogʻriq dorisi	두통약
boshqa	다른
bukmoq	구부리다
buramoq	돌리다
burun	코
buyrak	신장
buyum	물건
buyurtma bermoq (-ga ~)	주문하다
buzilmoq	고장나다
boʻlim	부서, 과
boʻlim boshligʻi	팀장, 과장
boʻlmoq	되다
boʻri	늑대
boʻyin	목

boʻsh boʻlmoq	한가하다
boʻsh qolmoq	한가해지다
daha	(행정구역상) 단지, 구역, 동네
darhol	바로, 금방
dars tayyorlamoq	공부하다
dastur	프로그램
dasturxon	식탁
davlat	국가, 정부
davolamoq	치료하다
dekan	학장
delfin	돌고래
demoq	말하다
diqqatga sazovor joy	유명한 곳
direktor	교장
direktor	사장, 회장
doira	북 모양의 우즈벡 전통 악기, 원(circle)
doktor	의사
dollar	달러
dori ichmoq	약을 먹다
dori yozib bermoq	약을 처방하다
dumba	엉덩이
dunyo boʻylab (~sayohat qilmoq)	세계 여행을 하다
dutor (~ chalmoq)	우즈벡 전통 악기(2줄)
doʻppi	우즈벡 전통 모자
ega	주인, 소유자
ega boʻlmoq (-ga ~)	소유하다

egilmoq	(머리, 목 등을) 숙이다
ekologiya	생태, 환경
eltib qoʻymoq	데려다주다, 가져다 놓다
emlamoq	예방 접종을 하다
emlanmoq	예방 접종을 받다
erinchoq	게으른, 일하기 싫어하는
erkaklar koʻylagi	(남성) 셔츠
erkin	자유로운
ertadan	내일부터
ertasiga	다음 날
esdalik	기념
esdalik sovgʻa	기념품
etik	부츠
Everest choʻqqisi	에베레스트 정상
echki	염소
fakultet	단과대
fan	과학
farzand koʻrmoq	아기가 태어나다, 자식을 보다
farzandlarni katta qilmoq	아이(자식)를 키우다
fastfud	패스트푸드
fil	코끼리
filmda suratga tushmoq	(영화) 촬영하다
foiz	비율, 퍼센트
forma	유니폼
foydalanmoq (-dan ~)	이용하다
foydali	유용한
fuqaro	시민
futbolka	티셔츠
galstuk	넥타이
gapirilmoq	말해지다 (gapirmoq의 수동태)
gazlangan ichimlik	탄산음료
gitara	기타 (악기)
gripp	독감
gulli	꽃무늬의
gulzor	꽃밭
guruh	그룹, 집단, 모둠
guvohnoma	증명서, 신분증
hamyon	지갑
Hankuk chet tillar universiteti	한국외국어대학교
harakat qilmoq	노력하다
harorat	온도
hayajonlanmoq	긴장하다, 설레다
haydovchilik guvohnomasi (~ni olmoq)	운전면허증
hayot	인생, 삶
hayron boʻlmoq	놀라다
hayvonot bogʻi	동물원
hazm boʻlmoq	소화되다
hasharot	곤충
hech kim	아무도, 어느 누구도
hech narsa	아무것도, 그 어떤 것도
hech qachon	결코, 그 언제도, 한 번도
hech qayerda	아무 데도, 그 어느 곳에도

hech qayerga	아무 데도, 그 어느 곳으로도
hidlamoq	(냄새, 향) 맡다
his qilmoq	느끼다, 감지하다
hisob	(은행)계좌, 계산
hisobot	보고서, 리포트
hisobraqam	계좌번호
hisobraqam ochmoq	통장을 개설하다
holsizlanmoq	힘이 빠지다,
hujjat	서류
husnbuzar (~ chiqmoq)	여드름 (~이 나다)
ibodatxona	사찰, 절
ijaraga olmoq	(집, 차 등을) 빌리다, 렌트하다
ikkala	둘의, 양쪽의, 쌍방의
iliq	따뜻한
ilon	뱀
ilova	애플리케이션
imkoniyat	가능성
immunitet	면역
imtihon topshirmoq	시험을 보다
imtihondan oʻtmoq	합격하다
imtihondan yiqilmoq	불합격하다
imzo qoʻymoq (-ga ~)	서명하다
inson	인간
institut	기관
internetda oʻtirmoq	인터넷을 사용하다
intervyu	면접
isib ketmoq	더워지다

isitkich	난로, 히터
isitma (~ chiqmoq)	열 (나다)
istamoq	원하다
it	개
itarmoq	밀다
ish bilan	업무로, 출장 차
ish tajribasi	업무 경험
ish topib bermoq	일, 일거리를 찾아주다
ish topmoq	일, 직장을 구하다
ishdan boʻshamoq	일을 그만두다, 사직하다
ishga kirmoq	취직하다
ishlab chiqarilmoq (-da ~)	생산되다
ishlatmoq (-ni ~)	사용하다
ishonmoq (-ga ~)	-을 /를 믿다
ishxona	사무실
ich	안
ichak	내장
ichketar	설사
ichki kiyim	속옷
jahl (~ chiqmoq)	화나다
jamoa	공동체, 팀
janob	Mr., 남자 호칭
jarroh	외과 의사
javon	찬장, 책장
Jeju oroli	제주도
jemper	점퍼
jenshen	인삼

jenshen ekstrakti	인삼 추출액
jiddiy	심각한, 진정한
jigar	간
jinsi shim	청바지
jirafa	기린
joy band qilmoq	자리를 잡다
joy bron qilmoq	자리를 잡다
jo'natma	택배, 소포
jo'natmoq (-ga ~)	보내다
jo'r bo'lmoq (-ga ~)	같이, 함께 하다
kafedra	학과
kafedra mudiri	학부장, 학과장
kapalak	나비
karavot	침대
katak-katak	격자무늬
katta bo'lmoq	자라다, 성장하다
katta pul	큰돈, 목돈
kelajak	미래
kelin-kuyov	신랑과 신부
kenguru	캥거루
kepka	캡모자
kinna kirmoq	(다른 사람들의 나쁜 시선을 받고) 아프다, 안 좋은 일이 생기다
kinoyulduz	무비스타
kiprik	속눈썹
Kirish, chiqish va fuqarolik bo'limi	출입국사무소
kit	고래

kiyim-kechak	의류
kiymoq	입다
klinika	병원
kod	코드
kolgotka	스타킹
kollej	고등학교
konditsioner	에어컨
konki (da) uchmoq	스케이트를 타다
konsert bermoq	콘서트를 개최하다
kosmetika	화장품
kosmos	우주
kostyum-shim	양복
kredit olmoq	대출을 받다
krem	크림
kreslo	1인 소파, 안락의자
krevetka	새우
krossovka	운동화
kulmoq	웃다
kupon	쿠폰
kurash (~ga tushmoq)	씨름
kurs	학원, 학년, 과목, 환율
kurs ishi	소논문, 에세이
kurtka	패딩
kutib olmoq	마중하다, 맞이하다
kuydirmoq	태우다, 불에 데다
kuchuk	강아지
ko'karmoq	멍들다
ko'krak	가슴

ko'krak qafasi	갈비뼈
ko'rgazma	전시회
ko'rib kelmoq	보러 오다
ko'rib qolmoq (-ni ~)	보게 되다
ko'richak	충수염, 맹장염
ko'tarmoq	들어 올리다
ko'ylak	윗도리, 원피스
ko'z	눈
ko'z tegmoq	나쁜 시선을 받다
ko'cha	거리
ko'chmoq	이사하다
lab	입술
lat yemoq	다치다
limonli choy	레몬차
litsey	고등학교
London	런던
lotereya	복권, 로또
lotereyada yutmoq	로또에서 당첨되다
loyiha	프로젝트
madaniyat	문화
magistratura (~ga kirmoq/ ~ni bitirmoq)	석사 과정 (입학하다/ 졸업하다
mahal	번
mahalla	동네
maishiy texnika	가전제품
maktabga bormoq	학교에 가다
maktabni bitirmoq	학교를 마치다, 졸업하다
malina (~li choy)	라즈베리 (~ 티)

mamlakat	국가, 나라
manzara	경치
maosh	월급
maqol	속담
maqola	기사
marra	결승선
masjid	사원
maslahat (~ bermoq, ~olmoq)	상의, 상담
maslahatlashmoq (bilan ~)	상의, 상담하다
mast bo'lmoq	취하다
matematika	수학
mavze	동네, 구역
maxsus	특별한
maymun	원숭이
mashina haydamoq	운전하다
mashinani qo'ymoq	주차하다
mashq qilmoq	연습, 운동하다
meduza	해파리
mehmonxona	호텔, 거실
mehribonlik uyi	고아원
meva-cheva	과일
milliarder	억만장자
milliy terma jamoa	국가 대표 팀
minmoq	타다
moda	패션
mohir	숙련된, 전문가적인
mol	소

muammo	문제
muhabbat	사랑
mukammal	완벽한
mukofot (~ olmoq)	상을 받다
musiqachi	음악가, 뮤지션
musobaqa	경쟁
mutaxassislik	전공
muzlatkich	냉장고
mushuk	고양이
nafaqaga chiqmoq	은퇴하다
naqd pul	현금
narx	가격
Navoiy shahri	나보이 도시
nay	피리
Nepal	네팔
nevara ko'rmoq	손자를 보다, 손자가 생기다
nevaralarni tarbiyalamoq	손자를 돌보다
nikoh	결혼
nikoh to'yi	결혼식
niqob (~ taqmoq)	마스크 (착용하다)
nom	이름
non yopmoq	빵을 만들다
norin	너른(우즈벡 음식)
novvot	너벗 (우즈벡 사탕)
novvoy	non 만드는 사람
novvoyxona	non 만드는 곳, 빵집
noz-ne'mat	음식, 먹을 것

ochilmoq	열리다
ochiq (havo ~)	맑은, 갠 (날씨)
odob	예의
okean	대양
old	앞
olib kirmoq	가지고 들어오다
olmaxon	다람쥐
omad	운
operatsiya (~ qilmoq)	수술하다
ora (-ning ~si)	사이
oromgoh	캠프, 휴양지
orqa	등
orqa (-ning ~si)	뒤
orzu (~ qilmoq)	꿈, 희망, 소망
osmon	하늘
osoyishta	평화로운, 조용한
ost (-ning ~i)	아래, 밑
ot	말
ot minmoq	말을 타다
otmoq	던지다
oxirgi	마지막의, 최근의
oylik	월급
oyoq	다리
oyoq kiyimi	신발
ozmoq (~kiloga ozmoq)	살이 빠지다, 마르다
ozoda	깨끗한, 정돈된
og'iz	입
og'rimoq	아프다

og'riq	고통
oshqozon	위
oshxona	주방, 식당
palata	병실, 입원실
palto	코트
paraplanda uchmoq	패러글라이딩하다
parashyutda uchmoq	낙하산을 타다
parhez (~ qilmoq)	다이어트, 식이요법
Parij	파리(Paris)
paypoq	양말
peshana	이마
pianino	피아노
pijama	파자마, 잠옷
pitsa	피자
piyoda (~ yurmoq)	걸어 가다
pishiriq	우즈벡식 튀긴 과자
plastik operatsiya (~ qilmoq)	성형 수술하다
pol	바닥
poliklinika	종합병원
posilka	택배, 소포
poyabzal	신발
prezident	대통령
pul o'tkazmoq (-ga ~)	송금하다
pul to'plamoq	돈을 모으다
pul topmoq	돈을 벌다
pul yechmoq	출금하다
pul yutmoq	돈을 따다

qabul qilmoq	허락하다, 받아들이다, 수용하다
qalin kiyinmoq	두껍게 입다
qaramoq (-ga ~)	바라보다
qarta o'ynamoq	카드 놀이하다
qarz	빚
qarzga pul berib turmoq	돈을 빌려주다
qarzga pul olmoq (-dan ~)	돈을 빌리다
qatnashmoq (-ga / -da ~)	참석하다, 참여하다
qattiq	심하게, 매우, 몹시
qayirmoq	삐다, 겹질리다
qayt qilmoq	토하다
qaytarmoq	돌려주다, 반복하다
qidirmoq	찾다
qimirlamoq	진동하다
qimmatbaho	값비싼
qisqacha	짧게
qiz chiqarmoq	(딸) 시집 보내다
qiziqmoq (-ga ~)	관심이 있다
qishloq	시골
qichimoq	가렵다
qobiliyat	능력
qobiliyatli	능력 있는
qolmoq	남다
qon	피
qon bosimi (~ oshmoq/tushmoq)	혈압
qonamoq	피 나다

qora ko'zoynak	선글라스
qora ko'zoynak	선글라스
qorbobo	눈사람
qorin	배
qosh	눈썹
qovoq	눈꺼풀
qog'oz	종이
qog'ozdan gul yasamoq	종이로 꽃을 만들다
quchoqlamoq	껴안다, 품에 안다
quloq	귀
qurut	쿠르트 (우유를 발효시킨 과자)
qusmoq	토하다
quyon	토끼
qush	새
qo'l	팔
qo'rqmoq (-dan ~)	~를 무서워하다.
qo'y	양
qo'yilmoq	넣어지다
qo'ymoq (-ga ~)	놓다
qo'shiq (~ aytmoq)	노래 (~ 하다)
qo'shiqchi	가수
raqqosa	무용가, 무희, 댄서
rasmga tushmoq	사진 찍다
reklama	광고
rektor	총장
rektor muovini	부총장
rolik uchmoq	롤러스케이트를 타다
roman	소설

rost	진실, 사실
rost gapirmoq	진실을 말하다
rubob	전통 현악기 (5현)
ro'mol	머리싸개, 두건
ro'para (-ning ~si)	건너편, 맞은편
ro'yxat	목록, 명단
ro'yxatga turmoq(-ga ~)	등록되다
sakkizoyoq	문어
sakramoq	뛰어오르다
saksofon	색소폰
sal turib	좀 이따가
salat	샐러드
salom bermoq (-ga ~)	인사하다
saraton	암
sartaroshxona	이발소
savdo markazi	백화점
sayyora	성
semestr	학기
seminar	학회
sevgi izhor qilmoq (-ga ~)	고백하다
sevgili	애인
sevib qolmoq	사랑에 빠지다
sevimli mashg'ulot	취미
sichqon	쥐
sifat	질
sifatli	양질의, 좋은
simkarta	유심(U-sim)
sindirmoq	부러지다

sira	아예
siyosat	정치
skripka	바이올린
smartfon	스마트폰
soatbay ishlamoq	아르바이트로 일하다
somsaxona	somsa 파는 집
son	허벅지
sotib olib bermoq	사다 주다
sotilmoq	팔리다, 판매되다
sotmoq	팔다
sovqotmoq	추위를 타다
sovrin (~olmoq)	선물을 받다
sovun (~ bilan yuvmoq)	비누 (~로 씻다)
sovunlamoq	비누를 쓰다
sog'inmoq	그립다
sog'lom (~ bo'lmoq)	건강한
soch	머리카락
spirtli ichimlik	알코올, 술
stipendiya	장학금
stomatologiya	치과
styuardessa	승무원
suhbat	면접
suhbatdan o'tmoq	면접을 보다
suhbatlashmoq (bilan ~)	이야기하다
suyak	뼈
suyunchi	기쁜 소식을 전할 때 받는 돈
svetofor	신호동
sviter	스웨터
so'nggi	마지막의, 최근의
so'ramoq (-dan -ni ~)	묻다
so'rovnoma (~ o'tkazmoq)	설문조사 (~진행하다)
so'zga chiqmoq	연설을 하다
tabiat	자연
tabib	의원
tabobat	의학
tabriklamoq (-ni N bilan ~)	축하하다
tag (-ning ~i)	밑, 아래
tajriba (~ orttirmoq)	경험 (~ 쌓다, 늘리다)
taksi ushlamoq	택시를 잡다
talabchan	정확한, 까다로운
tana	신체
tango	탱고
tanlov	선거, 대회
taqdimot (~ qilmoq)	발표
taqinchoq	장신구
taqmoq	차다, 메다
tarbiyachi	교사
tavsiya (~ qilmoq)	추천하다, 권하다
tayyor bo'lmoq (-ga ~)	준비되다
tashlamoq	끊다, 그만두다,
tashqari	바깥, 외
tashqariga chiqmoq	밖에 나가다
tashxis (~ qo'ymoq)	진단
ta'mirlamoq	수리하다

ta'til	방학
ta'tilga chiqmoq	방학하다
tejamoq	절약하다, 아끼다
tekshirmoq	확인하다
telekanal	티비 채널
tepa (-ning ~si)	위
tepmoq	(공) 차다
teri	피부
terlamoq	땀을 흘리다
termoq (gul ~), (raqam ~)	따다, 줍다, 전화를 걸다 (raqam ~)
texnika	기술
tez yordam (-ni chaqirmoq)	구급차 (-를 부르다)
tezkor pochta	빠른 우편
til	혀
til o'rganmoq	외국어를 배우다
tilak	소원
tilamoq (-ga N ~)	바라다
tinglamoq	듣다
tirband	붐비는
tirishmoq	노력하다
tirnoq	손톱
tirsak	팔꿈치
tish	치아
tish doktori	치과 의사
titramoq	떨리다
tizza	무릎
tomoq	목
topmoq	찾다
topshirmoq	내다
tortmoq	잡아당기다
toshbaqa	거북이
Toshkent tibbiyot akademiyasi	타슈켄트 의학 학교
tovuq	닭
tufli	구두
tugamoq	끝나다
tugatmoq	끝내다
tugma(cha) (~ni bosmoq)	버튼 ( )
tulki	여우
tuman	구(區)
tuman hokimi	구청장
tumov	감기
tunamoq (-da ~)	숙박하다
turmush qurmoq	결혼하다
turmushga chiqmoq (-ga ~)	결혼하다(여성)
tuya	낙타
tuzalib ketmoq	(아픈 것에서) 나아지다
tuzalmoq	회복하다
tuzatmoq	고치다, 수리하다
tug'ilmoq	태어나다
to'lamoq (pul ~)	돈을 내다, 지불하다
to'p	공
to'p o'ynamoq	공을 가지고 놀다
to'ti	앵무새

toʻxtamoq	머무르다, 묵다
toʻymoq	배부르다
toʻyona	축의금
toʻyxona	예식장
toʻgʻri (-ning ~si)	앞, 정면
uddalamoq	관리하다, 해내다
ukol olmoq	주사를 맞다
ukol qilmoq	주사를 놓다
ummon	대양
umr	삶
umr koʻrmoq	살다
umurtqa	척추
universitetga kirmoq	대학에 진학하다
universitetni bitirmoq	대학을 졸업하다
unutmoq	잊다, 까먹다
urib olmoq	부딪히다
ust (-ning ~i)	위
usta (-ga ~)	~을/를 잘하다
ustaxona	정비소
ustoz	선생님
uxlab qolmoq	잠들다
uyali telefon	핸드폰
uydan turib ishlamoq	자택 근무를 하다
uylanmoq (-ga ~)	결혼하다(남성)
uyqu	잠
uyqu kelmoq	잠이 오다
uyquga toʻymoq	충분히 자다
uzoq umr	장수

uzoq umr koʻrmoq	장수하다
uzuk	반지
ushlamoq	붙잡다
uchib oʻtmoq	날아가다
uchun	~기 위해서
vafot etmoq (oʻlmoq)	사망하다, 죽다
vaksina	백신
vanna qabul qilmoq	목욕을 하다
velosiped minmoq	자전거를 타다
viloyat	주
viloyat hokimi	주지사
virus	바이러스
vitamin	비타민
viza	비자
xafa boʻlmoq	슬프다
xalat	가운
xarid qilmoq	구매하다
xavotir olmoq	걱정하다
xizmat safari	출장
Xizr buva	소원을 이뤄주는 할아버지
xohlamoq	원하다
xolos	뿐이다
xol-xol	땡땡이 무늬
xonanda	가수
xorij	외국
xorijiy	외래, 외국의
xuddi shunday	딱 그러한
xurmo	감, 대추

xursand bo'lmoq	기쁘다
xush ko'rmoq (-ni ~)	좋아하다, 잘 받다
yana bir bor	다시 한번
Yangi Zelandiya	뉴질랜드
yaqinda	최근
yaqinlar	친한 사람들
yasamoq	만들다
yaxshilab	잘
yelka	어깨
yetarlicha	충분히
Yevropa	유럽
yechmoq	풀다
yiqilmoq (-dan ~)	넘어지다
yig'ilish	회의
yodlamoq	외우다
yolg'on	거짓말
yolg'onchi	거짓말쟁이
yon (-ning ~i)	옆
yoqilmoq	(불, 전기 등) 켜지다
yovvoyi hayvon	야생 동물
yozilmoq (-ga ~)	등록하다
yosh ko'rinmoq	어려 보이다
yubka	치마
yugurmoq	뛰다
yuqmoq	들러붙다, 옮기다
yuqtirmoq	전염되다, 감염되다
yurak	심장
yurmoq	걷다
yurt	고향
yutmoq	이기다
yuz	얼굴
yo'l-yo'l	줄무늬
yo'qolmoq (yo'qolib qolmoq)	사라지다, 없어지다
yo'tal	기침
yo'talmoq	기침을 하다
zanjir	체인, 목걸이
zarar	해로운
zavod, fabrika, kompaniya	공장
zerikmoq	심심하다
zirak	귀걸이
ziyon	해로운
zo'r joy	좋은 장소
zo'rg'a	겨우, 기운이 없다
o'chirmoq	지우다, 끄다
o'pka	폐
o'rdak	오리
o'rgimchak	거미
o'rin egallamoq	자리를 잡다
o'rindiq	좌석, 자리
o'rta maktab	중학교
o'smirligimda	청년 시절에
o'tmoq	지나가다
o'z	자기, 자신
o'zgartirmoq	바꾸다
o'zim	나 자신

o'g'il uylamoq	(아들) 장가보내다
o'g'irlamoq	훔치다
o'g'ri	도둑
g'ijjak	전통 현악기(3줄)
g'oz	거위
shahar hokimi	시장
shamol (~ esmoq)	바람이 불다
shamollamoq	감기에 걸리다
shamollashga qarshi dori	감기약
shaxmat (~ o'ynamoq)	체스 (서양장기)
shashka (~ o'ynamoq)	체커놀이
shekilli	'그런 것 같다'라는 의미를 준다
she'r (~ o'qimoq)	시(를 읊다)
shifoxona	병원
shifoxonada yotmoq	입원 중이다
shifoxonadan chiqmoq	퇴원하다
shifoxonaga bormoq	병원에 가다
shifoxonaga yotmoq	입원하다
shifoxonaga yotmoq	입원 중이다
shikastlanmoq	다치다
shim	바지
shippak	슬리퍼
shlyapa	모자
shovqin qilmoq	시끄럽게 하다
shoshilmoq	서두르다
shu kunlarda	요즘
shunga	그래서
sho'ng'imoq	잠수하다
chalmoq (dutor ~)	연주하다
chang	전통 현악기(거문고, 가야금 모양)
chanqamoq	목마르다
chaqirmoq	부르다
chegirma	할인
chegirma	할인
chekmoq (sigaret ~)	담배를 피우다
cherkov	교회
chet tili	외국어
chiqmoq	나가다, 올라가다
chivin	모기
cholg'u asbobi	악기
choyxona	찻집
chumoli	개미
"Humo arena" muz saroyi	"후모 아레나" 얼음 캐슬
"Kamolon" oshxonasi	"Kamolon"식당
"Nihol" ko'rik-tanlovi	"Nihol" 대회
"Osmondagi bolalar" filmi	"하늘에 있는 아이들" 영화
"Rohat" ko'li	"로하트" 호수
"Toshkent-Samarqand" qo'shig'i	"타슈켄트- 사마르칸드" 노래
"To'ylar muborak" filmi	"결혼 축하해" 영화
"Yalla" guruhi	"Yalla" 그룹
"YouTube" kanali	"YouTube" 채널
"O'tkan kunlar" romani	"지난날들" 소설

C vitamini	비타민 C
# (panjara)	샾(#) 표시
* (yulduzcha)	별 표시

IFODALAR (A2) 유용한 표현

-(i)sh odobdan emas	예의가 아니다.
~ deb eshitgan edim	~ 라고 들었다.
Aslida ~	~ 원래는
Ayting-chi, ~	말해 보세요.
Aytmoqchi, ~	그나저나
Azizim	친근한 사람을 부르는 표현
Bilmagan edim	몰랐다.
Boshim aylanyapti	머리가 어지럽습니다.
Burnim oqyapti	콧물이 난다.
Boʻladi	괜찮아요.
Boʻladimi?	괜찮아요?
Boʻlmagan gap	말이 안 돼.
Eh-h...	(한숨) 아…
Esingizdami?	기억나세요?
Eshitganmisiz?	들은 적이 있어요?
Fikri oʻzgardi	생각이 바뀌었다.
Gapirish oson	말하기는 쉽다.
Hamma joyim ogʻriyapti	온몸이 아픕니다.
Hammasi yaxshi boʻladi	다 잘 될 거예요.
Harakat qilaman	노력할게요.
Iloji boʻlsa, ~	가능하다면, ~
Ishtaham yoʻq	입맛이 없습니다.
Jonim	애칭(내 사랑, 자기야, 여보 등)
Juda yaxshi oʻylabsiz	잘 생각했어요.
Kelishdik	좋아요. 그렇게 합시다.

Ketdik!	가자!
Koʻnglim ayniyapti	속이 메스껍다.
Labbay	네.
Mana bu boshqa gap	이것은 다른 이야기이다.
Maslahatingiz uchun rahmat!	상의해 주셔서 감사합니다!
Mazam yoʻq (= Mazam qochib qoldi)	몸이 안 좋아요.
Maʼqul	OK. 좋아.
Ming bor uzr	죄송해요.
Nima bezovta qilyapti?	어디가 불편하세요?
Nima boʻlsa ham, ~	무슨 일이 있어도
Nima edi?	뭔데?
Nima qilsam ekan-a?	어떻게 하면 될까요?
Nima yangiliklar?	어떤 소식이 있어요?
Omadingizni bersin!	행운이 있기를!
Ovqat yaxshi hazm boʻlmayapti	소화가 잘 되지 않습니다.
Oyogʻimni qayirib oldim	발목을 겹질렸습니다.
Oyogʻimni sindirib oldim	다리가 부러졌습니다.
Parvozingiz maroqli oʻtsin!	(비행기 여행을 할 경우) 여행 잘 하세요!
Qachondan beri?	언제부터?
Qancha boʻldi?	얼마나 되었어요?
Qani, ~	어서, ~
Qarshi emasman	반대하지 않아요.

Qarshi emasmisiz?	반대하지 않으세요?
Qornim och	배가 고파.
Qornim to'ydi	배불러요.
Qornim to'ymadi	배 안 불러요.
Qusyapman.	토합니다.
Qo'lim lat yedi	팔을 다쳤습니다.
Qo'limni kuydirib oldim	손을 데였습니다.
Qo'rqib ketdim	무서워요. 겁먹었어요.
Sizga nima bo'ldi?	무슨 일이에요?
Sizni ko'rganimdan xursandman.	만나서 반갑습니다.
Sog'ayib keting	나으세요.
Tashvishlanmang!	걱정하지 마세요.
Tinchlikmi?	무슨 일이에요?
Tishimni qurt yedi	이가 썩었습니다. 충치가 있습니다.
To'g'ri aytasiz	네 맞는 말씀이세요.
U tushkunlikka tushib qoldi	그는 우울합니다.
Xafa ko'rinasiz?	슬퍼 보이세요?
Xudo xohlasa, ~	신이 허락한다면,
Xullas,~	결론적으로, 정리하자면
Xo'sh	그럼
Xo'sh, xizmat?	무엇을 도와드릴까요?
Yaxshi bo'lar edi	좋았을 텐데...
Yaxshi bo'lib qoling	빨리 나으세요.

Yaxshilab o'ylab ko'rishingiz kerak	잘 생각해 보세요.
Yordamingiz uchun rahmat!	도와주셔서 감사합니다!
Yuring, ~	~합시다.
O'zbeklarda "O'z uyim – o'lan to'shagim" degan maqol bor	우즈벡인들에게 "내 집 이란 - 내가 죽을 자리"라는 속담이 있다.
O'zim ham hayron bo'ldim	나도 놀랐어.
O'zimni zo'rg'a ushlab turibman	겨우 참고 있어요.
Shunaqa gaplar	(앞의 대화에 이어서) 네 그런 상황이에요, 말 하자면 그렇습니다.
Shunda ~	그러자~ , 그 때~
Charchagan edim	피곤했었어.
Charchagan ko'rinasiz	피곤해 보이세요.
Charchagan ko'rinasiz?	피곤해 보이시네요?

QO'SHIMCHA LUG'AT 추가 단어

O'zbekcha	한국어
~ kun ichida	~일 이내
ahil	화목하다
albom	앨범
atirgul	창미
avtobusga o'tirmoq	버스를 타다
avtobusdan tushmoq	버스에서 내리다
avvalambor	우선, 무엇보다도
ayni paytda	동시에
ayrim	어느
balandlik	꼭대기, 높이
bayram tantanasi	명절 파티
belgi	증상
bemalol	편하게
berilmoq	주어지다
boshqa ishga o'tmoq	이직하다
bo'sh qolmoq	한가하다
dars qoldirmoq	결석하다
dars tayyorlamoq	숙제를 하다
dars o'tmoq	수업하다
davom etmoq	계속하다
dazmol	다리미
dazmollamoq	다림질하다
dazmollangan	다림질된
din	종교
diplomat	외교관
dizayner	디자이너

O'zbekcha	한국어
dori vositasi	약물
do'stlik	우정
ekran	화면
ekskursiya	수학여행
elektron pochta	이메일
faol	활발하다
firma	회사
garaj	주차장
guldasta	꽃다발
hanuz	아직
hanuzgacha	아직까지
hisobraqamni yopmoq	은행계좌를 해지하다
hovli	주택
hunarmand	장인
ilimoq	따뜻해지다
imkon	기회
imtihon olmoq	시험을 받다
kamaytirmoq	감소하다
kassa	카운터
kechikmoq	늦다
konferensiya	회의
kutilmoq	기다려지다
kuylamoq	노래를 부르다
kuzatmoq	감시하다
mahorat	실력
maksimal	최고의

O'zbekcha	한국어
maktab formasi	교복
malakali	숙련된, 숙달된
maosh (oylik) olmoq	급여를 받다
mavsum	계절
mavzu	주제
maydoncha	운동장
mashg'ulot	업무, 일
ma'lumot	정보
metroga tushmoq	지하철을 타다
metrodan chiqmoq	지하철에서 나오다
metropoliten	철도청
mijoz	고객
mineral suv	광천수
miriqib	푹
moviy	하늘색
muammoni hal qilmoq	문제를 해결하다
muddat	기간
multfilm	만화영화
murabbiy	교육자, 코치, 트레이너
mutaxassis	전공자
muxlis	팬(fan)
muvaffaqiyatli	성공적인
niqob	마스크
nusxa	사본
oldindan	사전
olim	화학자

O'zbekcha	한국어
onlayn	온라인
og'riqsiz	무통
paket	비닐 백
parol	비밀번호
parvo qilmoq	주목하다
proyektor	프로젝터
qarsak (~ chalmoq)	박수 (치다)
qishloq xo'jaligi	농업
qism	부분
Qizil maydon	붉은 광장
qochmoq	도망가다
Qornim to'q.	배가 부릅니다.
qurilish	건설
qo'llamoq	사용하다
qo'shiq aytmoq	노래하다
raqqosa	무용수
Rassomlik akademiyasi	미술 아카데미
rejalashtirmoq	계획하다
rolikli konki	롤러 스케이트
sabab	이유
san'atkor	예술자
saqlamoq	저장하다, 보호하다
sardor	반장
sayyoh	여행객
soppa-sog'	건강한
summa	금액

O‘zbekcha	한국어
suvosti kemasi	잠수함
so‘rovnoma o‘tkazmoq	설문 조사를 실시하다
so‘rovnomada qatnashmoq	설문 조사에 참여하다
talab qilmoq	요구하다
talabalik guvohnomasi	학생증
tantana	파티
tavsiya qilmoq	추천하다
tashrif buyurmoq	(공식적) 방문하다
tetik	활기찬
tomir	뿌리, 정맥
tomoshabin	관객
tozalik	깨끗함
tub (dengizning ~)	밑 (바다의~)
turarjoy majmuasi	공동주택단지
to‘planmoq	모이다
to‘g‘rilamoq	고치다
ulanmoq	연결되다
urishmoq	싸우다
uyali telefon operatori	통신사
uyqu qochib ketmoq	잠이 깨다
vay-fay	와이파이
vazn	무게
vosita	도구
xabar	뉴스, 정보
xabar qilmoq	알리다
xavfli	위험한
xavfsiz	안전한

O‘zbekcha	한국어
xizmat ko‘rsatmoq	서비스를 제공하다
xurmo (date)	데이트
yomg‘irlar mavsumi	장마철
yong‘oq	호두
yotoqxona	기숙사, 침실
yuqumli	전염
yo‘lak	길
zamonaviy	현대적인
zerikmoq	지루하다
o‘rnak bo‘lmoq	모범을 보이다
o‘rnak olmoq	모법이 되다
sharoit	시설
shaxsiy	개인적인
chang	먼지
chekka	먼, 구석

QOLIPLASHGAN BIRIKMALAR (A1-A2) (명사+동사 구문 A1-A2)		
O'zbekcha 우즈베크어	**Koreyscha** 한국어	**Misollar** 예문
avtobusga chiqmoq	버스를 타다	Men har kuni shu bekatdan avtobusga chiqaman.
avtobusga o'tirmoq	버스를 타다	Chorsu bozoriga borish uchun 9-avtobusga o'tiring.
avtobusdan tushmoq	버스에서 내리다	Manzilga yetib kelib, avtobusdan tushdik.
ashula aytmoq	노래하다	Dugonam ashula aytishni yoqtiradi.
balansni tekshirmoq	잔액을 확인하다	Balansimni tekshirish uchun nima qilishim kerak?
baho olmoq	점수를 받다	Men tarix fanidan yaxshi baho oldim.
baho qo'ymoq	점수를 주다	Ustoz ko'p talabalarga yaxshi baho qo'ydi.
birinchi yordamni ko'rsatmoq	응급 처치를 하다	Bemorga birinchi yordamni ko'rsating.
biznes ochmoq	개업하다	Yigit o'z biznesini ochish uchun ishdan ketdi.
biznes yurgizmoq	사업을 운영하다	Tadbirkor biznesini yurgizyapti.
bola (qiz, o'g'il) ko'rmoq	아기를 낳다, 자식을 보다	Bola ko'rish – katta baxt.
bozor qilmoq	장을 보다	Kecha bozor qilgani "Rohat" supermarketiga bordik.
bo'sh qolmoq	한가하다	Bo'sh qolganingizda nima bilan shug'ullanasiz?
dars bermoq	수업하다	Bu ustoz o'zbek tilidan dars beradi.
dars qilmoq	숙제하다, 공부하다	Siz har kuni necha soat dars qilasiz?
dars tayyorlamoq	숙제하다, 공부하다	Bugun men dugonam bilan birga dars tayyorlayman.
dars o'tmoq	강의하다	Feruza opa dars o'tib, uyga qaytdi.
diqqatga sazovor joylar	관광지, 명소	Biz kecha Samarqaddagi diqqatga sazovor joylarni borib ko'rdik.
dori ichmoq	약을 먹다	Boshim og'rib, dori ichdim.
dush qabul qilmoq	샤워를 하다	Dush qabul qilsam, yengil tortaman.
farzand (qiz, o'g'il) ko'rmoq	아기가 태어나다, 자식을 보다	O'tgan hafta Chisuning opasi farzand (qiz, o'g'il) ko'rdi.

QOLIPLASHGAN BIRIKMALAR (A1-A2) (명사+동사 구문 A1-A2)		
O'zbekcha 우즈베크어	Koreyscha 한국어	Misollar 예문
filmda suratga tushmoq	영화 촬영하다	Bu aktrisa yangi filmda suratga tushyapti.
hisobraqam ochmoq	은행계좌번호를 만들다	Hisobraqam ochish uchun bankka bordim.
hisobraqamni yopmoq	은행계좌를 해지하다	Vataningizga qaytishingizdan avval hisobraqamingizni yopishingiz kerak.
husnbuzar chiqmoq	여드름이 나다	Ukamning yuziga husnbuzar chiqdi.
imtihon olmoq	시험을 치르다	O'qituvchi talabalardan imtihon oldi.
imtihon topshirmoq	시험을 보다	Bugun talabalar imtihon topshirdilar.
imtihondan yiqilmoq	불합격하다, 시험에 떨어지다	Kecha ukam imtihondan yiqilib, juda xafa bo'ldi.
imtihondan o'tmoq	합격하다	Astoydil o'qigan talabalar imtihondan oson o'tdilar.
imzo qo'ymoq	서명하다	Direktor hujjatga imzo qo'ydi.
internetga kirmoq	인터넷 접속하다	Internetga kirib, rasm yuklab oldim.
internetda o'tirmoq	인터넷을 사용하다	Bolalar internetda ko'p o'tirishlari yaxshi emas.
isitma chiqmoq	열이 나다	Isitmam chiqib, shifoxonaga bordim.
ish topmoq	일을 찾다	Alisher yangi ish topdi.
ishdan bo'shamoq	일을 그만두다	Ishdan bo'shab, dunyo bo'ylab sayohat qilishni xohlayman.
ishga kirmoq	취직하다	Opam katta kompaniyaga ishga kirdi.
joy band qilmoq	자리를 예약하다	Joy band qilish uchun restoranga qo'ng'iroq qidim.
joy bron qilmoq	자리를 예약하다	Men kecha samolyotga joy bron qildim.
konki uchmoq	스케이트를 타다	Do'stim bilan konki uchishga bormoqchimiz.
konsert bermoq	콘서트를 하다	Mashhur qo'shiqchi ertaga konsert beryapti.
kurashga tushmoq	씨름하다	Sportchilar kurashga tushishni boshladilar.

QOLIPLASHGAN BIRIKMALAR (A1-A2) (명사+동사 구문 A1-A2)		
O'zbekcha 우즈베크어	Koreyscha 한국어	Misollar 예문
ko'z tegmoq	나쁜 기운을 받다	Sizga ko'z tegdi, shekilli. Ko'p kasal bo'lyapsiz.
maosh olmoq	월급을 받다	Otam kecha maosh oldi.
oylik olmoq	급여를 받다	Oylik olsam, yangi ko'ylak sotib olaman.
maslahat bermoq	조언하다	Bu muammo bo'yicha qanday maslahat bera olasiz?
maslahat olmoq	조언을 구하다	Men qiyin paytlarda doim onamdan maslahat olaman.
massaj olmoq	마사지를 받다	Hamma yog'im og'riyapti. Massaj olishim kerak.
mashina haydamoq	운전하다	Ukam mashina haydashni o'rganyapti.
metroga tushmoq	지하철을 타다	Metroga tushsangiz, manzilingizga tezroq yetib borasiz.
metrodan chiqmoq	지하철에서 내리다	Metrodan chiqib, to'g'riga yursangiz, shifoxona bor.
muammoni hal qilmoq	문제를 해결하다	Bu muammoni hal qilishda menga yordam bera olasizmi?
mukofot olmoq	상을 받다	G'olib sovrin bilan mukofot oldi.
non yopmoq	빵을 만들다	Onam har kuni non yopadi.
pul topmoq	돈을 벌다	U ishlab, ko'p pul topmoqchi.
pul to'lamoq	돈을 내다, 지불하다	Ijara haqi uchun pul to'lashim kerak.
pul to'plamoq	돈을 모으다	Pul to'plab, yangi kompyuter sotib oldim.
pul yechmoq	출금하다	Bankomatdan pul yechishni bilasizmi?
qon bosimi oshmoq	혈압이 오르다	Uning qon bosimi oshib, shifoxonaga borishiga to'g'ri keldi.
qon bosimi tushmoq	혈압이 내려가다	Dori ichgandan keyin bemorning qon bosimi tushdi.
qor yog'moq	눈이 오다	Kecha kun bo'yi qor yog'di.

QOLIPLASHGAN BIRIKMALAR (A1-A2) (명사+동사 구문 A1-A2)		
O'zbekcha 우즈베크어	Koreyscha 한국어	Misollar 예문
qo'shiq aytmoq	노래하다	Bolalar Navro'z haqida qo'shiq aytdilar.
raqsga tushmoq	춤을 추다	O'zbek to'ylarida barcha raqsga tushadi.
rasmga olmoq	사진을 찍다	Dugonam rasmga olishni yaxshi ko'radi.
rasmga tushmoq	사진을 찍다	Singlim rasmga tushishni yoqtiradi.
rolik uchmoq	롤러스케이트를 타다	Rolikda uchib, yiqilib tushdim.
sevgi izhor qilmoq	사랑 고백하다	Yigit sevgan qiziga sevgi izhor qildi.
sevib qolmoq	사랑에 빠지다	Yigit qizni bir ko'rishda sevib qoldi.
sport bilan shug'ullanmoq	운동하다	Sog'lom bo'lish uchun sport bilan shug'ullanish kerak.
so'rovnoma o'tkazmoq	설문 조사를 하다	Dugonam ilmiy ish uchun ijtimoiy so'rovnoma o'tkazyapti.
so'rovnomada qatnashmoq	설문 조사에 참여하다	Men ham so'rovnomada qatnashdim.
ta'tilga chiqmoq	방학을 시작하다	Imtihondan keyin talabalar ta'tilga chiqdilar.
tajriba orttirmoq	경험을 쌓다	O'qishni bitirgandan keyin ishlab, tajriba orttirmoqchiman.
tajribaga ega bo'lmoq	경험을 가지다	Ish tajribasiga ega bo'lish uchun bu firmada 3 yil ishladim.
taksi ushlamoq	택시를 잡다	Avtobusga kech qoldim, shuning uchun taksi ushlashimga to'g'ri keldi.
tashrif buyurmoq	방문하다	O'zbekiston Prezidenti Koreya Respublikasiga tashrif buyurdi.
tashxis qo'ymoq	진단하다	Shifokor bemorga tashxis qo'ydi.
tez yordam chaqirmoq	구급차를 부르다	Kecha buvamning mazasi yo'q edi, shuning uchun tez yordamni chaqirdik.
turmush qurmoq	결혼하다	Akam sevgan qizi bilan kelasi yil turmush qurmoqchi.
ukol olmoq	주사를 맞다	Kasalingiz jiddiy. 10 kun ukol olishingiz kerak.

QOLIPLASHGAN BIRIKMALAR (A1-A2) (명사+동사 구문 A1-A2)		
O'zbekcha 우즈베크어	**Koreyscha** 한국어	**Misollar** 예문
uy vazifasini bajarmoq	숙제를 하다	Talabalar vaqtida uy vazifasini bajarishlari kerak.
uy vazifasini qilmoq	숙제를 하다	Uy vazifasini qilib, kitob o'qishni boshladim.
uyqu kelmoq	잠이 오다	Uyqum kelsa ham, dars qilishim kerak.
uyqu qochib ketmoq	잠이 달아나다	Bu yangilikni eshitib, uyqum qochib ketdi.
umr ko'rmoq	살다	Uning buvasi 95 yil umr ko'rdi.
uyquga to'ymoq	잠을 충분히 자다	Qancha uxlasam ham, uyquga to'ymayapman.
vanna qabul qilmoq	목욕을 하다	U har kuni uxlashdan oldin vanna qabul qiladi.
vaqt o'tkazmoq	시간을 보내다	Men do'stlarim bilan vaqt o'tkazishni yoqtiraman.
velosiped minmoq	자전거를 타다	Men har dam olish kunlari Han daryosi bo'yida velosiped minaman.
xabar qilmoq	알리다	Bizga imtihon natijalari haqida xabar qilishdi.
yomg'ir yog'moq	비가 오다	Bu hafta dam olish kunlari yomg'ir yog'ar ekan.
yosh ko'rinmoq	젊어 보이다	Onam yoshiga nisbatan yosh ko'rinadi.
o'rin egallamoq	수상하다, 순위에 오르다	Singlim musobaqada birinchi o'rinni egalladi.
shamol esmoq	바람이 불다	Qattiq shamol esib, daraxtlarga zarar yetkazdi.
shifoxonada yotmoq	입원하다	Bemor 1 hafta davomida shifoxonada yotdi.
shifoxonaga yotmoq	입원하다	Bemor davolanish uchun shifoxonaga yotdi.
chang'i uchmoq	스키를 타다	Chang'i uchish uchun Chimyon tog'iga bordik.

BILAN KO'MAKCHILI BIRIKUVLAR (A1-A2) *bilan* 후치사 구문 (A1-A2)		
O'zbekcha 우즈베크어	Koreyscha 한국어	Misollar 예문
... bilan ajrashmoq	…과 이혼하다	Akam rafiqasi bilan ajrashdi.
... bilan davolamoq	…로 치료하다	Shifokor bemorni dori va massaj bilan davoladi.
... bilan kurashga tushmoq	…과 씨름하다	Kurashchi raqibi bilan kurashga tushdi.
... bilan maslahatlashmoq	…과 상의하다	Men har doim ota-onam bilan maslahatlashaman.
... bilan salomlashmoq	…과 인사하다	Mehmonlar bilan salomlashing.
... bilan suhbatlashmoq	…과 이야기하다	Kecha men videoqo'ng'iroq orqali Amerikadagi do'stim bilan suhbatlashdim.
... bilan tabriklamoq	…로 축하하다	Men sizni Yangi yil bilan tabriklayman.
... bilan turmush qurmoq	…과 결혼하다	Sardor Laziza bilan turmush qurmoqchi.
... bilan to'lamoq	…로 채우다	Kartochka bilan to'lamoqchiman.
... bilan urishmoq	…과 싸우다	Men hech kim bilan urishmayman.
... bilan janjallashmoq	…과 다투다	Birov bilan janjallashmang.
... bilan uchrashmoq	…과 만나다	Bugun do'stlarimiz bilan uchrashmoqchimiz.
... bilan xayrlashmoq	…과 작별하다	Mehmonlar bilan xayrlashib, ularni metrogacha kuzatib qo'ydim.
... bilan shug'ullanmoq	…를 하다/연습하다	Iroda bo'sh vaqtida rasm chizish bilan shug'ullanadi.
ish bilan	일로, 출장 차	Kecha men Pusanga ish bilan bordim.
qiziqish bilan	흥미를 가지고	Biz o'zbek tilini qiziqish bilan o'rganyapmiz.

ORQALI KO'MAKCHILI BIRIKUVLAR (A1-A2) *orqali* 후치사 구문 (A1-A2)		
O'zbekcha 우즈베크어	Koreyscha 한국어	Misollar 예문
… orqali berib yubormoq	… 통해 보내다	Men Sangminga Iroda orqali kitob berib yubordim.
… orqali bormoq	… 통과하여/거쳐 가다	Do'stim Rossiyaga Turkiya orqali bormoqchi.
… orqali dars bermoq	…로 수업을 하다	Koronavirus tufayli o'qituvchilarimiz internet orqali dars berishyapti.
… orqali eshitmoq	…를 통해 듣다	Men bu yangilikni radio orqali eshitdim.
… orqali e'lon qilmoq	…를 통해 공고/공지하다	Biz bu tadbir haqida televideniye orqali e'lon qildik.
… orqali gaplashmoq	…를 통해 대화하다	Dugonam onasi bilan har kuni "Telegram" ilovasi orqali gaplashadi.
… orqali imtihon topshirmoq	…통해 시험을 치르다	Imtihonni internet orqali topshiramiz.
… orqali kelmoq	… 거쳐 오다	Men O'zbekistonga Qozog'iston olqali keldim.
… orqali ketmoq	… 거쳐 가다	Sangmin Germaniyaga Turkiya orqali ketadi.
… orqali ko'rmoq	…통해/로 보다	Biz bu filmni "YouTube" kanali orqali ko'rdik.
… orqali to'lamoq	… (사용하여) 지불하다	Do'konimizda kartocha orqali ham to'lash mumkin.
… orqali uchmoq	… 통과하여/거쳐 날라가다	Samolyot O'zbekistonga Xitoy va Qozog'iston orqali uchadi.
… orqali xabar qilmoq/xabar bermoq	… 로 소식을 전하다	Yangiliklar bo'lsa, sizga telefon orqali xabar qilamiz.
… orqali yubormoq	…를 통해/ 편으로 전달하다/ 보내다	Men dugonam orqali onamga sovg'a yubormoqchiman.
… orqali o'rganmoq	…를 통해 배우다	Men yapon tilini yaponcha multfilmlar orqali o'rgandim.
… orqali o'rgatmoq	…로 가르치다	Onam "Skype" ilovasi orqali menga tort pishirishni o'rgatdi.

-DA BIRIKUVI (A1-A2) *-da* (처격조사) 구문 (A1-A2)		
O'zbekcha 우즈베크어	**Koreyscha** 한국어	**Misollar** 예문
-da bormoq	~로 가다	Men universitetga metroda boraman.
-da borib kelmoq	~로 다니다, 가다	Otam ishga mashinada borib keladi.
-da davolanmoq	~에서 치료하다	Bemor shifoxonada davolanadi.
-da ishlab chiqarilmoq	~에서 생산되다	Bu mashina O'zbekistonda ishlab chiqarilgan.
-da kutmoq	~에서 기다리다	Meni shu yerda kutib turing.
-da o'rin egallamoq	~에서 ~(순위)를 차지하다	Ukam musobaqada 1-o'rinni egalladi.
-da qatnamoq	~로 다니다	Singlim maktabga avtobusda qatnaydi.
-da(-ga) qatnashmoq	~에 참여하다	Men kelasi oyda bo'ladigan konferensiyada qatnashmoqchiman.
-da rol o'ynamoq	~에서 연기하다	Aktyor serialda rol o'ynayapti.
-da sakramoq	~로 뛰어오르다	Qizcha arqonda sakrayapti.
-da sayr qilmoq	~에서 산책하다	Onam bog'da sayr qilyapti.
-da tushmoq	~에서 내리다	Men keyingi bekatda tushaman. Men 2-qavatga liftda tushaman.
-da to'xtamoq	~에서 세우다	Shu yerda to'xtang, iltimos.
-da yutmoq	~에서 이기다	Men lotereyada katta pul yutdim.
-da chiqmoq	~로 올라가다 ~에서 나오다	Men 5-qavatga liftda chiqaman. U kecha televizorda chiqdi.

-*DAN* BIRIKUVI A1-A2 -*dan* (탈격조사) 구문		
O'zbekcha 우즈베크어	**Koreyscha** 한국어	**Misollar** 예문
-dan dars	~ 수업	Bugun ingliz tilidan dars qilishim kerak.
-dan imtihon	~ 시험	Keyingi hafta tarixdan imtihonimiz bor.
-dan uzoq	~보다 먼	Mening uyim universitetdan uzoq.
-dan olis	~보다 먼	Uning yurti bu yerdan juda olis.
-dan ortiq	~보다 많은	Kutubxonada o'n mingdan ortiq kitob bor.
-dan biri	~ 중 하나	U a'lochi talabalardan biri.
-dan foydalanmoq	~을 /를 사용하다	Hozir hamma internetdan foydalanadi.
-dan bo'shamoq	~을 /를 그만두다	Xodim ishdan bo'shash uchun ariza berdi.
-dan kredit olmoq	~에서 대출받다	Bankdan kredit olish uchun nima qilish kerak?
-dan qochmoq	~에서 도망가다	O'g'ri militsiya xodimidan qochdi.
-dan qo'rqmoq	~를 무서워하다	Men ilondan qo'rqaman.
-dan pul yechmoq	~에서 출금하다	Men bankomatdan pul yechgani ketyapman.
-dan sakramoq	~에서 뛰다	Yigit balandlikdan sakradi.
-dan sotib olmoq	~에서 사다	Bu mevalarni Chorsu bozoridan sotib oldik.
-dan so'ramoq	~에게 물어보다	Bilmagan narsalarimni o'qituvchimdan so'rayman.
-dan tarjima qilmoq	~로 번역하다	Men matnni o'zbek tilidan tarjima qildim.
-dan topmoq	~에서 찾다	Bu ma'lumotni men internetdan topdim.
-dan tushmoq	~에서 내리다	Yo'lovchi avtobusdan tushdi.
-dan vafot etmoq	~으로 사망하다	Bemor og'ir kasallikdan vafot edi.
-dan xafa bo'lmoq	~한테 섭섭해하다	Sen mendan xafa bo'lma!
-dan xarid qilmoq	~에서 구매하다	Bu ko'ylakni onlayn do'kondan xarid qildim.

-DAN BIRIKUVI A1-A2 *-dan* (탈격조사) 구문		
O'zbekcha 우즈베크어	**Koreyscha** 한국어	**Misollar** 예문
-dan xavotir olmoq	~을 걱정하다	Men sizdan xavotir olyapman.
-dan yasamoq	~로 만들다	Bolalar qordan Qorbobo yasadilar.
-dan yiqilmoq	~에서 떨어지다	Bola daraxtdan yiqildi.
-dan o'rnak olmoq	~에서 본받다	Bolalar ota-onalaridan o'rnak oladilar.
-dan chiqmoq	~에서 나가다	Men odatda soat 6 da ishdan chiqaman. Iltimos, xonadan chiqing!
-dan zerikmoq	~로부터 지루하다	Har kuni bir xil ishni qilishdan zerikdim.
-dan o'tmoq	~에서 통과하다, 지나가다	Astoydil tayyorlanib, kirish imtihonlaridan o'tdim. Yo'ldan o'tishda ehtiyot bo'ling!

-GA/-KA/-QA BIRIKUVI (A1-A2) *-ga/-ka/-qa* (여격조사) (A1-A2)		
O'zbekcha 우즈베크어	**Koreyscha** 한국어	**Misollar** 예문
-ga chipta	~ 표, ~입장권	Menga dushanba kuniga Toshkentga 2 ta chipta kerak.
-ga bilet	~ 표	Bizga 13-martga Toshkent–Samarqand poyezdiga 2 kishiga bilet bering.
-ga allergiya	~에 알레르기	Sizda yong'oqqa allergiya yo'qmi?
-ga foydali	~에 좋은	Yong'oq miya uchun foydali.
-ga qarshi	~ 에 반대하여, 대항하여	Kecha men koronavirusga qarshi emlandim. Men bu fikrga qarshiman.
-ga yaqin	~에 가까운	Ustozning 100 ga yaqin shogirdlari bor.
-ga yaxshi	~에 좋은	Sabzi yeyish ko'zga yaxshi.
-ga yomon	~에 안 좋은, 나쁜	Kompyuterda ko'p o'tirish – ko'zga yomon.

-GA/-KA/-QA BIRIKUVI (A1-A2) *-ga/-ka/-qa* (여격조사) (A1-A2)		
O'zbekcha 우즈베크어	**Koreyscha** 한국어	**Misollar** 예문
-ga zarar	~에 해로운	Spirtli ichimliklarni ichish sog'liqqa zarar.
-ga ziyon	~에 해로운	Naushnikdan ko'p foydalanish quloqqa ziyon.
-ga almashtirmoq	~로 바꾸다	Dollarni so'mga almashtirmoqchiman.
-ga berilmoq	~에게 주어지다	Stipendiya faqat a'lo baho olgan talabalarga beriladi.
-ga bermoq	~에게 주다	Kecha men kitobimni do'stimga berdim.
-ga borib kelmoq	~에 갔다 오다	Bozorga men bilan borib kela olasizmi?
-ga bormoq	~에 가다	Biz yaqinda oilaviy Toshkentga boramiz.
-ga burilmoq	~으로 돌다, 회전하다	To'g'riga yurib, o'ngga buriling.
-ga buyurtma bermoq	~에 주문하다	Pitsaga buyurtma beraylik.
-ga ega bo'lmoq	~를 가지다	Iroda yutuq puliga ega bo'ldi.
-ga eltib bermoq	~에 전달하다	Hujjatlarni ofisga eltib bera olasizmi?
-ga (-gacha) eltib qo'ymoq	~에 데려다주다	Iltimos, meni uyga eltib qo'ying.
-ga gapirib bermoq	~를 말해주다	O'zingiz haqingizda gapirib bering.
-ga harakat qilmoq	~에 노력하다	Men yaxshi o'qishga harakat qilyapman.
-ga imzo qo'ymoq	~에 서명하다	Direktor hujjatga imzo qo'ydi.
-ga ish topib bermoq	~에게 일을 찾아 주다	Menga ish topib bera olasizmi?
-ga ishga kirmoq	~에 취직하다	Opam maktabga ishga kirmoqchi.
-ga ishonmoq	~를 믿다	Siz afsonalarga ishonasizmi?
-ga itarmoq	~로 밀다	Yigit yuklarni nariga itardi.
-ga joy band qilmoq	~에 자리를 예약하다	Necha kishiga joy band qilasiz?
-ga joy bron qilmoq	~에 자리를 예약하다	Samolyotga joy bron qildingizmi?
-ga jo'natmoq	~로 보내다	Iroda dugonasiga sovg'a jo'natdi.
-ga jo'r bo'lmoq	~와 같이 부르다	Hamma xonandaga jo'r bo'ldi.

-GA/-KA/-QA BIRIKUVI (A1-A2) *-ga/-ka/-qa* (여격조사) (A1-A2)		
O'zbekcha 우즈베크어	Koreyscha 한국어	Misollar 예문
-ga kech qolmoq	~에 지각하다	O'quvchi darsga kech qolishi mumkin emas.
-ga kechikmoq	~에 늦다	Bugun kech turganim uchun darsga kechikdim.
-ga kiymoq	~에 (맞추어) 입다	Bolalar bayramga yangi kiyim kiydilar.
-ga ko'rsatmoq	~에게 보여주다	Menga xonangizni ko'rsating.
-ga ko'z tegmoq	~에게 안 좋은 시선이 닿다, ~에게 부정 타다	Shu kunlarda ko'p kasal bo'lyapman. Menga ko'z tegdi, shekilli.
-ga ko'chmoq	~로 이사하다	Yangi uyga ko'chishim kerak.
-ga mashinani qo'ymoq	~에 주차하다	Haydovchi ko'chaga mashinani qo'ydi.
-ga mehmonga bormoq	~에 놀러가다	Kecha men o'zbek xonadoniga mehmonga bordim.
-ga olib kirmoq	~에 가져오다	Mebelni mana bu xonaga olib kiring.
-ga ozmoq	~만큼 살을 빼다	Parhez qilib, 5 kiloga ozdim.
-ga pul bermoq	~에게 돈을 주다	Odatda bayramda kattalar bolalarga pul beradilar.
-ga qaramoq	~을/를 보다 ~를 돌보다	Osmonga qarang. Qanday chiroyli! Hamshira bemorlarga qarayapti.
-ga qatnamoq	~에 다니다	Qizim raqs to'garagiga qatnaydi.
-ga (-da) qatnashmoq	~에 참여하다	Konferensiyaga qatnashish uchun xorijdan olimlar keldi.
-ga qayrilmoq	~에 돌다, 회전하다	Bankka borish uchun shu yerdan chapga qayriling.
-ga qaytarmoq	~에 돌려주다	Qarzingizni vaqtida egasiga qaytaring.
-ga qiziqmoq	~에 관심이 있다	Men Markaziy Osiyo tarixiga qiziqaman.
-ga qochmoq	~에 도망가다	O'g'ri binoning orqasiga qochdi.
-ga qo'ng'iroq qilmoq	~에 전화하다	Dugonam har kuni onasiga qo'ng'iroq qiladi.
-ga qo'ymoq	~에 넣다	Kitobni shkafga qo'ying, iltimos.

-GA/-KA/-QA BIRIKUVI (A1-A2) -ga/-ka/-qa (여격조사) (A1-A2)		
O'zbekcha 우즈베크어	Koreyscha 한국어	Misollar 예문
-ga ro'yxatga turmoq	~에 등록하다	O'zbekistonga borganda 3 kun ichida ro'yxatga turish lozim.
-ga ro'yxatga yozilmoq	~에 등록되다	Juma kuniga shifokor qabuliga ro'yxatga yozildim.
-ga sakramoq	~에 뛰어들다	Bola yugurib kelib, suvga sakradi.
-ga salom bermoq	~에게 인사하다	Kelin hamma mehmonlarga salom berdi.
-ga semirmoq	~만큼 살이 찌다	Har kuni yog'li taomlarni yeb, bir oyda uch kiloga semirdim.
-ga sevgi izhor qilmoq	~에게 고백하다	Yigit sevgan qiziga sevgi izhor qildi.
-ga sotib olmoq	(얼마에) 사다 ~를 위해 사다	Men bu sumkani onamga sotib oldim. Men bu sumkani 200 000 so'mga sotib oldim.
-ga sotmoq	~에게 팔다 ~에 팔다	Men mashinamni do'stimga sotdim. Men mashinamni 30 000 000 so'mga sotdim.
-ga sotib olib bermoq	~에 사다 주다	Men onamga mashina sotib olib berdim.
-ga taklif qilmoq	~에 초대하다	Chet ellik dugonamni mehmonga taklif qildim.
-ga tarjima qilmoq	~에 번역하다	Ushbu matnni koreys tiliga tarjima qiling.
-ga tavsiya qilmoq	~에 추천하다	"O'tgan kunlar" romanini o'qishni hammaga tavsiya qilaman.
-ga tayyor bo'lmoq	~에 준비되다	Ovqat soat 7 ga tayyor bo'ladi.
-ga tayyorlanmoq	~에 준비하다	Men imtihonga tayyorlanishim kerak.
-ga tashxis qo'ymoq	~를 진단하다	Doktor bemorga tashxis qo'ydi.
-ga tilamoq	~를 바라다	Sizga omad tilayman!
-ga turmushga chiqmoq	~에게 시집가다	Qiz yoqtirgan yigitiga turmushga chiqyapti.
-ga tushmoq	~에 떨어지다	Daraxt bargi yerga tushdi.

-GA/-KA/-QA BIRIKUVI (A1-A2) *-ga/-ka/-qa* (여격조사) (A1-A2)		
O'zbekcha 우즈베크어	**Koreyscha** 한국어	**Misollar** 예문
-ga ukol qilmoq	~에게 주사를 놓다	Hamshira bemorga ukol qilyapti.
-ga uylanmoq	~에게 장가가다	Sardor keyingi oyda Lazizaga uylanyapti.
-ga xabar qilmoq	~에게 알리다	Menga vaziyat haqida xabar qiling.
-ga xizmat qilmoq	~에 봉사하다	Yigitlar armiyada vatanga xizmat qilishadi.
-ga xizmat ko'rsatmoq	~에 봉사하다	Bizning maqsadimiz mehmonlarga sifatli xizmat ko'rsatish.
-ga xursand bo'lmoq	~로 기뻐하다	Yaxshi baho olganimga xursand bo'ldim.
-ga yiqilmoq	~에 넘어지다	Bola yerga yiqildi.
-ga yozilmoq	~에 등록되다	Singlim ingliz tili kursiga yozildi.
-ga o'rnak bo'lmoq	~에게 모범이 되다	Kattalar kichiklarga o'rnak bo'lishlari kerak.
-ga o'zgartirmoq	~로 바꾸다	GM Uzbekistan kompaniyasi nomini UZAVTO MOTOR'S ga o'zgartirdi.
-ga sho'ng'imoq	~로 잠수하다	Bolalar suvga sho'ng'idilar.
-ga chiqmoq	~에 나가다	Havo juda sovuq. Tashqariga chiqmang.

-NI BIRIKUVI (A1-A2) *-ni* (목적격 조사) 구문 (A1-A2)		
O'zbekcha 우즈베크어	**Koreyscha** 한국어	**Misollar** 예문
-ni almashtirmoq	~을/를 바꾸다	Men yaqinda telefonimni almashtirdim.
-ni bajarmoq	~을/를 하다	Darsdan keyin uy vazifasini bajardim.
-ni bitirmoq	~을/를 마치다, 졸업하다	Jiyanim bu yil maktabni bitiradi.
-ni bosmoq	~을/를 밟다	Maysani bosmang.
-ni bukmoq	~을/를 구부리다	Usta temirni bukib, buyum yasadi.
-ni chaqirmoq	~을/를 부르다	Birga dars qilish uchun dugonamni chaqirdim.

-*NI* BIRIKUVI (A1-A2) -*ni* (목적격 조사) 구문 (A1-A2)		
O'zbekcha 우즈베크어	**Koreyscha** 한국어	**Misollar** 예문
-ni davolamoq	~을/를 치료하다	Tabib bemorlarni tabiiy dorilar bilan davolaydi.
-ni eltib qo'ymoq	~을/를 데려다주다	Bizni Chorsu bozoriga eltib qo'ying, iltimos.
-ni gapirib bermoq	~을/를 이야기하다	Bizga O'zbekiston haqida gapirib bering.
-ni hidlamoq	~을/를 맡다	Kapalak gullarni hidlab, yana uchib ketdi.
-ni ijaraga olmoq	~을/를 빌리다	Mashinani ijaraga olsangiz, sayohat qulay bo'ladi.
-ni itarmoq	~을/를 밀다	Eshikni itarsangiz, ochiladi.
-ni ishlatmoq	~을/를 사용하다	Imtihon vaqtida telefonni ishlatmang!
-ni kutib olmoq	~을/를 마중하다	Ofitsiant mijozlarni kulib kutib oldi.
-ni kutmoq	~을/를 기다리다	Anvar aka bekatda avtobusni kutyapti.
-ni kuydirmoq	~을/를 데다, 화상 입다	Ovqat pishirayotganimda qo'limni kuydirib oldim.
-ni kuzatmoq	~을/를 감시하다, 지켜보다, 보내다	Ob-havo ma'lumotlarini kuzatib borasizmi? Kecha ota-onanmi Amerikaga kuzatdim.
-ni ko'rib kelmoq	~을/를 보러 오다	Buvimni ko'rib kelgani qishloqqa ketyapman.
-ni ko'rsatmoq	~을/를 보여주다	Menga sayohatdagi suratlaringizni ko'rsating.
-ni operatsiya qilmoq	~을/를 수술하다	Jarroh bemorni operatsiya qildi.
-ni qabul qilmoq	~을/를 영접하다	Prezident xorijiy davlat elchisini qabul qildi.
-ni qaramoq	~을/를 돌보다	Mana bu paltoni qarang! Juda chiroyli-a?
-ni qayirmoq	~을/를 구부리다	Daraxting shoxini qayirmang. Sinib qoladi.
-ni qaytarmoq	~을/를 돌려주다	Sizdan olgan qarzimni bugun qaytarmoqchiman.

-*NI* BIRIKUVI (A1-A2) -*ni* (목적격 조사) 구문 (A1-A2)		
O'zbekcha 우즈베크어	Koreyscha 한국어	Misollar 예문
-ni quchoqlamoq	~을/를 품에 안다, 껴안다	Onamni uzoq vaqt ko'rmaganim uchun uni quchoqlab yig'ladim.
-ni qo'llamoq	~을/를 응원하다	Jamoamizni qo'llash uchun stadionga bordik.
-ni sevmoq	~을/를 사랑하다	Har bir inson tabiatni sevib, asrashi kerak.
-ni sevib qolmoq	~에 사랑에 빠지다	Shahzoda malikani bir ko'rishda sevib qoldi.
-ni sindirmoq	~을/를 깨다, 부러지다	Daraxtdan yiqilib, oyog'imni sindirib oldim.
-ni sog'inmoq	~을/를 그리워하다	Siz yurtingizni sog'indingizmi?
-ni so'ramoq	~을/를 물어보다	Ustoz talabalardan uy vazifasini so'radi.
-ni tabriklamoq	~을/를 축하하다	Sizni bayram bilan chin qalbimdan tabriklayman.
-ni tarjima qilmoq	~을/를 번역하다	O'zbek romanlarini chet tiliga tarjima qilish – mening orzuyim.
-ni tavsiya qilmoq	~을/를 추천하다	Shifokor menga ko'proq dam olishni tavsiya qildi.
-ni tekshirmoq	~을/를 확인하다	Har kuni elektron pochtamni tekshiraman.
-ni tepmoq	~을/를 차다	Futbolchi to'pni uzoqqa tepdi.
-ni tortmoq	~을/를 당기다	Eshikni tortsangiz, ochiladi.
-ni tugatmoq	~을/를 마치다	Ishlarimni tugatib, maza qilib film tomosha qilaman.
-ni to'g'rilamoq	~을/를 수정하다	O'qituvchi uy vazifasida qilgan xatolarimizni to'g'riladi.
-ni uddalamoq	~을/를 처리하다	U juda uddaburon. Hamma ishni uddalaydi.
-ni urib olmoq	을/를 때리다, 부딪히다	O'tgan kuni akam mashinasini urib oldi.
-ni xush ko'rmoq	~을/를 좋아하다	Onam kitob o'qishni xush ko'radi.

-*NI* BIRIKUVI (A1-A2) -*ni* (목적격 조사) 구문 (A1-A2)		
O'zbekcha 우즈베크어	Koreyscha 한국어	Misollar 예문
-ni yechmoq	~을/를 벗다 ~을/를 풀다, 해결하다	Uyga kirishdan oldin poyabzalingizni yeching. Bu masalani yechishga menga yordam bera olasizmi?
-ni yoqtirmoq	~을/를 좋아하다	Men musiqa tinglashni yoqtiraman.
-ni ziyorat qilmoq	~을/를 방문하다	Mehmonlar Samarqandni ziyorat qilgani kelishdi.
-ni oʻchirmoq	~을/를 끄다	Uydan chiqishdan oldin chiroqni oʻchiring.
-ni oʻrganmoq	~을/를 배우다	Men hozir oʻzbek tilini oʻrganyapman.
-ni oʻzgartirmoq	~을/를 바꾸다, 변경하다	Men yoʻnalishimni oʻzgartirdim.
(-ni) axtarmoq	~을/를 찾다	Akam hozir ish axtaryapti.
(-ni) ishlab chiqarmoq	~을/를 생산하다	Bu kompaniya yangi telefon modelini ishlab chiqardi.
(-ni) kiymoq	~을/를 입다	Koʻcha juda sovuq. Paltongizni kiying.
(-ni) taqmoq	~을/를 착용하다	Mening otam koʻzoynak taqadi.
(-ni) ochmoq	~을/를 열다	Ertalab turib, derazani ochdim.
(-ni) eshitmoq	~을/를 듣다	Yangilikni eshitdingizmi?
(-ni) ichmoq	~을/를 마시다	Tezroq tuzalish uchun dorilarni vaqtida ichish kerak.
(-ni) ishlatmoq	~을/를 쓰다 /사용하다	Bu oy pulni ko'p ishlatdim.
(-ni) joʻnatmoq	~을/를 보내다	Firma rezyumega javobni joʻnatdi.
(-ni) koʻrsatmoq	~을/를 보여주다	Mana bu sumkani koʻrsata olasizmi?
(-ni) minmoq	~을/를 타다	Sayohatga borganda ot minib ko'rdim.
(-ni) olib kelmoq	~을/를 데리고 오다	Otam bozordan shirinlik olib keldi.
(-ni) orzu qilmoq	~을/를 꿈꾸다, 희망하다	Iroda kelajakda tarjimon boʻlishni orzu qiladi.
(-ni) qidirmoq (axtarmoq)	~을/를 찾다	Telefonimni qidirib, topa olmayapman.

-*NI* BIRIKUVI (A1-A2) -*ni* (목적격 조사) 구문 (A1-A2)		
O'zbekcha 우즈베크어	**Koreyscha** 한국어	**Misollar** 예문
(-ni) qurmoq	~을/를 짓다	Quruvchilar yangi binoni qurib bitirdi.
(-ni) sotib olmoq	을/를 사다	Men mehmonga borish uchun nonni sotib oldim.
(-ni) sotmoq	~을/를 팔다	Ukam mashinasini sotdi.
(-ni) tashlamoq	~을/를 버리다	Iltimos, axlatni maxsus qutilarga tashlang.
(-ni) tejamoq	~을/를 절약하다	Suvni tejashimiz kerak.
(-ni) tinglamoq	~을/를 듣다	Dialogni tinglang va savollarga javob bering.
(-ni) tomosha qilmoq	~을/를 관람하다	Do'stim bilan birga yangi filmni tomosha qildik.
(-ni) topmoq	~을/를 찾다	Men kecha ko'chadan mushukcha topib olib, uyga olib keldim.
(-ni) tuzatmoq	~을/를 고치다	Televizorni tuzatish uchun ustaga berdik.
(-ni) ushlamoq	~을/를 잡다	Militsiya o'g'rini ushladi.
(-ni) xohlamoq	~을/를 원하다	Tezroq sayohatga borishni xohlayman.
(-ni) yasamoq	~을/를 만들다	Bolalar qordan Qorbobo yasadilar.
(-ni) yodlamoq	~을/를 외우다	Jiyanim she'rni yodlab, menga aytib berdi.
(-ni) yutmoq	~을/를 우승하다	Hamkasbim lotereya o'ynab, katta pulni yutdi.
(-ni) yuvmoq	~을/를 씻다	Ovqatlangandan keyin idishlarni yuvdim.
(-ni) xarid qilmoq	~을/를 구매하다	Do'kondan kerakli narsalarni xarid qildik.
(-ni) o'g'irlamoq	~을/를 훔치다	O'g'ri akamning pulini o'g'irladi.

SINONIMLAR 유사어 (A1-A2)			
O'zbekcha 우즈베크어	1-sinonim so'z yoki birikma 제 1 유사어	2-sinonim so'z yoki birikma 제 2유사어	Koreyscha 한국어
ammo	lekin	biroq	그러나
aviachipta	aviabilet		항공권
axtarmoq	qidirmoq	izlamoq	찾다
ayol	xotin		여성
Aytmoqchi, ~	Aytgandek, ~	Darvoqe,~	말하려던 참인데, 그런데,
ashula	qo'shiq		노래
ashula aytmoq	qo'shiq aytmoq	kuylamoq	노래하다
ashulachi	qo'shiqchi	xonanda	가수
basseyn	suv havzasi		수영장
ba'zi	ayrim	ba'zi bir	어느, 일부, 별도의
bemor	kasal		환자
bepul	tekin		무료
bitirmoq	tamomlamoq	tugatmoq	마치다
bola	farzand		자식
dangasa	yalqov		게으르다
darhol	darrov	zumda	바로, 금방
dunyo	jahon	olam	세계
do'st	o'rtoq		친구
esdalik sovg'a	suvenir		기념품
eshitmoq	tinglamoq		듣다
gaplashmoq	suhbatlashmoq		이야기하다
hali	hanuz		아직, 여전히
hamma	barcha		모두
har kuni	kunda		매일

SINONIMLAR 유사어 (A1-A2)			
O'zbekcha 우즈베크어	1-sinonim so'z yoki birikma 제 1 유사어	2-sinonim so'z yoki birikma 제 2유사어	Koreyscha 한국어
havorang	moviy		하늘색
haydovchi	shofyor		운전기사
iflos	kir		더러운, 쓰레기
imkoniyat	imkon		기회
inson	odam	kishi	사람
ism	ot		이름
it	kuchuk		개, 강아지
joy band qilmoq	joy bron qilmoq		자리를 예약하다
jo'natma	posilka		우편물, 택배
kam	oz		약간
keksa	qari		노인
keyin	so'ng		~ 후에
kech qolmoq	kechikmoq	ushlanib qolmoq	지각하다
kino	film	kinofilm	영화
kir	iflos		더러운, 쓰레기
konfet	qand		사탕
manzil	adres		주소
maza qilmoq	miriqmoq		즐기다, 만족하다
mazali	shirin		맛있는
mashina	avtomobil		자동차
majlis	yig'ilish	anjuman	회의
mavjud	bor		존재하는
mashhur	taniqli		유명한
muhandis	injener		엔지니어

SINONIMLAR 유사어 (A1-A2)			
O'zbekcha 우즈베크어	1-sinonim so'z yoki birikma 제 1 유사어	2-sinonim so'z yoki birikma 제 2유사어	Koreyscha 한국어
minut	daqiqa		분
menyu	taomnoma		메뉴
mumtoz	klassik		고전, 클래식
musiqa	muzika		음악
narx	baho	narx-navo	가격
nemis	olmon		독일의, 독일인의
nimaga	nega		왜
oqko'ngil	samimiy		마음씨 좋은, 착한
ovqat	taom		식사, 음식
oxirgi	so'nggi	yakuniy	마지막의
oylik	maosh	moyana	월급
palov	osh		플로브, 기름밥
piyoda	yayov		걸어서, 도보로
poyabzal	oyoq kiyimi		신발
suhbat	intervyu		면접
qahva	kofe		커피
qalampir	garmdori		고추
qanaqa	qanday		어떤
qatnashmoq	ishtirok etmoq		참석하다, 참여하다
qisqa	kalta		짧은
quti	korobka		상자
qo'l telefoni	uyali telefon		핸드폰
qo'ng'iroq qilmoq	telefon qilmoq		전화하다

SINONIMLAR 유사어 (A1-A2)			
O'zbekcha 우즈베크어	1-sinonim so'z yoki birikma 제 1 유사어	2-sinonim so'z yoki birikma 제 2유사어	Koreyscha 한국어
rafiqa	xotin	turmush o'rtog'i	부인
raqsga tushmoq	o'yinga tushmoq		춤을 추다
rasm	surat		사진, 그림
reja	plan		계획
sana	chislo		날짜
sayyoh	turist		여행객, 관광객
sekund	soniya		초
sevgi	muhabbat		사랑
sira	hech		결코
sotib olmoq	xarid qilmoq		구매하다
tadbirkor	biznesmen		사업가
tag	ost		아래, 밑
taqdimot	prezentatsiya		발표
ta'mirlamoq	tuzatmoq	remont qilmoq	고치다, 수선하다
ta'til	kanikul		방학
tinch	osoyishta		조용한
tomon	taraf	yoq	방향, 쪽
toza	ozoda		깨끗한
turist	sayyoh		여행객, 관광객
to'p	koptok		공
uzoq	olis		먼
uchrashmoq	ko'rishmoq		만나다
vafot etmoq	o'lmoq	olamdan o'tmoq	사망하다/죽다 /세상을 떠나다

SINONIMLAR 유사어 (A1-A2)			
O'zbekcha 우즈베크어	**1-sinonim so'z yoki birikma** 제 1 유사어	**2-sinonim so'z yoki birikma** 제 2유사어	**Koreyscha** 한국어
yakshanba	bozor kuni		일요일
yaxshi ko'rmoq	sevmoq		좋아다/사랑하다 /마음을 주다
yoqtirmoq	xush ko'rmoq		마음에 들다
yopmoq	berkitmoq		숨기다
yubormoq	jo'natmoq		보내다
yugurmoq	chopmoq		뛰다
yurist	huquqshunos		법률가
yuz	bet	chehra	얼굴
zirak	isirg'a	baldoq	귀걸이
shifokor	doktor	vrach	의사
shifoxona	kasalxona	klinika	병원
shkaf	javon		찬장, 수납장
shuning uchun	shunga	shu bois	그래서
chet el	xorij		외국
chipta	bilet		표
chiroyli	go'zal		아름다운
chunki	sababi	negaki	왜냐하면

KO‘P MA’NOLI SO‘ZLAR (A1~A2) 다의어(polysemy)(A1-A2)	
So‘z 단어	Ma’nolari 의미
aksiya	1. 행사 2. 주식
band	1. 바쁘다 2. 조 (서류의 일부)
bet	1. 얼굴 2. 페이지
bor	1. 가 (명령) 2. 있다
bosh	1. 머리 2. 시작
burun	1. 코 2. 전에
bo‘lmoq	1. 되다 2. 나누다
bo‘sh	1. 빈 2. 한가하다 3. 점유되지 않은
doira	1. 동그라미, 원 2. 우즈베크 전통 악기
havo	1. 날씨 2. 공기
joy	1. 자리 2. 좌석
kir	1. 더럽다 2. 빨래
kurs	1. 과목 2. 학년 3. 학원 4. 환율 5. 강좌

KO‘P MA’NOLI SO‘ZLAR (A1~A2) 다의어(polysemy)(A1-A2)	
So‘z 단어	Ma’nolari 의미
ko‘k	1. 파란색 2. 녹색 3. 하늘 4. 나물
mehmonxona	1. 거실 2. 호텔
ot	1. 이름 2. 명사 3. 말
oy	1. 달 2. 월
osh	1. 음식 2. 오쉬
oshxona	1. 주방 2. 식당 3. 음식점 4. 레스토랑
och	1. 연한 2. 배고프다
og‘ir	1. 무겁다 2. 어렵다
qattiq	1. 딱딱하다 2. 열심히
qiz	1. 여자 2. 딸
qovoq	1. 호박 2. 눈꺼풀
palata	1. 입원실 2. 법을 만드는 기관

KO'P MA'NOLI SO'ZLAR (A1~A2) 다의어(polysemy)(A1-A2)	
So'z 단어	**Ma'nolari 의미**
rasm	1. 사진 2. 풍습
soat	1. 시계 2. 시간
son	1. 번호 2. 허벅지
suhbat	1. 대화 2. 면접
tashlamoq	1. 버리다 2. 포기하다
til	1. 혀 2. 언어
tuman	1. 안개 2. 구
turmoq	1. 서다 2. 머무르다 3. 일어나다
to'q	1. 진한 (색깔) 2. 배부르다
xafa	1. 슬프다 2. 섭섭하다, 실망하다
xotin	1. 여자 2. 아내
yengil	1. 가볍다 2. 쉽다
yechmoq	1. 벗다 2. 풀다
yoqmoq	1. 켜다 2. 마음에 들다

KO'P MA'NOLI SO'ZLAR (A1~A2) 다의어(polysemy)(A1-A2)	
So'z 단어	**Ma'nolari 의미**
yotoqxona	1.침실 2.기숙사
yosh	1. 나이 2. 젊다
yuz	1. 얼굴 2. 백
shirin	1. 달다 2. 맛있다
o'ng	1. 오른쪽 2. 편리하다
o'qimoq	1. 읽다 2. 공부하다

ASOSIY O'LCHOV BIRLIKLARI 주요 측정 단위

UZUNLIK O'LCHOV BIRLIKLARI 길이 측정 단위

O'lchov birligi 측정 단위	Qisqartmasi 줄임말	Koreyscha 한국어
kilometr	km	킬로미터
metr	m	미터
santimetr	sm	센티미터
millimetr	mm	밀리미터

OG'IRLIK O'LCHOV BIRLIKLARI 무게 측정 단위

O'lchov birligi 측정 단위	Qisqartmasi 줄임말	Koreyscha 한국어
tonna	t	톤
kilogramm	kg	킬로그램
gramm	g	그램
milligramm	mg	밀리그램

MAYDON VA YUZA O'LCHOV BIRLIKLARI 면적 및 측정 표면 단위

O'lchov birligi 측정 단위	Qisqartmasi 줄임말	Koreyscha 한국어
kilometr kvadrat	km^2	평방 킬로미터
gektar	ga	헥타르
metr kvadrat	m^2	평방 미터
santimetr kvadrat	sm^2	센티미터 스퀘어
millimetr kvadrat	mm^2	밀리미터 스퀘어
metr kub	m^3	입방 미터
santimetr kub	sm^3	입방 센티미터
millimeter kub	mm^3	입방 밀리미터
sotix (= 100 m^2)		100 제곱미터(면적)

SUYUQLIK O'LCHOV BIRLIKLARI 액체 측정 단위

O'lchov birligi 측정 단위	Qisqartmasi 줄임말	Koreyscha 한국어
litr	l	리터
millilitr	ml	밀리리터

TEZLIK O'LCHOV BIRLIKLARI 속도 측정 단위

O'lchov birligi 측정 단위	Qisqartmasi 줄임말	Koreyscha 한국어
sekundiga kilometr	km/s.	초속 킬로미터
minutiga kilometr	km/m.	분속 킬로미터
sekundiga metr	m/s.	초속 미터
minutiga metr	m/m.	분속 미터

VAQT O'LCHOV BIRLIKLARI 시간 측정 단위

O'lchov birligi 측정 단위	Qisqartmasi 줄임말	Koreyscha 한국어
sekund (soniya)	sek. (son.)	초
minut (daqiqa)	min. (daq.)	분
soat		시간
sutka		하루
hafta		주
dekada		10일
oy		달
kvartal/ chorak		쿼터, 사분기
yarimyillik		반기(1년의 반)
yil		년
asr		1세기
era		시대, 연대

BOSHQA QISQARTMALAR 기타 줄임말

O‘lchov birligi 측정 단위	Qisqartmasi 줄임말	Koreyscha 한국어
million	mln.	백만
milliard	mlrd.	십억
trillion	trln.	조

SHAKLLAR 모양

doira
yumaloq (sifat)

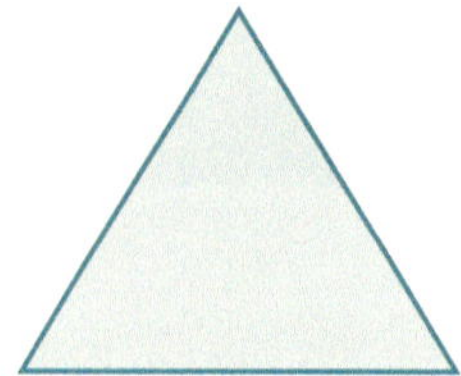

uchburchak

kvadrat

to‘rtburchak

KIMGA QANDAY MUROJAAT QILAMIZ?
어떻게 부를까요?(호칭)

	Adabiy 문어체	Og'zaki 구어체 (ba'zi so'zlarning imlosi talaffuzi bo'yicha berildi) (일부 단어의 철자는 발음 기준으로 제시)	Toshkent shevasida 타슈켄트 방언 (ba'zi so'zlarning imlosi talaffuzi bo'yicha berildi) (일부 단어의 철자는 발음 기준으로 제시)
Munosabatga ko'ra / 관계를 기준으로			
buva 할아버지	bobo 할아버지		doda 할아버지
buvi 할머니	buvi 할머니		oyi 할아버지
ota 아버지	dada 아빠		ada 아빠
ona 어머니	oyi 엄마	aya 엄마	opa 엄마
er 남편	dadasi 애기 아빠	dadajonisi 애기 아빠	adasi 애기 아빠
rafiqa 부인	oyisi 애기 엄마	ayajonisi 애기 엄마	
sevgan kishi 애인	azizim 여보 jonim 자기		
do'st 친구	do'stim 친구야 o'rtoq 동무		
dugona 친구(여자)	dugonajon 친구 o'rtoqjon 친구야		
notanish qiz (yigit tomonidan) 모르는 여자(남자로부터)	yaxshi qiz 아가씨		

** Qolgan barcha qarindosh-urug'larga maqomining nomi bilan murojaat qilinadi (*amma, tog'a, jiyan, kelin, quda* kabi)

** 나머지 친족호칭은 가족 관계에 따라 부른다. (예, 고모, 외삼촌, 조카, 며느리, 사돈 등)

	Adabiy 문어체	Og'zaki 구어체 (ba'zi so'zlarning imlosi talaffuzi bo'yicha berildi) (일부 단어의 철자는 발음 기준으로 제시)	Toshkent shevasida 타슈켄트 방언 (ba'zi so'zlarning imlosi talaffuzi bo'yicha berildi) (일부 단어의 철자는 발음 기준으로 제시)
Yoshga ko'ra / 나이를 기준으로			
yoshi ulug' erkak 나이가 많은 남자	otaxon 아버지		doda 할어버지
yoshi ulug' ayol 나이가 많은 여자	onaxon 어머니		opoqi 아줌마
yoshi katta erkak 나이가 많은 남자	amaki 삼촌		amaqi 삼촌
yoshi katta ayol 나이가 많은 여자	xola 이모		opoqi 아줌마
o'zidan yoshi kattaroq erkak 자신보다 나이가 많은 남자	aka 형		oka 형
o'zidan yoshi kattaroq ayol 자신보다 나이가 많은 여자	opa 언니	kelinoyi 새언니	kennayi 새언니
o'zidan yoshi kichikroq erkak 자신보다 어린 남자	uka 동생		
o'zidan yoshi kichikroq ayol 자신보다 어린 여자	singil 여동생		
o'zidan yoshi ancha kichik erkak va bola 자신보다 아주 어린 남자나 아이	o'g'lim 아들	bolam 아가	
o'zidan yoshi ancha kichik ayol yoki qiz 자신보다 아주 어린 여자나 아이	qizim 딸		
ismi bir xil odam 동명인	adash 동명		

	Adabiy 문어체	**Og'zaki 구어체** (ba'zi so'zlarning imlosi talaffuzi bo'yicha berildi) (일부 단어의 철자는 발음 기준으로 제시)	**Toshkent shevasida 타슈켄트 방언** (ba'zi so'zlarning imlosi talaffuzi bo'yicha berildi) (일부 단어의 철자는 발음 기준으로 제시)
Kasb va mansabga ko'ra/ 직업과 직위에 따라			
o'qituvchi 교사	ustoz 선생님		
shifokor 의사	doktor 의사 선생님	do'xtir 의사 선생님	
uy quradigan, buyum va uylarni ta'mirlaydigan odam 집을 짓거나 수리하는 사람	usta 기사님		
militsiya xodimi 경찰관		komandir 형사님	
rahbar, boshliq 상사		xo'jayin 상사, 보스	
haydovchi 운전기사	shofyor aka 기사님	shopir aka 기사 아저씨	

Qolgan vaziyatlarda, odatda, ism bilan (masalan: *Ravshan aka, Aziza opa* tarzida) yoki ismini aytmay, yoshiga qarab, erkak kishiga "aka", "akajon", "uka", "ukajon", deb, ayol kishiga "opa", "opajon" deb murojaat qilish mumkin. Hamda rahbar va obro'li kasb egalariga, rusiyzabon mutaxassislarga Sovet davridan qolgan uslub: ismi va otasining ismi bilan murojaat holatlari ham uchraydi. Masalan: *Bobur Davronovich, Gavhar Valiyevna, Oleg Petrovich, Anna Vladimirovna* kabi.

나머지 상황에서는 주로 이름으로 (예를 들어, Ravshan형/씨, Aziza 언니/씨 의 형태) 혹은 이름을 사용하지 않고 나이에 따라 남자에게 "형","형님", "아우", "아우야" 라고 하며, 여자에게 "언니"라 부를 수 있다. 그리고 상사나 권위있는 사람들에게는 "이름"과 "부칭(아버지 이름)"을 함께 부르기도 한다. 예를 들면, *Bobur Davronovich, Gavhar Valiyevna, Oleg Petrovich, Anna Vladimirovna* 등으로 러시아어 사용자들 사이에서 소련 시대부터 사용되는 방식이다.

Suratlar

P.10 윤나영(Nayoung Yoon)

P.42 우상용(Woo Sang Yong)

p.46 이지은(Lee Jieon)

P.61 http://musicuzbekistan.com/dutor.htm

P.67 Tashpulatova Munira

P.98 김시현(Sihyeon Kim)

P.104 이지은(Lee Jieon)

P.117 https://kun.uz/en/news/2020/11/06/uzbek-national-kurash-may-be-included-in-the-program-of-olympic-games

P.120 Usmanova Lyubov

P.139 http://skosh18.ru.net/v/243214
Mashrabbekova Aziza

P.142 Tokhtayeva Saida
윤나영(Nayoung Yoon)

P.160 Ruzmetova Saydi

P.164 윤나영(Nayoung Yoon)

P.172 이지은(Lee Jieon)

P.186 Tokhtayeva Saida

P.190 Tokhtayeva Saida

P.198 이지은(Lee Jieon)

P.213 https://uzbekistan.travel/en/o/uzbek-skullcap/

P.216 https://www.gettyimages.com/photos/djeparov-server

P.237 https://ctild.sitehost.iu.edu/gallery/Food-and-Beverages/Uzbek-Cuisine/Sweets/novvot-2-1094339412

P.240 Makarova Yelena, 구광일(Goo Gwangil), Hwang Irene

P.248 이지은(Lee Jieon)

P.257 Mashrabbekova Aziza

P.264 https://www.advantour.com/uzbekistan/samarkand/khazrat-hyzr.htm

P.266 구광일(Goo Gwangil), 송유민(Song Yumin), 우상용(Woo Sang Yong)

P.287 https://www.centralasia-travel.com/en/countries/uzbekistan/cuisine/non
https://www.quora.com/What-is-unusual-or-different-about-the-food-and-cuisine-in-Uzbekistan

P.292 장민수(Jang Minsoo)